U0962478

精益管理实践者的思考

牛占文　杨福东　荆树伟　梁仲鑫　著

中国商业出版社

图书在版编目（CIP）数据

精益管理实践者的思考 / 牛占文等著．-- 北京：
中国商业出版社，2023.6
ISBN 978-7-5208-2501-6

Ⅰ．①精… Ⅱ．①牛… Ⅲ．①企业管理 Ⅳ．
①F272

中国图家版本馆 CIP 数据核字（2023）第 095990 号

责任编辑：杨善红

中国商业出版社出版发行
（www.zgsycb.com　100053　北京广安门内报国寺 1 号）
总编室：010-63180647　编辑室：010-83125014
发行部：010-83120835/8286
新华书店经销
三河市天润建兴印务有限公司印刷

*　*　*

710 毫米×1000 毫米　16 开　14.25 印张　232 千字
2023 年 6 月第 1 版　2023 年 6 月第 1 次印刷

定价：68.00 元

*　*　*　*

（如有印装质量问题可更换）

序

全球制造业的发展历史已经证明，精益管理对于企业提升客户价值、消除浪费有着十分积极的作用。中国从20世纪末接触精益管理至今，已有一些头部企业将其运用于管理中，并取得了显著的社会效益和经济效益。

然而，我们也看到更多的制造型企业在精益实践中障碍重重。其核心原因在于将精益管理的理论和方法在企业推行后，出现严重的水土不服。中国与日本文化同源，却有不同的特点，因此精益管理在中国企业落地必须结合中国特定的人文环境和企业背景，同时需要我们在实践中将精益管理理论和方法进行转化和改造，使其更加适应中国实际。在这个问题上，我们很高兴地看到长期致力于精益管理研究和实践的学者和专家：牛占文教授、杨福东博士、荆树伟博士等，多年来始终保持着探索精益管理本土化的热情，这些基于长期实践的思考，虽然有些带有批判精神，但它们是精益理论和实践持续进步的宝贵财富，所以我要向大家推荐本书。本书与其他精益管理专著略有不同，是纯粹基于实践的感悟，篇篇言之有物，瞄准了实践中的具体问题，直接给予指导和参考，这些问题切中要害，往往是当前企业推行精益的痛点和难点。对于那些推行精益并因阻力重重而倍感焦虑的同人而言，本书虽非精益管理教科书，却能成为大家的案边读物，读一读，想一想，定会大有裨益。

期待本书的面世能够解答中国企业精益实践的一些困惑，同时也希望精益业界不断涌现更多的具备扎实的理论功底和深刻实践认知的专家，让精益在中国广泛传播，开花结果，不断迭代演化。

2022 年 12 月

前　言

30多年前，精益管理的理念和方法一经推出就得到全世界各行各业的认可和重视。中国企业也历经了30多年的精益实践和探索，如果追溯到对丰田生产方式的学习和借鉴，那时间还要久远一些。

纵观中国企业近30年的精益实践和探索，有诸多的成功经验和案例，但更多的半途而废、未能取得成效。笔者及团队成员对精益的实践和探索历经20多年，见证了众多企业精益管理实践和探索的历程，在制造业、服务业等多个行业积累了很多成功案例。当然也经历了精益管理难以落地，无法持续推动的困难。对这20多年的精益管理实践和探索进行总结和思考，无疑是非常重要和具有价值的事情。

笔者及团队自2008年开始，首先是对日本TPS专家和学者河田信教授的专著进行翻译，出版了《丰田管理方式——会计逻辑和生产逻辑相整合的管理方式》。近几年，随着对精益管理的认识和理解不断深入，又陆续出版了《精益管理的理论方法、体系及实践研究》《精益水到渠成——城市供水企业精益之道》，并且得到越来越多的好评和肯定，为众多企业深入推动精益管理起到了重要的指导作用。

随着近些年精益管理在各行各业的深入推动，对精益实践的思考也越来越深入，本书就是将这些思考进行汇集和整理，分为精益实践思考的原理篇、方法篇、落地篇，以及组织篇等九个方面。

伴随中国企业不断向数字化、智能化进行转型，精益管理也需要随之进行升华，特别是企业的精益实践如何深入持续推进下去，是值得我们深入思考的问题。

目　录

一、原理篇

思考1　精益的内涵

首先，精益是什么？精益是从日本丰田引进的一套适用于现代企业管理较为先进的管理理念。但管理理念的详细内容呢？抛开官方定义，可以总结为一句话：一切有利于企业管理优化的管理行为都可概括为精益管理。所以，做精益管理首先要打破思维局限性，一切对员工有益、对企业有益、对社会有益的管理思路我们都可以尝试。

其次，做精益的目的是什么？是降本增效，还是体制优化？可以这样理解，但在笔者看来这些都是附属产值，核心是规范，是生存。改革开放的让一部分人先富起来政策造就了经济大发展，但也造就了一大批企业的野蛮式成长，企业内部体制极度虚弱、管理制度不健全、社会责任缺失。这个时代是大浪淘沙的时代，要生存，管理优化势在必行。

何为企业？谈公司，先谈效益。谈企业，先谈社会责任。一个良性的企业其根本是造福于民的。只有造福于民才能扎根于民。国家加强生态环境保护，企业势必加大投资，但这是企业履行社会责任应尽的义务。企业的社会责任是方方面面的，包括社会效益、就业、税收、经济效益、地方经济带动、行业带动等，任重道远。

如何做精益？精益管理是围绕绩效考核展开的包括5S管理、课题管理、日标管理、薪酬人事等一系列的一套管理理念。看似复杂，总结起来就八个字：**各司其职、各尽其能**。事情做到极致就是成功。一个岗位一道钉，我们每道钉子都扎扎实实，企业扬帆远航真的不是梦。作为一套指导理论，精益管理的落地本身就需要实践、摸索、总结、再实践这么一个反反复复的过程，因此精益管理最大的魅力是它在实践中不断进化和完善，永无止境。精益管理改革的成败在于我们是否同心同向。所以，做精益首先要做思想，即树立正确的价值观。思想做通了，剩下的一切水到渠成。基于此，我们努力地做党建工作，做工会建设，做企业文化。这一切工作都不是走形式，不是为了做样子，而是我们目前精益管理优化中极其重要的一项工作内容。

精益工作不是闭门造车，需要集众人之智，所以我们要打通一条上通下达的广纳贤言的通道，也就是我们的合理化建议征集工作。精益工作要放眼未来，培养我们自己的新生代佼佼者，所以我们要做好人才梯队培养计划。所有管理优化工作的前提是现场管理，也就是我们日常所说的5S工作。一屋不扫何以扫天下，环保、安全等工作，哪一项不是建立在现场管理工作之上。

“精益管理”只是一个名词，我们需要找到这个名词背后我们真正缺失的、我们真正需要的、我们真正要为之付出努力的内涵。

思考2　精益管理的内核：创新与纪律

精益管理的实施对于企业是一种挑战。首先，它是一项长期工作，需要企业长期持续坚持，短期实施不能确保其落地生根。其次，它是一次管理变革，在各个层面上对企业进行改造，既要改变机制，又要改变做法，还要改造员工。如此重要且复杂的工作，怎么才能推进好呢？我们认为企业推进精益过程中要抓住两个关键点：创新和纪律。

精益思想的内在是创新精神。“精益”常常是我们追求的结果，而实现的手段一定是创新。在“核心竞争力”这个主航道上，精益要求全体人员持续精进，快速迭代，寻找更优；而在生产领域中，将创新一词改为了“持续改善”，即在充分考虑投资风险和生产连续的前提下，小步快跑，寻求更高质量、更快交付、更低成本的制造过程。创新是生命体的活力所在，企业的每个组织都应追求创新，创新的过程是曲折和艰难的，甚至有些时候异想天开，但一旦实现就会在整体上形成强大战斗力及持续竞争能力。比如，沃尔玛的全球供应链管理系统开创了世界范围内 SKU（商品品类）管理的先河，通过该创新能力，沃尔玛能够提供给客户高品质、低价格的商品，实现了企业的成功；丰田汽车通过数十年推行准时化生产（也称为 TPS），实现了汽车供应链的高品质生产，通过生产过程和产品质量的优势，丰田汽车牢牢坐在了汽车行业利润第一的宝座上。优秀的企业大都如此，衰落的企业也有一个共同的特征，即创新能力不足，被更具创新能力的对手打败。

在生产领域运用精益的思想进行创新，本质是对生产方式的改良，改良就是嫁接，不是推倒重来，要在原有基础上进行，为何如此？归根结底产品的实现过程是一个繁复的系统工程，牵一发而动全身，要尽可能的谨慎，创新要结合企业的产品特点、历史文化、演化阶段、行业特点、市场环境、社会文化等特点实施，选择适合自己的优秀的生产方式，照搬照抄不是精益，具体如下图所示。

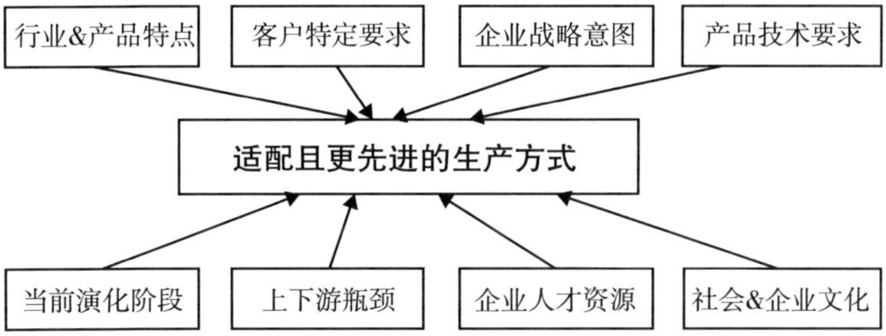

从上图可见，生产方式是逐步进化的，那些鼓吹模仿学习丰田生产方式（TPS）的专家都是胡说八道，如果非要实施看板拉动就是刻舟求剑。笔者曾经在日系线束工厂负责推行丰田的准时化生产，这是丰田对其一级供应商的硬性要求。按照丰田的标准规范，丰田线束生产必须单独成线，生产计划必须是用纸质看板从后工序拉动到前工序，形式非常僵化。由于线束和线束部品品种繁多，所以这种人工管理的看板数量庞大，排序、投放、齐套都很复杂，住友的线束工厂内怨声载道，推行缓慢。作为当时整个过程的当事人，笔者的总体感觉是拉动看板的生产模型刻板而教条，信息传输方式比较落后。当时的住友已经非常成熟地运用信息化技术进行混合排产了，将多品种小批量批次计划按照零件拆分，利用成组技术进行工序排产，打印排产生产计划卡片配送到工序和机台进行准时生产，这种生产模式比起丰田的纸质看板拉动整整先进了一代。但是，既然客户提出了要求，我们只能执行，组建计划小组，每天用纸质看板排产，生产过程中出现了各种问题。直到一年后，在住友总部的反复沟通之下，丰田终于认可了住友的生产方式，纸质看板随之消失。所以，即便是精益生产的鼻祖——丰田，想照搬自己的经验，不顾事物的客观规律也是不行的。

可喜的是，当前的制造业已经找到了一个新的生产方式创新的途径，即精益数字化设计。在企业进行全新工厂建设时，通过运用精益的思想、数字化的技术，对原有的产品生产过程进行精益变革。变革过程中，首先，对旧生产线的问题进行识别，找到流动不畅、质量不佳的瓶颈点。其次，了解企业对于新生产线的期望，比如产能、用工、质量等目标。再次，结合目标，对生产工序重新设计，包括以下几个方面：一是通过质量防错设计，实现质量问题的预防；二是通过连续流设计，实现快速流动；三是通过节拍设计，实现产能提升；四是通过平衡设计，实现更高人效。最后，将上述设计通过设备工装自动化和数据采集信息化予以实现。这样实现弯道超车，一步到位，迅速实现生产方式和管理方式的升级。目前，全国各地的企业几乎都在进行数字化改造，并且相当多的企业取得了很好的效果。下图是一个精益数字化生产线示意图，供大家参考。

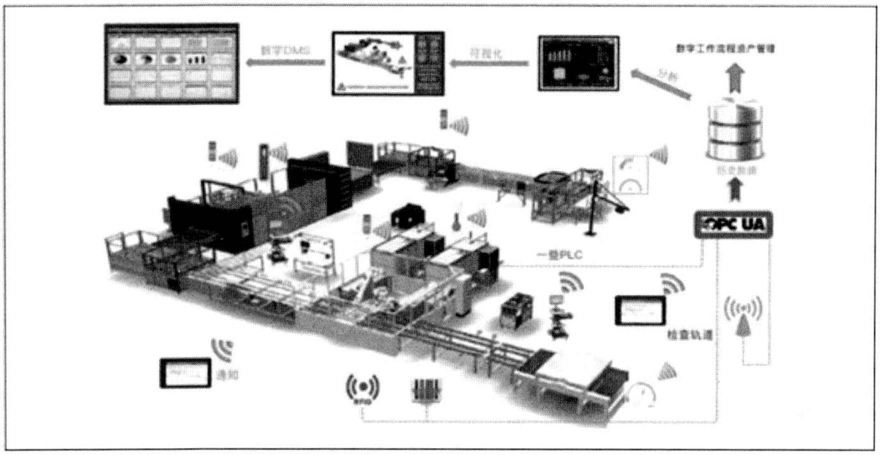

精益创新主要围绕价值创造和成本节约，因此也要在销售、研发、供应链等方面对渠道、功能、设计、性能、模式等进行改进提升。企业的创新激励机制的建设非常重要，要对创新行为进行最大限度的激励，对创新者通过激励手段激发工作热情，对创新环境通过投入创造实现条件，对创新队伍布置任务创造平台，形成对创新失败宽容的氛围，以上这些都是企业建立创新机制的重要内容。

没有纪律不成精益，精益在推进中要不断强化企业内部的纪律性。企业运用精益方法是在寻求整体最优，获取核心竞争力，无论是产品质量还是生产成本，这是一个集体努力才能实现的目标。为此，需要企业的各个相关组织按照分工落实，只有执行力强才能不折不扣地按照精益要求予以实现。许多企业推行精益没有取得预期效果，核心问题就是没有严明的纪律，企业也不想借助精益强化执行，怕激化矛盾，员工得不到精益的教育，依然我行我素，走老路走捷径，这样一盘散沙的企业焉能不败？企业在推动精益过程中，要赋予精益老师权力，帮助企业执行力提升，要做到全体动员，纪律严明；目标明确，说到做到；规则清晰，令行禁止。没有好的纪律和执行，企业所有的宏才大略都是泡影，所有的美好设想都会落空！

精益变革中，首先要在中高层管理者中建立严明的纪律，用纪律保证各职能部门间协同。精益供应链变革的目的是提升公司的核心竞争力，实现企业快速灵活的交付。在某企业，迫于市场和客户的巨大压力，董事长要求生产要缩短交付周期，生产副总就要求采购部门缩短采购周期，采购副总就要求销售提前提供准确的订单信息。可见，供应链改进目标的实现需要多职能的互相配合，只有彼此有力合作，才能创造更大的价值。一般来说，组织中天然会有一种力量排斥互相协作，这是人性的劣根性所决定的。不少企业中，干部们都喜欢抱怨队友，即大家都认为自己已经做得很好了，都是队友工作不利导致问题丛生。这种心态如果不用纪律加以约束，就会出现严重的内耗。供应链的协同点较多，可以参考下图所示。

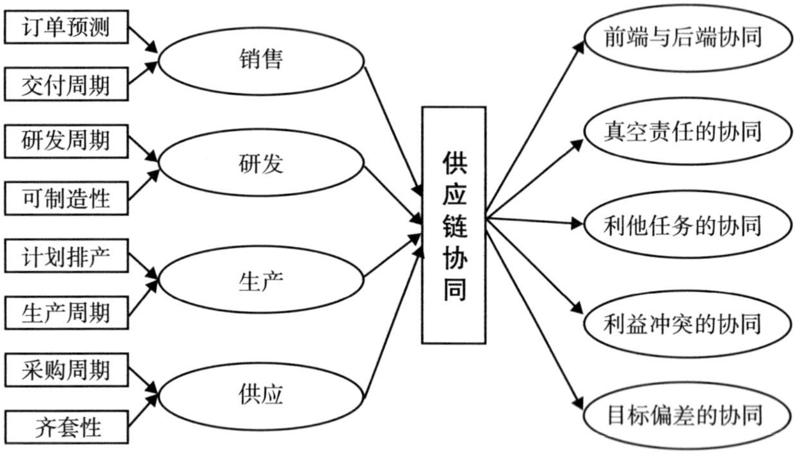

总之，供应链的协作主要是指公司高层之间的协作，纪律主要是针对高层领导行为的，所以企业内要不断强化纪律性，反复统一思想，既要制定详细的纪律规则，又要实施纪律监察，对于违反纪律的行为从严从重处理。

在基层，严格地执行纪律主要是确保员工的能动性最高，执行标准作业，减少过程中的波动。波动是企业最大的敌人，生产过程波动了，异常就会发生，平白无故损失效率、成本；产品质量波动了，就会造成客户投诉退货，造成质量损失和品牌损失。最重要的是，波动会造成系统稳定性较差，无法持续进行管理升级。一个管理水平差的企业，不用问波动一定很大。波动是怎么发生的？尽管质量大师戴明说，问题发生的原因85%归属于管理系统的缺陷。但是，从当前企业生产的实际过程看，多半是生产过程缺少作业标准以及员工缺少对标准的遵守造成的。在实施精益的过程中，企业会不断建立各种标准，通过狠抓员工的执行纪律，就能解决一大半的问题。当然，降低波动除了遵守标准外，还需要员工在工作纪律的要求下发挥主观能动性，从而逐步消灭波动。比如，提高材料的一致性，减少设备的故障时间，提高工序作业的容错率等。

纪律的形成不能仅仅使用权力杠杆或者个人权威，更需要建立规则。部分企业中有一种怪现象，老板亲自安排下去的临时工作迅速有力的执行，不是老板安排的工作绝对无人去做，谁安排都不好使，我们认为，这就叫没有纪律。好的纪律明确了职责分工，即谁在什么时间做什么；明确了工作的质量，即要做到什么标准；明确了工作的检查，即要用什么方式以及何种频次进行检查；等等。企业要将这些明确的要求一律以文字加以说明，并明确相关责任者的考核，建立闭环管理。纪律的形成不是一朝一夕的，企业在完善纪律的同时，还需要对破坏纪律的人进行处理，决不姑息。强化纪律需要执法者，这是企业中最重要的一环，大家常说日本企业的纪律性强，笔者结合自身感受整理如下，以供大家参考。

日本企业纪律的构成		
标准制定细致	人员筛选原则	责任义务明确
反复培训教育	各级走动检查	任务安排清楚
纪律处分严肃	基本遵守活动	巡检机制

日本企业内的纪律意识强是综合管理的结果。首先，企业尊重标准，所有工作的执行都要先有标准，围绕标准进行全体员工的培训，并对执行过程监督检查，发现执行出现问题都要认真追查原因，并修正标准或者修正培训过程。其次，企业在选人用人时，特别看重纯朴、诚实的人，对于喜欢破坏规则走捷径的人，企业在入司培训过程中都会筛选出去，这就保证了企业员工乐于遵守标准。最后，在日本企业内有专门的巡检组织。该组织由那些不讲情面的老员工构成，持续在现场对员工遵守情况进行管理，巡检人员隶属于总经理，通过在现场走动检查，发现不遵守纪律情况，一边进行纠正和记录，一边敦促相关部门进行培训或改善，他们的存在成了每个人头上的紧箍咒，保证了基层人员非常重视遵守标准。

精益管理的内核是创新，精益管理的保证是纪律，企业要对创新进行鼓励，对纪律进行强化。有些企业认为创新和纪律是背道而驰的，两者不可兼得，其实是错误的。创新是求变求优，纪律是在已经优化好的规则上认真执行到位，两者是左脚和右脚分别迈出的一步，是递进关系，不能将其定义为“创新就是不遵守，纪律就是遵守”，这种认知是较为低级的。在当今世界的优秀企业中，无一不是在用创新作驱动力，用纪律来保证整体效率，在内部极力追求两者的平衡，以实现整体竞争力。

思考3 精益背后的六项基础原理

十几年来，笔者一直在全国各地奔波，利用各种机会调研企业，帮助企业发现问题并出谋划策。经历的企业越多，越容易发现一些共性问题，比如流程不畅、机制不合理、过程浪费巨大，这些问题企业很容易发现，问题本身很简单，解决的方法也不复杂，但是在解决过程中会发现处处掣肘。原来简单的背后有着复杂的一面，有时是人与人之间的情感或者关系，有时是企业内部权力争斗，有时是企业的一些不合理政策的副作用。因此，即使企业拥有很多优秀的管理者，仍然会在简单问题上栽跟头，这也是当前企业普遍选择引入精益管理的主要原因。

为什么企业总是问题丛生呢？笔者觉得，根源在于企业家们没有认识到一些企业发展的客观规律，或者称为基础原理。

1. 组织越大，熵值越高，企业智商越低，易忽略商业本质

组织成长过程中，使用资源变多，权力分配与制衡变得更加复杂，企业内思想易于多元化，意识的冲突、认知的偏差、信息的错位、权力的斗争都将使组织内正熵增加，无序、消极、无肽降低了企业效率。许多做了多方权衡而作的最合适决策显得迂腐而愚蠢，根深蒂固难以纠正！中庸之道无法让组织有效率，唯有直击商业本质的思维，直奔组织需要的结果的过程才有效，用简单、干脆、直接的手段撬动结果，如同西方管理学名言“只有偏执狂才能成功”！精益管理要求全员参与改进、实现准时化也是一种偏执思维。

2. 企业是复杂系统，无法复制成功案例，唯有学习才能成长进步

复杂系统的演化至今是最令人感兴趣的科学研究领域，企业作为复杂系

统，承载了多元素、多目标、多过程、多维度，且从时间维度留有痕迹，如同一个成家立业的成年人，他无法重回童年，像邻家小哥一样刻苦读书并最终取得成功，这个轨迹是无法复制的！即便企业正处在童年时代，就能通过模仿他人取得成功吗？无论是个体还是企业，成功的路径各有不同，但是能够在任何时候模仿的是我们也刻苦读书，拼搏上进！企业应坚定地走属于自己的发展之路，持续学习并不断自我纠偏，如果每个时间片段都在成长，那么自然就会成功。

3. 外部环境变化改变熵值，决定内部行动的积极度

企业内部熵值的变化与外部环境息息相关，外部环境传递了安全的信号，就会让企业安逸松散，正熵增加。一个企业如果长期处在安全环境下，导致组织正熵较高，充满懒惰思维，缺少战斗力，一旦有危机事件发生，就无法及时处理。而当外部传递进来危险信号，就会让企业负熵增加，负熵会提高企业内部的行动力和创造力。在大海中，沙丁鱼在没有敌人出现时，鱼群分散且游动缓慢，个体方向各异，一旦鲨鱼出现了，鱼群就会迅速集结，整体快速游动，一致采取摆脱动作。优秀的企业永远让员工面向市场，感受危机（这是日本企业所提倡的），内部提倡竞争，末位淘汰（这是欧美企业所提倡的），这是降低正熵的有效手段。

4. 目标实现度与相信度有关，与难度无关，是由共识和信任决定

人类是具备自我保护意识的动物，凡是超越以往经验认知的东西常常被判定为危险。因此，面对挑战，多数人会丧失信心而打退堂鼓。本质上，个体和集体的潜力都是无穷的，一切目标的实现都由参与者的主观意愿决定。例如，君乐宝乳业集团有限公司是一个女性员工占多数的企业，企业文化是至诚、至信、至爱，集体凝聚力很强，充满激情，彼此鼓励，虽然高学历或是名校的员工较少，却能攻克一个个看似不可能完成的任务，业绩连续多年

大幅度跨越，成长为行业前三名的优秀企业！可见，无所谓任务或目标的难度，关键在于个体或者集体是否信任企业，愿意承担责任，相信自己能够实现，因此挖掘个体和集体的潜力要以信任为基础。同时，信任和共识也是精益推动的基础。

5. 企业管理是矛盾的统一，追求短期利益难以实现长期利益，快速灵活需要缓慢而坚定

企业的成长是一个螺旋式循环，先是出现矛盾或分歧，然后解决矛盾或分歧，从而实现组织成长。企业管理的矛盾性还表现在目的与手段的相悖，我们追求长期持续获益就要放弃眼前可获益的机会，绝不投机！想要激发员工的智慧，企业管理者就要投入智慧。我们追求整体快速反应，就要缓慢而坚定地持续改进流程，坚守基本规则，精益思想中“慢即是快”“少就是多”都是在表达这个思想。因此，追求百年经营的企业，一旦确定了目标就要埋头苦干，不走捷径，这就是最快的捷径！

6. 授权越多，学习力越强，员工维度越高，企业业绩越好

企业绩效是员工绩效之和，员工绩效主要取决于动机和能力。授权是信任的一种体现，是尊重人性的一种体现，会激发员工的工作动机，进而形成员工内在的学习力，学习能力的提升带来了知识水平的提升，带来更多工作跨度，提升了员工的维度，直接帮助企业创造更好的绩效。比如，员工仅仅做了一个机械手臂的工作，完成一个动作或者照看一台机器，这时员工就是一维的，创造价值很低；若员工通过学习掌握多种岗位技能，就可以实现一个人完成多工序，这时员工就是二维的，创造价值升高；若员工通过学习成了全能多面手，既能完成多种作业任务，又能完成质检、工艺、设备的相关技术工作，还能完成管理工作。这时员工就是三维的，创造价值就非常高了，这也是精益中所说的多技能工和多能力工。

基础原理不是秘诀，恰恰相反，它是我们经常谈起的常识。如果反推优秀企业的管理经验，我们发现背后总有基本原理的影子，只不过这些企业已经将这些常识融入自己的管理过程中、思想中、实践中，是一种“理所当然，无须解释”的认知。所以常常被我们忽视，湮没在手段、方法、思想之下。我们探究美国通用电气公司的管理经验和丰田的管理经验，发现背后的原理有很多相似之处；我们研究它们的管理方法，如6Sigma方法、精益生产方法，发现这些方法的出发点也是基本一致。优秀的企业早已洞悉了这些基本规律或原理，早早就培育好了良性发展所需要的土壤，因此我们才看到它的枝繁叶茂！中国是制造大国，需要企业家们围绕基本原理深入思考，利用精益管理的方法进行修炼，在自我矫正中夯实基础并不断提高！

思考4　从詹姆斯夺冠看企业的基础精益思维

2020年，詹姆斯带领湖人队获得了其职业生涯第四个总冠军，也坐稳了历史第一人的地位。本赛季詹姆斯表现依然神奇，在这个动荡的赛季中，他通过超强的个人魅力凝聚了团队，又通过超凡个人能力扛起整支球队走向一个又一个胜利，直至捧起奥布莱恩杯，对于一个35岁的老将，这一切匪夷所思。按理说，35岁是NBA球员的职业生涯末期，如乔丹、科比等莫不过如此，大多数球员在这个年龄已经退役或者考虑退役了，而这位老将依然能够稳定输出三双，身体素质始终保持在巅峰状态，实在是篮球运动领域的奇迹。

詹姆斯保持自己的竞技状态的秘诀是什么？并非身体异于常人，而是来自他十数年如一日的严格身体管理。据传，詹姆斯每年花费数百万美元用于保养自己的身体，拥有自己的体能训练师，以及价值不菲的训练恢复设备，通过科学手段实现自己身体的保养和体能保持。除此之外，詹姆斯有着非常自律的生活习惯，从严苛的饮食到作息时间，从场内训练到场外自主训练，俨然如苦行僧一般地追求篮球技艺。从进入 NBA 至 2020 年，詹姆斯已经完成了 17 个赛季，获得无数荣誉和数亿美元收入，典型的名人+富豪，是功成名就的代名词。但是，他从未放松对自己的严格要求，在 NBA 这个充满诱惑的名利场中，在这个充斥着负面新闻的大环境中，詹姆斯就是一股清流，从未传出过丑闻或绯闻，十几年来与妻子相濡以沫。每年一到休赛期，他总是第一个开始恢复训练，这种勤奋认真和一丝不苟的态度也传染给了他的队友。从场内到场外，詹姆斯通过严格自律确保自己把注意力放到篮球上。夺冠前的两个赛季，在赛场上，詹姆斯打球更趋于合理化，由大前锋改打后卫，策动球队进攻，拱手让出球权，把浓眉哥戴维斯推到领袖位置，实现了球队内权力的平衡和稳固。所有这一切才换回这一枚千金不换的总冠军戒指，以及戒指所代表的“该死的”尊重。(注：在夺冠之后的演讲中，詹姆斯提到大家夺冠是为了证明自己并获得“该死的”尊重。)

一个企业的成功与球队的成功非常相似，都是通过团队的努力，在市场竞争中一步步取胜。我们希望企业内也有像詹姆斯一样的领导者，至少，我们希望领军团队具备詹姆斯身上的优点：用科学手段管理、谦虚的自省与高度自律、培养下属带动团队工作。

科学管理是我们打破瓶颈与天花板的主要方法。当前部分企业仍然存在严重的基础管理粗放，经验决策、细节执行不到位等问题。这些问题看似微小，却让企业持续渗血，在当前的经济环境下是致命的，它严重阻碍了企业战略落地和捕捉战机，迟滞了企业产品高端化，降低了企业的盈利能力。问题是，当前有很多科学管理手段是解决企业问题的良药，唯一的问题是企业是否坚定不移地引入并运用它。作为资深的科学管理实施者，我们发现许多企业在运用科学手段上不执着、不坚定，甚至有些企业在信奉风水大师上面反倒极其虔诚。从詹姆斯对自己的身体管理上看，科学管理是我们解决企业问题的唯一途径。

谦虚自省与高度自律是企业长期保持战斗力的主要手段。企业中高管团队是最高管理者，手握资源与分配大权，是业务中心、问题中心、资源中心，是最容易犯错误的集体，常常指手画脚陷入飘飘然的境地，自我感觉良好，通过个人喜好和过往经验来判断，失误无人指责，不足无人提醒。在这种情况下，高管团队无法他律，成长进步只能靠自我谦虚的态度，通过反省弥补认知不足，通过自我加压带动能力提高。领军者“高处不胜寒”，其一言一行常常被下属放大和演绎，具有极强的示范性和引导性。因此，高管团队要严于自律，发挥好带头作用，用行为来说话，用行动来教育，从而消除组织潜在的错误风险，否定自己是管理者的美德！从这个角度看，高管团队是最需要吸收外部知识和新鲜观点的。可惜，有些企业中明明是高管团队存在不足导致矛盾突出，但是高管却认为是下属能力不足，需要对其进行培训，典型的“大人得病，孩子吃药”。企业领军团队需要通过严格的自律与定期的自省来规避人性的弱点，自省自律会让企业内在更强大。

企业成长需要一个优秀的团队，团队来自企业内长期坚持的培养机制。优秀的企业和优秀的企业管理者都将人才培养当作重点，日本“经营之神”松下幸之助说，松下就是个培养人才的工厂，副产品是电器。一个不断涌现“战斗英雄”和“名将名帅”的企业一定能够蓬勃发展，但遗憾的是为数不少的中国企业不注重培养下属，他们认为培养下属就是浪费时间和精力，员工能力一旦提高了，就会追求更高的薪水而跳槽，造成一切付出都打了水漂。因此，不如就让员工没有知识没有能力，给员工提供进步的机会会让企业受损，这是非常狭隘的思考方式。企业提供员工提高的机会是为了员工创造更大的价值，当员工已经创造了价值，就要匹配地给予员工相应的报酬，并通过持续的正向循环提高员工忠诚度，同时带来企业成果的提升。反之，因为担心培养了人才会离职而拒绝培养员工，势必会造成企业管理永远无法提升。企业管理者要像詹姆斯一样，有高尚的情操，有长远的眼光，提携培养下属。

每一个成功的背后都是无数的汗水和智慧，但不是挥洒了汗水和付出了辛劳就能换回企业的成功，还需要坚持一些基础原则，确保不走弯路。我们希望从詹姆斯的成功中得到借鉴，从中找到规律和力量，帮助企业在精进的路上大步前进！

思考 5　从精益视角看企业竞争策略

研究中国优秀企业的发展历史，会给我们很多启示。我们注意到，在这些企业的成长过程中，在不同的发展阶段和市场环境下，它们总能做出最佳的选择，并在正确策略指引下获得了可持续的业绩增长。可见，企业成功与策略选择密不可分，但是如何做出正确选择，其背后的逻辑是什么，这是需要我们探索的问题。以下是我们的一些思考，希望能够帮助企业在当前动荡的经济环境下，做出正确的选择。

接下来，我们研究一下山东的优秀企业潍柴动力股份有限公司（以下简称潍柴）和华为的成功经验。

潍柴的发展历史非常经典，从 2000 年开始进入工程机械领域，从此高速发展，上市之后在“黄金产业链”上展开并购，形成了一个超大型集团企业。目前，年销售额超过 2000 亿元，利润率良好，其中发动机板块无论是产品技术还是市场销量已经成为世界第一，多年始终坚持超前的新产品开发和过硬的高品质制造给潍柴带来了丰厚的回报！在企业发展之初，正值市场全面开放，发动机行业竞争激烈而残酷，谭旭光董事长亲自抓销售跑市场，在他的带领下潍柴发动机逐渐供不应求，为了满足客户需求各个工厂开足了马力，为了保证订单交付生产员工加班加点，据说连续多年仅在过年休息一天。由于生产压力太大，管理过程中出现了对产品质量放松要求的现象，在快交付与好产品的权衡过程中，天平倒向了前者。很快，市场上出现了大量对潍柴新产品的质量投诉，客户开始流失。这时，作为企业一把手的谭董事长组织了全体干部会议，挥锤砸掉了市场退回的不良产品。紧接着，他亲手制定了企业十项原则，第一项是“客户满意是我们的宗旨”，第二项是“质量在每个员工手中”，明确了在合格产品的前提下实现快速交付的原则。从此，潍柴每年专门组织全体领导干部培训，围绕精益生产和质量管理进行学习，要求各级干部能够掌握高品质交付的方法，确保企业一直在正确的发展轨道上。

华为的成长也并非一帆风顺，在占领国内市场后，企业内粗犷草莽的管理弊端逐步显现。在公认权威的《华为管理变革》一书中，忠实地记录了华为不堪回首的往事，“迫于紧张的交货期，很多新的技术在开发出来以后，根本没有进行大量的测试就被直接应用于产品。很多技术缺陷都需要完善的测试才能发现……造成交货延迟或者产品质量低的问题，而且售后服务也面临着较大的压力。”华为在这个危险时刻，及时地邀请 IBM 帮助其进行了两次大规模的管理变革：集成产品开发和集成供应链管理。任正非在管理变革上不惜重金、不计代价的投入，换来了全体员工的重视和改变，华为由此从注重应用研发变为注重基础研发，从迎合客户需求变为引领客户需求，从交付速度第一变为品质效益第一，走上了国际化的道路。

从上述案例我们可以得出一些基本规律，因此我们列了一个企业发展轨迹矩阵，以供大家参考，如下图所示。

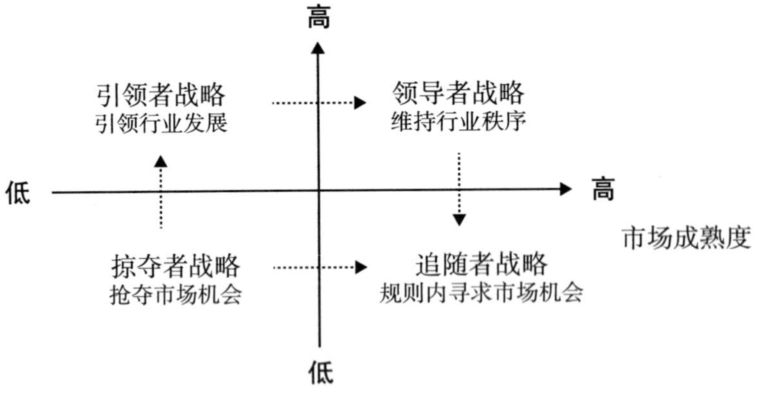

在企业发展初期，由于处于生存边缘，无须考虑庞大的售后成本和市场

品牌风险，这时往往注重短期收益，以填饱肚子为第一目标。企业通常会不计代价抢订单、抢市场，全部力量投入到交付过程中，用投入换速度，用速度博市场，这个经营策略可以称为掠夺者战略。该战略有两个特征，其一是在产品上对市场引领者进行模仿，其二是经营上对市场需求进行无条件迎合。显然，掠夺者战略的本质是“此时此刻吃饱再说”，既缺少对企业整体经营结果的权衡，也缺少对未来长久发展的远见。而对于某些新生企业或者进入新领域的企业而言，在尚未洞悉市场需求，也不了解竞争对手的前提下，也唯有迎合市场换取订单这一条路了！当然，长期来看这个选择仍然是下策，从一开始就拉低了企业定位和品牌形象，未来需要通过加倍努力才能挽回。比如，中国汽车品牌和乳品品牌无一不是如此，在好的市场环境下，注重圈钱不注重口碑，在消费者心中形成了劣质低端印象，为了挽救糟糕的市场口碑，20 年里这些行业付出了巨大代价。可见，以迎合市场换取订单是不可取的！

一旦过了生存阶段，企业开始关注长期可持续发展的问题，逐步积累市场声誉（产品市场和资本市场）和品牌价值，将工作重心转到客户收益（品质与服务）和股东收益（增长与利润）。为了长期利益，企业开始有所取舍，不再委曲求全地接收劣质订单，而是通过筛选优质大客户达成长期合作，建立良性供需关系。这个阶段不再单纯以交付为核心，而是围绕如何能够高效率地为市场提供高质量的好产品构建竞争力。因为从全生命周期成本角度看，高质量产品和高效率运营才能带来真正的利润，如果单纯追求快速交付，常常因缺少严谨的设计规划造成过程失败此起彼伏，而前端 1%的不足通常会造成后端 100%的损失，导致生命周期总成本增高和成本利润的倒挂，最终结果是企业会持续性失血！

企业走向成熟时，不同阶段会选择不同的策略，既要匹配市场成熟度，也要匹配与同业对手的竞争。如果企业处在不成熟市场，应采取快速研发和技术迭代策略，以此来超越对手并占据市场的优势，逐步成长为市场的引领者，用技术引领市场。如果企业处于成熟市场中，并处于劣势地位，应采取追随者策略，追随者需要遵守领导者确定的规则，应偏重于产品质量与客户服务，在领导者控制的份额外争取自己的成长，争取能够对领导者地位形成挑战。如果企业所处市场走向成熟，而且企业已经占据市场优势，那么企业可以采取领导者策略，利用自己的规模优势以及超前研发形成的技术储备，制定行业质量标准，建立行业秩序，利用影响力巩固地位。无论是引领者、领导者、追随者，其竞争策略都应围绕高质量高效率好产品开展。

2019年在整个汽车市场下滑的形势下，日本汽车的销量却逆势上扬，笑傲江湖，为何？消费者的答案最现实：日本汽车皮实耐用，故障少且油耗低！这句话说出了日本汽车的核心竞争力，即产品生命周期内总成本最低！这是对产品高质量、高耐用、高性能比的通俗解读。在市场上消费者不再只关注企业交付的速度，更加关心的是性能和品质，即使企业生产的是中间产品，也要注意最终产品的评价是由消费者完成的！对于企业经营而言，除非迫于生存压力需要把交付速度放在第一位，以争取更多的订单，否则，都应在好与快中找到平衡，专注于好产品，以完美品质打动消费者，这是企业存在的“1”，而所有的产量都是后面的“0”，有了“1”，后面的“0”才有意义，没有“1”，一切都会化为乌有。

思考6　精益是企业达成目标的手段还是最终目的

2022年，因受新冠疫情的影响，市场需求下降，中国经济增长大幅放缓；与此同时，国际贸易摩擦加剧，壁垒化、碎片化趋势更加明显，从国内到国际整体经济形势不容乐观！从疫情发展看，新冠病毒与人类长期相伴是大概率事件，由此衍生的国际摩擦无法避免，未来几年全球经济将持续衰退。

疫情防控期间，中国各行各业都在积极地与疫情作斗争，与衰退的市场环境作斗争。在市场恶化的影响下，为了赢得订单，企业竞相提质降价，激烈搏杀，幅度之大令人咋舌，竞争从一开始就进入了白热化！这种情况下企业唯一的选择就是快速且大幅度的内部挖潜，极致地降低成本，极致地提高质量，比如3个月降低25%的产品成本！

大幅内部挖潜是激烈的企业变革，带有明显的战役性改革的特点：要颠覆以往的工作认知，以完全价值为中心定义任务；要打破以往的分工定位，以流程为着眼点定义职责；一切流程要彻底去除各种不增值环节，提高流程的运行效率；彻底掌握并使用最优方法论以便快速达成目标；选用具有较高执行力和协同力的员工，并持续评价、筛选、淘汰。这是一种以精益思想为核心的变革，全面应用各种最优管理经验，我们称之为精益变革。

精益变革是达成精益能力的重要手段，具备精益能力就是具备了快速适应环境的能力。1998年潍坊柴油机厂启动三项制度改革，打破国企僵化制度，以核心业务为中心，剥离非增值业务，精简部门和人员，推动干部目标责任制，实行执行力考核淘汰制，引入管理咨询学习科学管理方法。3年改革下来，它从一个濒临破产的亏损企业成功甩掉包袱，实现轻装上阵，盈利水平连年上涨，并走上了年平均利润增长率超过30%的快速发展之路。综观潍柴的改革过程，其内在逻辑是以价值为中心，通过精益变革消灭无肽，实现了企业精益能力的提升，从而具备快速适应环境的能力。精益能力的构筑帮助潍柴在之后的20多年中，无论是并购湘火炬、实现H股转A股，还是应对2008年金融危机，抑或是应对国际并购的风险，都能够迅速调整，转劣势为胜势。潍柴将自己的精益管理经验进行了总结，形成了独具特色的潍柴WOS质量管理模式。

外部环境永远无法预测，这是客观世界的魅力之处。所以，面对不可知的未来，企业的战略选择和方向不会一直准确，需要在黑暗中摸索并应对各种不确定性。唯一可以确定的是，如果企业通过自己的努力具备了快速适应环境变化的精益能力，即便是战略选择错误仍可以快速纠偏，从而在恶劣的环境中生存下来。目前许多企业家对于准确预测未来很感兴趣，期待着能够看到未来并点石成金，却忽视自身精益能力的建设，这种舍本逐末的行为往往希望落空。与其依赖于不靠谱的未来预测，不如把精力放在提升企业精益能力上，这样才能平安渡过无数浅滩险峰，最终变成百年企业。

综上论述可知，精益能力是企业终极目的，而实现阶段战略目标是培养精益能力的一种手段。为了实现最终目的，企业的一切资源要围绕精益活动展开，通过打破人员的传统思维，刻意营造主动创新的环境；通过推动管理人员现场工作，了解实情，建立实事求是的作风；通过培养所有人员的精益能力，实现改善活动的开展；通过全员持续改善，形成更优的工作经验，并建立横向展开的标准，最终实现数字化和智能化。

精益不是实现战略的手段，反之，实现战略目标是精益能力提升的手段。一个企业如果其产品毛利润仅为3%，却仍能够实现盈利，就具有了强大的生命力，任何危机都无法摧毁它，如同一棵树的树根深深扎入地下，无论台风、暴雨、冰雹都无法扼杀其生命，阻碍其成长为参天大树！

思考7　精益生产是个伪命题

精益生产是一个以丰田为参照蓝本，以生产现场为实施领域，以改变生产方式为目标的变革方法。它以注重细节优化、注重调动员工参与、注重工作标准建设而著称。在中国，精益历经三十余年的传播渐渐为更多管理者所认同，历久弥新，渐入佳境。目前许多制造业纷纷引入精益生产，聘请在日本工厂、韩国工厂甚至丰田工厂服务过的专家来进行指导，由于精益专家们在日韩企业中积累了较为丰富的生产和现场经验，对于生产方式、工艺流程的优化有清晰的认知。因此，他们通过解决问题指导企业改善，往往效果看得见、摸得着，这种务实的方法被同样务实的企业所认可，可以说，当下最热门的咨询服务领域就是精益生产，没有之一。具体效果如下图所示。

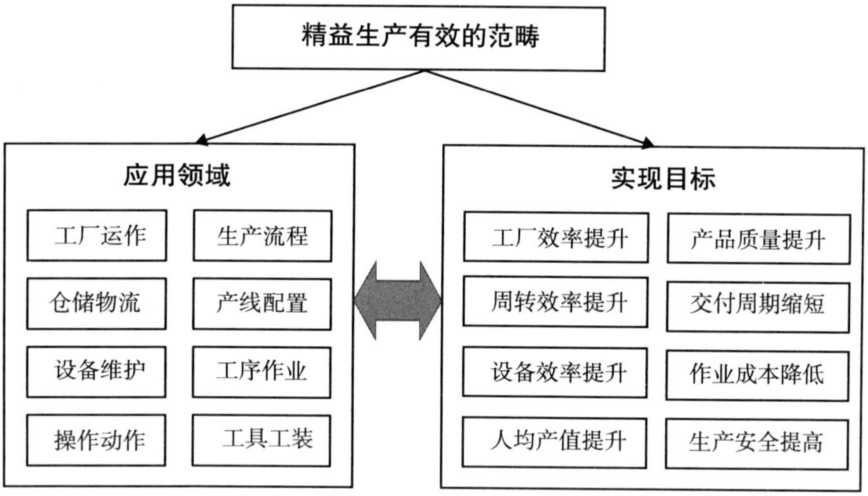

非常遗憾的是，当前很多精益生产咨询项目以失败告终，往往成为一次短期的公司变革活动。失败的原因固然有一把手对于精益认知并不充分，听信了身边亲信的介绍或者某些高端讲座的点化，一时冲动引入精益，一旦热情退去后，倾注的精力减少，精益活动慢慢淡化，直至归零。但是更多的是，企业在引入精益生产一段时间后，重新评估精益对企业的帮助，觉得精益效果和适应性与企业不相匹配，于是终止了精益导入。而后者的存在常常会提醒我们，精益生产对于企业可能是一个伪命题，它并没有真正地解决企业的核心矛盾，反而增加了企业的负担，造成了内部支持者和反对者之间的矛盾，破坏了脆弱的企业内部生态。作为资深的精益圈内人，笔者研究了大量的精益生产实施案例，越来越感到精益生产对企业问题解决的局限性，我们把精益生产失效领域和情景进行梳理，希望给读者以启迪，以便企业能成功地规避精益盲从。

精益生产对生产领域的问题有效，但它不是万能灵药，不能解决企业所有经营问题。制造企业的问题是多种多样的，而精益生产仅仅关注于生产领域，对于其他领域，如市场销售、产品品质、技术创新、品牌建设等方面的问题，精益生产都无能为力！恰恰这些领域的问题往往关系到企业的生死存亡。精益生产往往从细节开始改造，出发点和视角过于微观，指向的问题高度不够，难以解决一些复杂问题。有些企业中，生产的问题表现在士气、执行力、产品设计、体系规范等，这些问题源自企业的分配体制、企业的产品策略、最高管理者的意志，而精益生产却是束手无策。在价值链上，生产制造环节只是其中一小部分，虽然精益生产能够实现对产品成本和交付周期的改善，但是远不能实现企业竞争力的提升，绝不能神话它。

精益生产的实施只是针对当前的制程和产品，不具备长期有效性。精益生产是针对现状采取的改进，短期的有效性毋庸置疑。但正是因为其针对性较强，因此它具有一个致命的缺点，一旦产品线发生变化或者制造流程做了调整，都会导致以往所做的精益改进全部失效。日韩企业中常常强调平台开发或者架构开发，这样就会形成系列化产品，这些产品的制程相同，能够利用以往的设备、生产线、方法和人员技能。但是，中国企业的产品迭代速度太快了，产品生命周期太短了，产品开发的灵活度太高了。所以，在很多企业中，产品开发根本没有所谓“平台”，产品工序根本不考虑标准化，往往很短的时间（半年或一年）企业制造过程甚至产品线就面目全非，这种超出常规的变化导致精益生产所产生的效果很快被湮灭。有些精益咨询公司提出精益生产的关键是培养基层改善人才，培养了人才，精益就具有长期有效性！其实这也已经被证明是短期有效的。中国企业的人员流动性较高，有些流动率非常夸张，超过100%，这是一个复杂的社会和经济现象，不是企业自身可以解决的，当精益生产对于人才的培养速度赶不上人员的流失速度，失效就是一个时间问题。总之，对于快速变化的外部环境、快速迭代的产品、快速流动的人员、快速调整的公司要求，精益生产基本上短期有效，而长期无效。

精益生产没有触碰企业核心和根本的机制，失效是必然。有些江湖大师带着吹牛的案例对精益生产进行销售，吹嘘精益无所不能，给整个行业带来了极大的副作用：精益生产披上了救命良药的外衣，无一例外会造成非常令人失望的结果。精益生产的实施面向生产一线，帮助企业制造提高效能，简单直接，但我们也要看到，它能够解决的问题往往在浅层。比如，5S活动解决现场规范化不足的问题，标准作业解决员工作业随意导致质量效率损失的问题，价值流解决生产流程断点导致库存的问题，有时也会通过生产现场的问题追溯到职能管理中的不足，从而引导职能部门解决问题。但是这些问题的根源来自哪里？根据我们多年的观察，根源往往来自企业股权分配的不清、组织设计的缺陷、岗位职责的缺失、内部分工合作的混乱、错误的人才选拔标准、供应链上信息失调等。最终上升为缺少公平的企业分配机制、消极保守的企业文化、含混不清的公司战略等，这些真正的根源问题在所有介绍精益生产的书籍文章中都没有提到，但确确实实引起了企业内持续不断的混乱、震荡和浪费。不客气地讲，企业实施精益生产来解决生产上的问题，是一种头痛医头的临时措施。在不同行业、不同发展阶段、不同的社会文化下，企业的问题千差万别，根本原因往往深藏在问题背后。因此，需要运用各种不同的解决方式，不能仅仅看到矛盾爆发点在生产领域就盲目实施精益生产，这是典型的刻舟求剑。

精益生产中培育的对象常常错误，导致精益无法持续成功。有人曾经评价精益生产项目“成功的项目，失败的精益”，言外之意，虽然精益生产项目的目标都达成了，甲乙双方都很满意，但是实际上并没有给企业留下精益的种子，不会给企业带来根本变化。尽管精益生产项目中已经非常重视人才培养，但培养主要集中于中下层管理者，这些人员由于组织或者岗位调整会造成流失；即便没有流失，一旦公司不再推崇精益、不再鼓励改善，精益人才就会丧失了舞台，渐渐泯然众人矣！从上述现象我们会发现精益培育对象出现了错误，真正需要培训和培养的是公司董事长、总经理及所有高管。因为他们是人事任命的发起者，是工作业绩的评价者，是资源调配的决策者。他们的工作思路和方法是精益的，各项工作和各级干部就是精益的；反之，他们的工作思路和方法不是精益的，所有精益方法和规则都将被打破！精益生产项目不能因为公司老板和高管们身份地位较高，就忽视对他们的思想、能力的培养，反而要更加强化，通过培养让这个群体真正理解精益的精髓。否则，一旦他们变成精益生产活动的监督者和评价者，就会丧失持续推进建设的后劲，精益生产项目焉能不败？

上述精益生产失效的类型，总结如下图所示。

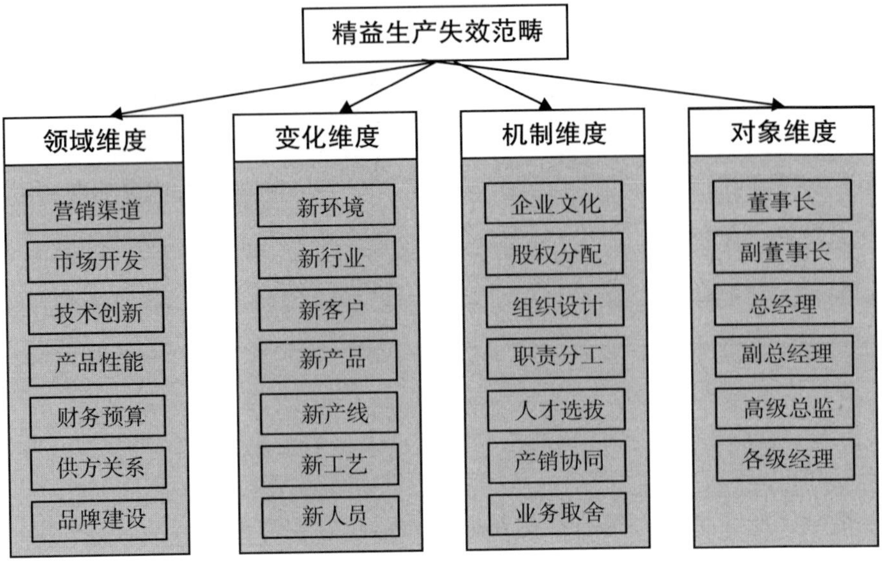

有个案例值得大家玩味。某企业在精益活动中发现模具备件成本升高，结果发现这些岗位员工总是在错误地使用和保养模具，于是运用精益生产的方法制定了目视化操作标准，建立了操作记录和定期检查机制，在一段时间内模具成本得到了较好控制。过了一段时间，老师们发现成本升高的问题再次发生，经调查发现原来老员工离职了，而新员工未做相关培训，也未按照这些标准操作，与此同时，监督者也辞职离岗了！员工离职率很高的原因是企业淡季时仅仅给员工基本生活费，员工收入过低，因此通过跳槽寻找更高工资；而旺季时，企业各环节保障能力不足，因而问题频出，结果导致生产线员工长时间加班而产出效率却很低，员工付出了辛苦却拿不到匹配的高工资，非常气愤，所以旺季中离职率更高！怎么解决淡季和旺季的资源匹配问题？怎么解决公司与员工争利的问题？精益生产对此是束手无策的！这个案例表明现场的问题根源都在于企业的顶层，包括顶层人员和顶层机制，只有高层管理者参与精益活动，围绕产品导向、市场定位、供方关系、分配激励、产能规划和业务取舍等改进工作，这才是从最根本上解决问题。

精益生产是个伪命题！我们企业应该在导入精益生产之前认真思考实施精益的目的，划定精益生产解决问题的边界。在实施过程中围绕深层次矛盾做好企业管理机制的改革，最重要的是企业最高领导者要回归初心，建立坚定的长期竞争策略，自己亲自带头学习精益，深入一线落实精益生产的措施，不当旁观者和看客，吸收精益思想，做好精益文化的培育和传承，这样才能确保企业真正有所收获。真正的精益就是给企业带来机制和文化的改变，所以我们常常称之为精益管理！

二、方法篇

思考 8　精益管理与十大浪费

当前，精益管理炙手可热，众多企业纷纷导入，将其当作抓手推动企业持续进步，从而保持行业竞争力。大多数推行精益的企业都取得了可观的效果，当然，也有部分企业，如供应商企业，由于上级单位或客户要求而勉强推进，这种心态导致推行有气无力，往往是向前走一步随后要退半步，效果差强人意。

精益管理是企业全面经营管理的实践模型，来源于优秀企业的精益实践，是众多真知灼见的集成，也是精益生产概念的扩展和延伸，被视为企业管理提升的法宝。如果企业的组织分工或者薪酬绩效管理不合理，那么容易造成企业内部的帮派斗争或劳资矛盾，一旦某一方心态崩盘了，将会导致一批员工的离职，企业总当“黄埔军校”给对手贡献人才，这种损失就太大了。这时需要应用精益管理进行组织流程再造或进行人力资源管理。有些企业在智能制造过程中，对于大数据分析缺失或者过程质量控制手段缺失，结果是智能制造的钱花了，智能制造的样子出来了，媒体也做了宣传，在效率、成本、质量上的效果却没看到，企业咬碎了槽牙咽到肚里，嘴角流血还要面带笑容，这种“职业范”装得真是太痛苦了。因此，要运用精益管理寻找数据挖掘模型或者应用统计控制的方法。有的企业的产品销售能力或者产品开发能力是短板，但是内部意见不统一，往往企业内干得较差的部门还自以为挺好，因此要运用精益管理实现客观评价，并帮助该领域提升和突破。可以说，今天的企业在面对内部管理不善时，首先想到的就是运用精益管理解决问题，精益管理成了一个广义名词，集成了当前所有企业最优实践的方法论，其应用边界已经扩展到战略规划、组织建设、人力资源、供应链管理、大数据统计分析等方方面面。

精益管理的前身是精益生产，在精益生产的实践过程中，我们发现生产问题实际上是管理机制、企业文化、控制流程的必然结果，短期解决生产流程问题可以采用工业工程或者精益生产技术，但是长期来看要对机制、文化、流程进行变革。否则，一旦市场或产品发生变化，类似的问题就会卷土重来，可以说精益生产是临时措施，而精益管理是永久措施。

丰田汽车取得持续成功不仅是由于其开创的丰田生产方式，更是背后的产供销协同机制以及内部竞争文化带来的结果。迄今为止，虽然没有一家企业因照搬丰田生产方式而实现成功，但是全面学习借鉴丰田管理机制的企业却找到了复制成功的“金手指”。丹纳赫（Danaher）是一家以工业仪器及设备销售为主要业务的跨国科技公司，总部位于美国华盛顿，当前拥有30多家运营公司和多达6.7万名员工。2018年，在《财富》500强中位列第162位。丹纳赫是一家精通投资并购的公司，其成功的实业型并购使其取得卓越的业绩，成功的背后是丹纳赫按照精益管理系统构建的业务管理系统（DBS）。该系统以日本的“精益求精”哲学理念为基础，构建了战略、组织、运营、研发、销售、人才管理等一系列完整的流程和机制，涵盖了企业管理的各个环节。业务管理系统帮助丹纳赫在十年间并购的200多家企业全部实现持续盈利，其有效性可见一斑。

中国装备制造业的明星潍柴（潍柴控股集团有限公司）也是创新应用精益管理体系的代表之一，潍柴于2009年开始提出打造WOS（Weichai Operation System）即潍柴运行系统，在之后的十年间，潍柴不断沉淀自己改革及经营的成功经验，吸收国际顶级企业的优秀实践做法，学习精益管理领域的理论研究，兼容并蓄形成了自己的WOS系统。WOS系统覆盖了企业经营的各个链条，包含质量系统（WQS）、服务系统（WSS）、研发系统（WDS）、生产系统（WPS）和业务支持系统（WBS）等。今天，潍柴凭借“WOS”管理模式推动其下属的汽车业务、工程机械、动力系统、智能物流、豪华游艇和金融服务六大业务平台的快速增长，成了中国最大的汽车零部件企业集团。从2010年开始，控股子公司潍柴动力股份有限公司启动海外并购，依靠WOS让海外企业实现扭亏为盈，最具代表的是首家并购的海外企业法国博杜安发动机有限公司，经过WOS改造，该公司的生产、研发、生产系统都发生了根本性改变，管理规范化、流程化得到极大提高。从2009年到2016年的8年时间，法国博杜安发动机有限公司产销量增长了12倍，成为潍柴占领欧洲、东南亚高端发动机市场的重要力量。2021年，WOS荣获国资委发布的十大管理标杆模式之一，成为中国制造企业走向国际化的标杆。

精益管理聚焦于企业成功要素，关注了两个方面，一个是价值创造流程，另一个是成本节俭活动，前者强化企业在外部市场的创新，后者强化企业在内部运行的效率。精益管理体系将上述两个方面进行了工具方法的具体化，以世界级企业成功经验为对标，形成了企业的综合经营模式，是指引企业走向成功的模型。从目前企业的精益实施效果看，精益生产往往帮助企业解决生产问题，是短期的局部的精益活动，对于企业战略层面的影响不大，既不能形成企业的成本竞争力，又不能实现对企业精益文化的改造。从长期来看，脱离了精益管理精益生产是无效的。

精益生产奉为圭臬的七种浪费指向的是生产加工成本（俗称为加工费），该部分成本通常占总成本的20%~25%，可改善部分约5%，可见精益生产对于总成本的影响很小。另外，丰田生产方式在20世纪80年代就已经在丰田内部广泛应用，但是从1985年到2002年，丰田的成本和利润优势并不明显。丰田真正实现成本领先是从2002年开始的，当时的丰田副总裁“成本杀手”渡边捷昭领导了著名的CCC21（面向21世纪的成本降低计划）和VI（价值创新）活动，两项活动形成了丰田精益管理的雏形，也推动丰田从各个层面降低成本，从根本上奠定了丰田的成本竞争力，从此以后丰田利润率一直居高不下，坚挺得很！到了2010年，丰田发生了“油门脚踏”事件，引发了企业内外对质量的思考，大家一致把“屎盆子”扣在了渡边捷昭的脑袋上，认为都是由于他偏激地降低成本造成的。相关情况可以参考下图。

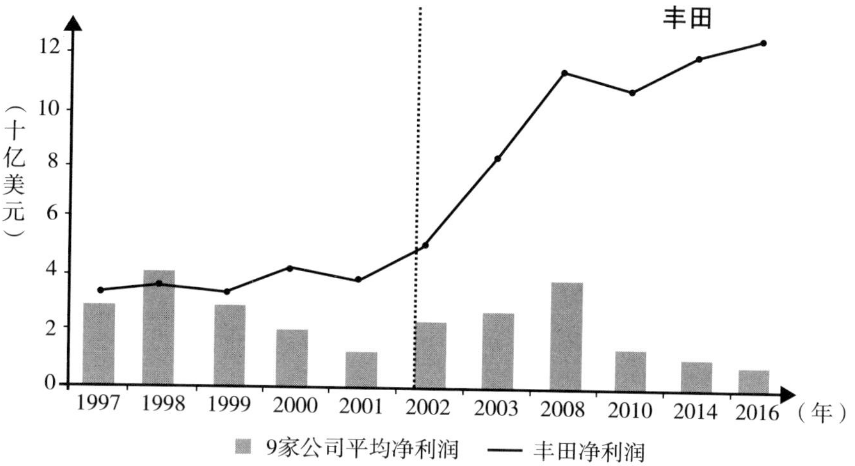

9家公司：克莱斯勒、福特、通用、本田、现代·起亚、日产、雪佛兰、雷诺、大众
（引自：Thomson One Banker Analytics）

既然精益生产所消除的七种浪费对于成本降低贡献不大，那么精益管理旨在消除的浪费有哪些呢？是否能够帮助企业实现成本领先？

精益管理面向成本形成的全链条，以 ABC 成本法为中心进行了成本动因分解，围绕材料成本、人工成本、制造成本、期间成本等识别出十大过程浪费。十大浪费是一种宽泛的说法，用“十大”来表述有点演义味道，这种戏剧性的称呼容易刺激读者的海马体，从而加深记忆。

通过十大浪费的识别来调动公司共同行动实施改善，就形成了全员参与聚沙成塔的局面。相信所有企业的高管团队如果看到全员一心帮助企业取得成本竞争力，都会由衷地感到欣慰，具体说明如下。

第一种浪费是营销系统的浪费。营销系统是价值创造单位，其浪费的是宝贵的市场机会和溢价空间，即产品价值损失，包括丢标、过低供货价格、短周期交付等。同时，销售还是整个公司交付信息源的入口，如果出现信息变化，容易造成牛鞭效应，对于企业的动态成本影响极大，因此要强化信息输入的准确性，如预测订单、交付顺序、交付日期等，输入信息不准确应视为浪费。

第二种浪费是研发系统的浪费。研发部门是产品设计部门，决定了 80%

的产品成本。在当前的市场环境下，要求研发产品的成熟度要高、转产周期要快，因此要充分把握客户需求，通过并行工程实现最优设计，并快速验证实现量产，同时保证产品性价比竞争力。从这个角度看，超期开发属于浪费，产品开发成本过高属于浪费。

第三种浪费是运营系统的浪费，运营包括采购、生产、售后服务等环节。运营系统环环相扣，一个环节出现问题都会造成整体秩序的失调，应以准时化和零缺陷的思想来指导系统。对于运营过程而言，缺少协同秩序是整个系统混乱的根源，造成全局各种失败成本，是最大的浪费。同时，系统内出现较大波动或者出现负荷不均衡，都将造成整体系统动荡和调整，就会带来较大的调整成本，这也是一种较大的浪费。系统内问题的后置，会最终造成问题解决成本的高企，比如生产质量问题没有控制住转移到售后环节，就会造成售后需要花费更高昂的代价来解决，这种浪费也是不容忽视的。

第四种浪费是供应链条的浪费，包括外购、外协供应等方面。对于采购而言，选择合适的物料和供应商就会实现材料成本的可控，防止材料价格过高或者被迫阶梯价格批量采购，这些问题都是对可替换材料、供应商交付能力、成本控制水平、物流费用等方面信息不充分、不对称的表现。可见，信息不充分、不对称是浪费；同时，突然进行物资采购也是一种浪费，这种临时采购问题较多，由于供应链缺乏准备，因此没有进行充分的供应商开发，匆忙地进行购买，后续就会发生很多质量、交期、服务等方面的问题，可以说紧急交付是对供应链的最大伤害。供应链对于产品价值创造体现在准时齐套交付上，物料齐套也是当前许多企业的关注点和难题，由于物料不齐套带来的生产要素闲置和低效是企业制造环节最典型的浪费，也是运营系统改进的重点。

第五种浪费来自工艺链条，包括图纸、工艺设计、工艺流程、工器模具等生产准备环节。工艺链条简称工艺流，是将产品设计图转化为具体产品的流程，工艺的设计要易于采购、制造和存储，尽量在工艺设计阶段充分考虑制造、安装、售后等方面的需求，要预防前端考虑步骤制造的浪费；同时，零部件的设计要尽量标准化，借鉴以往产品的设计结构，实现较高的零部件加工路线的通用性，防止较高的个性化制造的复杂度，防止出现工艺不标准的浪费；最重要的是，在工艺设计中，要充分考虑以往的质量问题，尤其是在前期工序设计过程中思考如何防呆防错，从而降低生产过程的质量损失，消除后期质量损失的浪费。

第六种浪费来自微观的车间制造过程，包括单机作业、离散加工及流水作业。车间加工流程简称作业流，是将产品进行处理使其发生物理或化学变化的一系列前后衔接的活动，由于流程中常常出现异常问题，导致流程波动，造成流程效率损失，因此要关注异常损失的浪费。同时，要对流程环节的节拍一致性进行关注，防止某些环节较慢或较快造成其他环节等待，导致忙闲不均，这是一种平衡损失的浪费；由于有些制造流程的控制标准较高，要对产品产出的某些特性的一致性进行监控，对于出现超出控制限的问题要作为异常处理，这种能力的波动属于超限损失的浪费。

第七种浪费来自企业的人员，包括一线员工、管理或技术人员。人员在企业中的活动称为人员流，如果人员流在企业中不能实现最大价值创造，就是低效，就在产生浪费。企业需要精干的人员，有些企业人浮于事，员工没有掌握先进的理念和工具方法，这是人员低效能、低负荷的浪费；有些企业员工满意度低，对企业的管理方法缺少认同，工作的积极性降低，这是不满意的浪费；有些企业员工离职率高，新员工占比高，导致企业重复培训付出较高成本，而管理水平却无法提升，这是人员流动的浪费；有些企业由于职场内斗，压制员工发挥能力，导致员工怀才不遇，造成创新能力的浪费。

第八种浪费来自具体的加工作业，特指工序加工和作业动作。这类活动总存在加工能力过剩的浪费，如质量过剩或加工精度过剩，也存在加工能力不足的浪费，如质量不足或加工精度不足，导致后续返工。在加工过程中，存在管控不利导致损耗过高的浪费，也有加工作业设计不佳造成作业时间和作业动作的浪费。

第九种浪费来自生产的设备，特别是昂贵的自动加工设备。设备属于固定资产，需要通过有效产出来降低成本，其加工过程的浪费分成六种类型，通常称为六大损失。一是故障损失，指设备突发故障或设备性能变差造成的损失和浪费。二是换模、调整的损失，指设备更换模具时损失的时间。三是空转、小停止损失，指因小问题造成设备短时间停止或空转状态的损失，这种损失常常难以测量。四是速度损失，指设备的设计速度与实际速度的差异所产生的损失。五是产出不良损失，指由于设备产出品存在质量问题，导致不合格品报废或者修复带来的损失。六是产出损失，指理论产出的数量与实际产出数量之间的损耗。

第十种浪费是管理流程的浪费。管理流程，是指通过流程完成对人财物等资源的调度和调整。企业中管理流程的设计常常存在非必要环节，这些环节导致流程的缓慢和低效，因此非增值环节是一种浪费。有时，企业内流程的触发机制不合理，一些流程环节的作业设计不佳，造成提前处理信息、等待信息排队、无用的库存信息等问题，这就形成了提前、等待、库存等流程的浪费。

上述十种浪费的简要描述如下图所示。

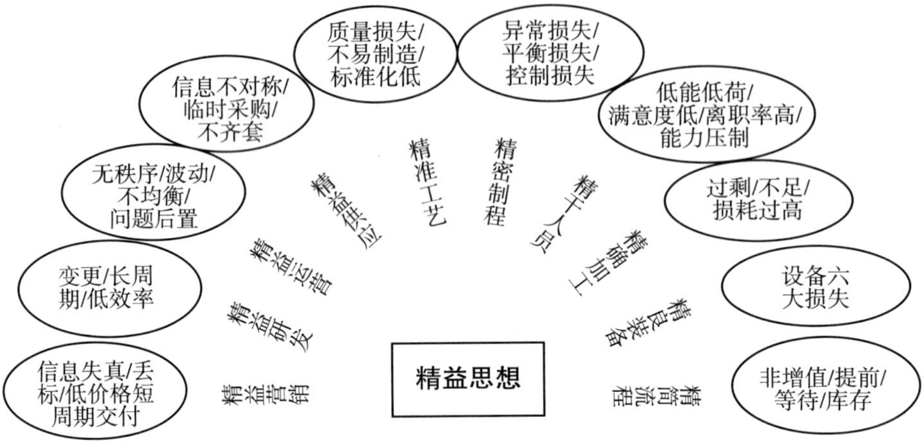

浪费是现象描述，它不是从成本构成的角度寻找问题，而是从成本损失的角度识别问题，提供了发掘问题的模板。十大浪费是精益管理在企业成本链上的全面总结，让我们找到有效地降低企业成本的途径，是宏观的成本改善入口，是精益管理的核心。企业是一个创造价值的场所，既要寻求最低的成本，又要最大的价值产出。在当前市场环境下，推进精益管理文化更显刻不容缓。

思考9 精益中的领导作用

企业精益落地从来都不是一帆风顺的，在实践的过程中总是存在着各种不同的问题，应该说问题是永恒的。问题来自哪里呢？来自改变。任何一个企业都有自身独特的文化和行为逻辑，这些根深蒂固的认知要改变，行为也要改变，这就不可避免地形成矛盾与分歧。不能解决这些问题，就一定会造成精益活动低效、停滞，甚至倒退，精益活动陷入低潮。

精益活动到底改变的是什么？众说纷纭。从我们长期深入推行精益管理的经验看，表层上精益改变了工作方法、现场形态、人员能力、盈利能力，深层次上精益改变了组织方式、人才定义、激励形态、企业文化。表层的改变较为简单，周期短且见效快，立竿见影且容易反复；深层的改变很难，当时不见效，费力不讨好，但会带来长期深远的影响。当前中国企业大都经历过“精益困境”，企业在推行精益管理活动过程中聘请了咨询公司进行辅导，短期内员工积极参与并取得了较好效果，如浪费减少、成本节省，一旦终止了与咨询公司的合作，企业精益氛围、改善活动、员工参与度迅速恶化，时间一长，精益无影无踪，打回原形了！企业管理者困惑不解，奖励政策没有变化，人才也培育了不少，为何改善活动大不如前？由于企业没有形成一个崇尚改善的文化，自然就缺少推进改善的组织、鼓励改善的宣传、激励改善的分配、协同改善的支持等，这些因素影响了改善的动机，导致高质量的改善行为越来越少。可见精益落地真正需要的是构建企业的改善文化，而这些绝对是一把手工程，因此无论是董事长还是总经理，一定要在精益中发挥领导作用。

对于精益的领导作用，主要包含以下几个方面。

1. 精益项目一定是一把手发动的

精益项目真正的核心在于文化的导入、机制的形成，至于改善成果和人才培育都是副产品。如同我们饲养山羊，主要目的是获取羊肉，顺便收获点羊毛。既然精益的目标是文化和机制，那么我们就要从影响文化和机制的层级上发动变革。企业中是谁在影响着文化和机制呢？毫无疑问，是老板，是一把手，所以企业精益变革的发起者一定是老板和一把手，必须在企业的整体治理上推进。有些企业的精益变革由其他管理者发起，受其代理人身份的影响，精益变革必须考虑投入成本和产出效率的关系，必须向上级展示精益的有效性。因此，往往急功近利，舍本逐末，对于长期有效的工作不感兴趣，对于短期有效的工作投入重兵，长此以往，精益活动就变成了临时活动。没有建立长效机制就无法自主运行，就变成了授人以鱼。这种情况唯有一把手才能破局，一把手具备前瞻性视角，具有战略坚持的定力，知道企业要的是什么，从而推动精益文化在企业落地，而非斤斤计较于短期效果。

2. 精益变革需要一把手设计精益组织

精益活动是一种整体优化，要将优化行为变成习惯渗透到日常工作中，最终形成高质量的工作成果。是否每个中国员工都有随时优化的习惯和精益求精的精神呢？答案是否定的，应该说大多数员工都不具备上述特征，企业精益活动就是要建立习惯并改变思维，无论哪一点都不是一朝一夕能够实现的。因此，精益工作一定是持久战！打好持久战没有专门的组织是不行的，组织代表了协调资源的能力，更是管理意志的体现。一把手设计的精益组织天然上被赋予了更大的权利和责任，将极大激活组织成员。通常，为了改变企业的机制和文化，精益组织要包含决策委员会、精益推进部等组织。精益活动也是一场新旧思想的战争，战斗无时无刻不在企业内部发生，用一句谚语来形容“不是西风压倒东风，就是东风压倒西风”。精益思想能够获胜的前提是有组织、有策划、敢斗争，如果没有构建出高效的领导组织，上述前提就不存在，就会出现顽固的旧思想压倒稚嫩的新思想，精益败走麦城！

3. 精益变革过程需要一把手的指挥调度

精益推进过程漫长，因此需要与企业的战略协同，与企业发展阶段匹配，如果精益不能为企业经营助力，难免重要度降低并逐步边缘化。为此，企业的一把手要随时指挥精益推进的过程，通过协同精益参与企业经营，解决企业战略层面的问题，让精益组织的重要性和权威性越来越高，不断扩大存在感。精益变革要触及深层次的企业分配机制，要营造精益“自我挑战”和“尊重人性”的氛围，这些都需要一把手进行倡导和指挥，不断完善创新机制，运用晋升、奖罚等方法充分调动人员的工作行为和思想。在精益实施过程中，时常会碰到各种各样的阻碍和困难，经常需要一把手进行调度，并做出正确的选择和决策，帮助精益渡过难关。精益变革过程如果缺少了一把手的台前幕后支持，想要取得成功基本是痴人说梦。有些企业管理者对于精益推动听之任之，一把手袖手旁观，导致其重视度下降，给企业带来的帮助越来越少，最后精益被迫终止，这是非常令人遗憾的。

4. 精益变革从一把手的行为开始，精益学习从领导班子开始

世界范围内，精益实践已经持续了四十余年。一个重要的实施经验是：精益知易行难！为何知易行难？根本在于，企业中所谓的“知”是一知半解，所谓的“行”是浅尝辄止，尤其是一把手。成功的精益领导者要躬身入局，通过自身的认真学习和亲身实践，融会贯通地掌握新知识，然后结合实际情况变通地贯彻执行，不断检讨并逐步完善。然而，许多企业一把手不带头垂范，导致精益推进存在天花板。领导班子作为公司的决策者也要统一进行精益学习，通过学习统一认知，促进精益活动长期推进。如果领导者们对于精益认知不足，就不会形成联动，造成整体失调和局部“栓塞”，也会出现内部意见分歧，互相掣肘，形成内耗。笔者曾经在某企业中调研，惊讶地发现该企业已经经历过四次精益变革活动，每次都以失败告终，原因是企业内的部分领导对精益一知半解，但是乐此不疲于评价精益的有效性，将每一个精益活动中的进步务必区分出是企业自己的成绩还是咨询公司的成绩，让车间管理者与咨询老师形成竞争关系，导致了公司精益变革次次中断！

中国企业的发展道路不同于日本企业，也不同于欧美企业，形成了自己独特的企业画像。中国企业的画像是气质独特的，在战略上灵活多变，以速度取胜，勇于进取，对资源充满渴望，面对机会把握能力强。但是摆脱不了野蛮生长的后遗症，张贴着人治、刚性、粗放、草率的标签，由于缺少科学性的管理，缺少对基层的人文关怀，势必造成内部矛盾较多，暗流涌动，如

同欲喷的火山。这时的企业除了采取精益升级几无其他可选项，可以说，精益是中国企业必须要补的一堂课！精益本质上是领导创新和文化创新，因此实施精益是一把手的责任，一把手要责无旁贷地为精益站台，不遗余力地坚持长期实施，除此无捷径可走！

思考 10　5S 管理的几大认识误区

很多企业在推行 5S 管理的过程中，存在很多质疑的声音，导致 5S 管理的推进速度较慢，推行效果不理想。笔者根据近几年的精益管理咨询实践，罗列出以下几个比较有代表性的观点。

1. 5S 管理就是简单地做做卫生

很多企业管理者觉得工作场地太难看，需要整洁一点，所以就采用 5S 管理。很多人觉得企业中的 5S 管理也只不过是统一工作服、擦擦桌子、摆摆椅子，实际上很多国内企业也是将 5S 管理简单等同于大扫除。而实际上，5S 管理是一个系统的管理方法，不仅是做好卫生工作，而是应用各种方法建立管理体系保证管理方法的实行。在实施过程中要切忌将 5S 管理流于形式，而是要将 5S 管理服务于日常工作，达到提高员工素质的目的，让员工革除马虎之心，养成良好的工作习惯。

2. 工作太忙了，没有时间做 5S 管理

对于一个高负荷生产的企业，或者正处于高工作负荷时期的企业来说，突然间让工人每天打扫卫生、维护设备，把工具按照指定位置放好，对于员工来说，这些似乎是没有必要的负担。这种观点其实是把日常工作、生产与 5S 管理对立起来，认为 5S 管理不是工作的一部分，是分外的事。在企业推行 5S 管理的过程中，经常能够听到员工和中层管理人员这样讲，也有个别高层领导也会有这样的想法。实际上，5S 管理是工作的一部分，是一种科学的管理方法，可以应用于生产工作的方方面面。其目的之一就是提高工作效率，

解决生产中的忙乱问题，暴露一些隐性的问题点。当然，在5S管理推行初期，有许多事务性工作要处理，5S管理还没有完全发挥作用的情况下，处理好5S管理与生产之间的关系，分配好用于5S管理与工作生产的时间和精力比重对于5S管理的长效推进具有重要意义。

3. 员工素质差，做不好5S管理

有一些企业的管理者，尤其是传统制造企业的管理者认为员工文化水平不高、接受能力不行、个人素质也比较差，5S管理对于他们来说比较困难。其实，5S管理不是什么高深莫测的东西，关键在于员工去执行，5S管理本身就是培养员工形成良好习惯的过程，目的是提高员工的素养，以员工素质差为理由，认为搞不了5S管理是完全错误的。

4. 5S管理无法带来效益

对于企业而言，最核心的当然是效益，对于一个健康发展的企业，关注效益当然是重中之重，因此，便产生了许多企业的管理者认为5S管理无法带来效益而拖延或者停滞5S管理的推进。实际上，5S管理看起来并没有带来直接经济效益，但是它带来的间接经济效益不容小觑。首先，整齐、整洁的工作环境容易吸引顾客，让顾客心情舒畅，由于口碑的相传，企业会成为其他公司的学习榜样，从而能大大提高企业的声誉；其次，良好的工作环境和工作氛围，再加上很有修养的合作伙伴，员工可以集中精神认认真真地干好本职工作，必然就能大大地提高效率；再次，工作场所物归其位，有条不紊，意外事件的发生自然就会相应地大为减少；最后，生产管理一目了然，人员、设备、时间就不会造成浪费，企业生产也能相应地顺畅，作业效率必然就会提高。

5. 5S管理不需要每天都做

一些员工和管理者认为，5S管理就是定期开展的一项工作，甚至是为了应对上级检查而突击进行的工作。一些企业刚开始很有热情去执行5S管理，可是随着时间的推移，随着热情下降，5S管理也就逐渐搁置了，5S管理的推

广也以逐渐消失而结束。这种观点忽视了5S管理是一项长期性、日常性的活动。在推进5S管理的过程中，要想推行工作持久、有效，必须加强推行过程中的执行力，建立一套合理科学的5S考核评价体系，并在考核的基础上建立有效的激励机制，让员工在享受5S管理带来的工作便捷的同时，还能享受到做好5S现场管理所带来的身心愉悦，而不是每天都想着如何应对检查、考核。如此可以保持和巩固5S管理成果，避免出现滑坡现象，这是5S管理工作持续推进的重点。

6. 以最快的速度全面推行5S管理

基于5S管理的种种优势，很多企业管理者不免在看到同行或外界都在推行5S管理或对5S管理略知一二之后就会有想尽快在全公司全面推进5S管理的构想。一些企业的管理者在没有对5S管理进行深入研究的情况下，匆匆忙忙就推行5S管理，他们总是认为只要认识和后期动作正确就不用在做好全部准备的情况下再去推行，因此选择在全公司上下全面同时推进5S管理。这样一来，在后续推进过程中隐藏的种种问题就会接二连三地爆发出来，那么管理者将无法及时和准确地一一处理，导致最后不得不以放弃而告终。在推进5S管理时，应当先以员工积极性高、整体素质好的部门作为试点，再将成功经验逐个部门进行扩散，这样可以分散管理者的压力，提高对5S管理成功实施的信心。

思考11　运用精益思想降低生产成本

企业经营的目的是追求利润最大化，而获取最大利润的关键是最大限度地降低成本，成本是由产品形成的过程中各个环节投入的资源决定的，降低成本的关键点就是彻底消除企业运营各个环节的浪费。6Sigma、精益管理、价值工程等方法都是当前消除过程浪费的有效手段，因此学习运用科学管理方法降低产品成本进而提高企业利润是每一个企业的理想选择。

在市场经济条件下，随着信息的进一步透明，产品的同质化倾向越来越明显，国内企业间的价格竞争日趋激烈。由于总体市场供大于求，兼之原材料的涨价，让产销矛盾更加激化，所以企业主动或者被动地采取降低价格作为市场竞争的重要手段，结果利润越来越少，经营步履维艰。此时此刻，客户并没有放松对产品的要求，恰恰相反，当前客户对企业的要求不再仅仅是提供需要的产品，而是要在最短的时间里优质优价地提供满足用户个性化需求的产品。为了达到这样的要求，企业往往牺牲成本来缩短交货期，造成经营雪上加霜。

怎么办？唯有极限地消除浪费降低产品成本，才能摆脱红海牢笼，成功地活下去。

在传统精益生产理论中，将企业生产过程中的活动分为两类：增值作业和不增值而浪费的作业。增值作业是指能为最终产品增加功能，更好地满足客户需要的作业，是企业生产经营所必需的；不增值作业是指不能给最终产品增加功能，不能增加客户消费效用的作业，从效率观点看也是一种浪费。通常我们认为90%以上的活动都不增加价值，消除或减少不增值活动是降低企业生产成本的有效途径。精益生产提供了企业识别生产过程中的浪费的方法，也提供了彻底地消除这些浪费的工具，比如现场5S管理和目视管理、合理化建议活动、成本企划、设备预防保养等。

那么企业实施成本降低工作该怎么做呢？我们觉得可以按照以下思路逐步实施：

1. 实行准时化生产方式

“库存是万恶之源”，库存的浪费是企业最大的浪费。因为库存要占用大量的资金，增加了企业的利息负担和现金流恶化；库存占用场地厂房，增加出入库的搬运、保养、除锈等工作浪费，长时间还会产生失效的浪费；库存导致管理人员增加，滋长工人和管理人员的惰性，据统计库存成本每年带来的浪费是库存金额的18%。更为重要的是，库存掩盖了许多生产中的问题，减少库存的过程是一个“水落石出”的过程。实行准时化生产方式是消除库存最有效的方法。所谓准时化生产方式，就是在需要的时间按需要的数量生产需要的产品。这种生产方式的核心是追求一种无库存的生产系统，或使库存达到最小的生产系统。为达到这一目标，准时化生产方式提供了三种基本手段：

（1）适时适量生产

只在市场需要的时候生产市场需要的产品。企业要建立能够灵活地适应市场需要变化的生产机制，否则总会由于生产过剩引起人员、设备、库存费用等一系列的浪费。

（2）弹性配置作业人数

弹性员工呼唤企业培养多技能工，员工具备多种技能就能按照需求完成多个岗位的作业，实现了最低人工成本和高效灵活的交付。

（3）质量保证

质量异常频发会造成生产周期无法预估，因此无法实施准时化生产。企业要将质量管控贯穿于每一工序之中来实现质量提高，要建立不良品一出现马上就会被发现和解决的机制，逐渐减少不良品的重复产生，确保每个工序的高质量生产。

2. 将产品检验合并到作业工序之中

精益生产对产品质量的追求是零缺陷，强调事先预防，把“防呆防错”的思想贯穿到整个生产过程中，尽量减少制造废次品及返工、返修带来的浪费。同时，精益强调100%全数检验，要达到这样的目标，精益生产要求人人都是检验员，检验是工序的一部分而不是独立岗位，员工完成作业后要进行自检，将没有缺陷的产品传递到下道工序去。它彻底否定了传统的“三检”制度，把互检和专检看成是一种浪费，因为精益思想认为产品并不会因为检验而增值，检验工作并非实质的有效劳动，是一种不增值的作业。

3. 建立伙伴关系的供应商网络

降低原材料的采购价格是降低成本的一个重要手段。精益生产强调建立具有战略合作伙伴关系的供应商网络，强调和供应商的双赢关系，而不是把供应商看作是可以“剥削”的对象。企业要帮助供应商提高生产组织水平和内部管理能力，帮助其降低成本，同时双方分享降低成本的成果，这才是长期可持续的伙伴关系。

精益战略伙伴供应商的建立方法如下：①一种零部件只有 2~3 家供应商；②供应商经过培育，专业化程度较高，质量最优；③保持供应商的合理利润，保证其可持续发展；④尽可能使用近距离的供应商或让距离较远的供应商尽可能靠近，使运输费用较低；⑤尽量不采用投标竞争，和供应商建立长期密切的合作关系；⑥帮助供应商实施精益生产方式，并提供培训等支持，确保其在同行中的成本优势；⑦锁定长期采购计划，实施准时采购调货，真正做到采购件的零库存。

精益活动中降低成本的方法很多，上述工具仅仅管中窥豹。精益管理致力于改进产品和服务流程中的每一个步骤、每一个动作，尽最大可能消除价值链中一切不能增加价值的活动，消灭浪费，提高效率，最大限度地降低库存，最终实现具有竞争力的产品或服务成本。同时，精益也是一种企业文化，推动传统企业改变思考方式，眼睛向内，挖掘潜力，练好内功，鼓励员工改善，培养内部人才，形成人人乐于改善的氛围，通过长期的点滴成果的汇聚构建出企业强大的成本竞争力。

思考 12　中日企业的差距原点

最近读了俞世洋会长写的《人本精益》，被书中表述的一个数字所震惊，10 倍！牛津大学进行了日本汽车企业和欧美汽车企业的供应链反应周期的对比研究。供应链反应周期，即从汽车企业的二级供应商到一级供应商生产完零部件，再到汽车制造企业将零部件组装成整车的周期。日本汽车企业包括丰田、本田、日产等，从二级供应商到一级供应商再到整车企业，都没有多余的库存，相互之间信息共享，互相合作，形成了良好的供应链协作关系，整个周期大约四天时间。欧美汽车企业如通用、大众等，其供应链反应周期普遍在四十天左右，在二级供应商、一级供应商和整车生产企业间保有大量的库存，由于相互之间信任度较低，所以信息失真严重，产生了强烈的牛鞭效应。实际上中国汽车企业以至于很多装备类行业都与欧美汽车企业存在类似的问题。持有库存除了造成现金流变差，也会增加额外的持有成本，按照供应链研究的结论，通常每年的库存持有成本约为库存金额的20%~30%。正因如此，欧美汽车企业常常陷入亏损的旋涡，而同等条件下的日本汽车企业的盈利性非常好，所以说独步天下的日企供应链管理是盈利的秘密武器。精益供应链管理也是我们中国企业要认真学习的一课。

在现实中，部分中国企业常常不重视供应链建设，强制压价、比价招标屡见不鲜，供应商与企业之间不是合作的伙伴，而是商品交易的双方，交易过程中双方试探彼此的下限，竞争有限的利润。笔者由于职业关系做过较多的近距离观察，因此感受颇深，如电器行业内某知名企业强行向自己的供应商销售由老板代言的手机并冲抵货款。某个区域集团的老总曾反复提出，供应商是战略合作的伙伴，要建立信任关系，但一旦到了淡季，企业订单量下降，他就跑到下属公司质问，我们自己的工厂都吃不饱，为何不将采购的零部件改为自己生产呢？到了旺季，他就质问采购部门为何不赶紧开发，联系其他供应商立即供货？于是，淡季的时候，企业会将给外部供应商的采购订单全部改为自制；旺季的时候，就不顾一切地放开供应商名录，谁能干谁就进来。试问，站在供应商的立场上，如何能一心一意跟着企业走下去？到了淡季，你的客户会落井下石；到了旺季，他会非常随意地放开采购，那些供应商名录和采购协议一文不值。于是供应商不敢将自己的命运寄托在这家企业身上，开始了三心二意的合作。在该企业交付最繁忙的季节中，供应会频繁爆雷，不是供应商无法及时交付，就是交付后发现质量不合格，无论企业怎么催，供应商都不着急，供应链彻彻底底变成了企业的瓶颈。

为什么中国企业供应链建设这么难呢？为何日本企业能够如此重视供应链建设？笔者愚见是，根本原因在于企业家的经营理念，中国企业家的短期思维更多一些，日本企业家的长期思维更多一些。塑造日本企业界长期思维视角的最重要的人就是美国质量管理大师戴明博士。

戴明博士本是美国知名的质量统计学家，在日本战败后受到驻日盟军最高统帅部的邀请对日本人口统计工作进行指导。1950年，在统帅部的推荐下，日本科学家和工程师联合会的负责人石川馨邀请戴明博士给各大企业财团的负责人进行一次质量统计方法的讲座。出乎人们预料的是，戴明博士没有讲那些晦涩难懂的质量统计方法，而是深入浅出地讲了十四项企业经营管理原则。或许受清教徒的价值观影响，或许来自他在美国长期推行企业质量统计的切身体会，或许在长期观察美国企业管理的问题有了洞察性的启发，总之，戴明博士的十四项经营管理原则非常超前，甚至可以称之为“企业科学发展观”。而恰在当时，日本政府及产业界正致力于提升产品质量，实现工业强国和经济崛起，戴明博士的十四项管理原则如久旱之下的落地及时雨，完美契合了日本企业升级转型的需要，获得了企业家的广泛认同和极其热烈的反响。可以说，一炮走红，听课的企业家们将授课笔记汇总整理为《领导职责的十四条》（以下简称十四项原则）和《戴明博士论质量的统计控制》。该手抄本在企业界竞相传播，而戴明博士则慷慨地把演讲稿的版税赠送给了日本科学家与工程师联合会，联合会用这笔资金专门设立了一个奖项，以永久纪念戴明博士对日本人的贡献和友情，这就是戴明奖。之后的几十年里，戴明博士花费了大量的时间和精力在日本宣传推广十四项原则。据说接受戴明博士培训的企业家非常多，平均每 10 名企业家就有 3 人亲耳聆听过戴明博士的授课。十四项原则深入人心，日本企业家们身体力行，这才有了日本企业的长期发展观和高效合作的供应链，帮助日本产品雄霸世界市场。而与之对应的，由于欧美企业家和中国企业家并没有接受过戴明博士的培训和指导，也没有机会认真领会十四项原则，经营中常常摸着石头过河，在失败和挫折中自我反思和纠正，这个过程漫长而痛苦，企业野蛮生长，管理似是而非，资源浪费极大。所以，就会出现上述案例的现象，其结果必然是企业在低水平上徘徊。

十四项原则是什么呢？今天我们中国制造业的朋友们读起来仍然是振聋发聩的。

第一条：要有企业长期发展的视角。要有一个改善产品和服务的长期目标，而不是只顾眼前利益的短期观点，为此要投入和挖掘各种资源。

第二条：准时交付的原则。要采用新的管理思想，绝不允许出现交货延迟或差错和有缺陷的产品。

第三条：质量内建的原则。要有一个从一开始就把质量造进产品中的办法，而不要依靠检验去保证产品质量。

第四条：供应链合作伙伴的原则。要有一个最小成本的全面考虑，建立采购的长期合作关系，在原材料、标准件和零部件的采购上不要只以价格高低来决定对象。

第五条：问题系统性的原则。要有一个识别体系和非体系原因的措施。85%的质量问题和浪费现象是由于体系的原因，15%是由于岗位上的原因。

第六条：岗位职业培训的原则。要有一个更全面、更有效的岗位培训，培训不是在制造额外开支，培训教师要专业，自学常会有缺陷。

第七条：新式领导力的要求。要有一个新的领导方式，不只是管，更重要的是帮，领导者本身需要调整管理风格，班组长的责任必须得到增强，不能回避质量问题，好的质量可以提高生产率。

第八条：问题导向的文化建设。要在组织内形成一个新风气，鼓励员工主动发现问题，自主实施改善，消除员工不敢提问题、提建议的恐惧心理。

第九条：供应链协同原则。要在部门间有一个协作的态度，帮助从事研制开发、销售的人员多了解制造部门的问题。

第十条：过程导向的原则。要有一个激励、教导员工提高质量和生产率的好办法，不能只对他们喊口号、下指针。

第十一条：标准服务现场的原则。要有一个随时检查工时定额和工作标准有效性的程序，并且要看它们是真正帮助员工干好工作，还是妨碍员工提高劳动生产率。

第十二条：薪酬有效性的原则。废除计件工作制，因为它鼓励制造次品。要把重大的责任从数量上转到质量上，要使员工都能感到他们的技艺和本领受到尊重。

第十三条：鼓励学习的原则。学习是员工和公司明日生存的保障，企业要实行强劲的学习和自我提高教育计划，企业最大的改进来自内部人员的头脑。

第十四条：全员改善的原则。要在领导层内建立一种结构，让公司的每一个人实现转变，推动全体员工都来参加经营管理的改革。改善文化的建立不是一件容易的事，最高管理层在实现转变中扮演着决定性的作用，最大的阻力往往来自中层管理人员。

戴明博士的十四项原则作为企业的价值观，是一代大师的真知灼见，它超越了时代，时至今日仍是解决中国制造企业根本问题的主要策略。企业的问题千千万万，究其根源，大都来自企业价值观的偏差。价值观是企业所有行为的原点，从原点出发偏差哪怕一毫一厘，也会造成最终的企业行为和结果谬以千里。

当前，中国企业都在运用精益管理解决企业的内部问题，消除内卷、内耗，降低成本，提高外部竞争力。但精益管理的实施并不顺利，一部分原因在于精益管理以顶层设计为前提，缺少正确的经营原则，缺少正确的价值观和基本方法，就无法形成良好的供应链秩序，而秩序缺失必然造成基层的失控，良好的计划物控、现场管理、基础改善更是无从谈起。

中国制造业始终面临严峻挑战，中国企业家始终在思考未来的出路。其实，企业的出路在于强大的内在体制，而非高技术设备装置。十四项原则是企业管理的原点，值得企业高层管理者或者企业家们认真研读、理解并身体力行，对企业的未来长期发展必将大有裨益。

思考 13　夫妻店为何打得赢规模企业

为什么夫妻店能够经营好，而像我们这样的大规模企业会亏损呢？这是最近几个企业高管问我们的问题。这些高管有的是国内有名的连锁零售集团，有的是快消品的大型制造头部企业，从业经验丰富，见多识广，他们提出的问题都是困惑已久且复杂深刻。夫妻店很原始，是最早的商业形态，而规模经营是商业不断进化的产物，是商业社会效率最高的组织形式之一，怎么会出现原始战胜现代，草莽战胜正规的情况呢？大家都很困惑！

在传统商业或者传统制造业中，由于技术门槛和投资门槛较低，从业者众多，会出现充分竞争的局面，溢价会因为竞争而越来越低。而客户由于长期购买，已经熟悉产品以至于制造过程，对于产品价值的认知很成熟，这时会出现“玻璃效应”，即整个行业变得透明，客户购买过程透明，商品价格透明，商品成本透明，利润只能控制到“像刀片一样薄”。这种情况下，比较的就是产品的吸引力、客户需求的管理、供应链能力、创新能力、管理方式等。让我们看一下夫妻店和规模经营是如何应对挑战的。

夫妻店先天具备的一些竞争优势：夫妻店的经营责任完全归属夫妻所有，所以产权利益分配很明确，有了利润归夫妻所有，如果亏损了，两口子共同承担，不同于规模企业，夫妻店一般没有责权利的纠纷或者内耗，无须制定详细烦琐的薪酬和激励制度，因此其管理简单，经营的专注度更高。夫妻店一般规模比较小，因为体量较小，所以没有职能和层级，每个人都是多能工，兼任员工、基层干部、中层干部、总经理、董事长，兼职承担市场部、采购部、质量部、设备部、行政部等职能。因此，夫妻店管理成本很低，并且经营灵活，面对市场和客户需求的变化能够及时捕捉并调整应对，决策快速，不用申请、请示、审批、批准、会议等烦琐的过程，两口子随时商量决定并立即执行。由于责权利明确，管理扁平化，思想统一，行动迅速，所以较好地控制了成本。

供应链管理常常是规模企业的痛点，但是对于夫妻店来说，其物流很容易实现准时化，道理很简单，夫妻店非常容易从整体最优的角度设计物流或者调整物流，老板懂销售，了解客户的需求，老板懂供应，寻求最简单最直接的方式将产品进行供应，过程中亲力亲为，打通渠道，没有过多的局部利益相关者的掣肘，也没有难以沟通的部门墙，形成最优的端到端配送。比如，生产传统快消品的夫妻店，能够以最低的成本提供相对质量不错的产品，其管理成本、销售成本、财务成本、固定折旧基本可以忽略不计；从事零售业的夫妻店可以实现从源头订货，如从批发市场、厂家或者最大经销商，甚至田间地头采购，并且根据老主顾的习惯来配置商品，这些都是夫妻店的优势，真正实现最低成本和客户导向。

规模经营相对于夫妻店先天存在难以回避的缺陷，也有得天独厚的优势。

先说缺陷：

企业规模越大，人员越多，柔性越差。企业第一个要面对的是执行落地的难度。每一个员工都有自己的视角和认知，统一思想和行动成了企业最大的挑战，如果企业没有做好干部员工的培养工作，落地偏差无法避免，往往是老板想法很好，需要基层落实的时候每个人都有执行偏差，哪怕仅仅 5%，累计起来也都天差地别，令人无法接受。举个真实的例子，某规模较大的民营企业，老板年初提出实施精益管理，总经理和各级副总、总监们反复论证，终于在十个月之后决定聘请一家专门做战略辅导的机构。精益管理是解决内部问题，战略辅导是解决企业方向问题，这是典型的南辕北辙啊！原来，大家用十个月的时间认定，当前问题不是企业内部管理不精益，而是老板所制定的战略方向出了问题，执行偏差可见一斑。企业第二个要面对的是内部复杂度增高的问题。由于管理的职能分工较细，管理层级较多，造成企业管理较高的复杂度，企业复杂度变高跟我们身体血压血脂变高一样，是衰退的开始。它有两个弊端，一个是管理效率较低，复杂的管理必然衍生出更多内部问题，解决问题需要人，造成人越来越多，人浮于事，为了让人有事做，又额外设计复杂的流程，造成企业行动迟缓、效率低下。另一个是灵活度变差，面对外部环境的变化，客户的声音难以传达到决策层，客户价值抓不住了；而面对市场和客户的变化，规模企业常常要兼顾各种不同利益相关方的诉求，优化过程处处掣肘，反应很慢，对客户的服务逐渐落后，最终被客户抛弃。

规模企业还要面对后台失效的问题。有些规模企业对于后台或者平台建设非常热衷，往往忽视了后/平台的成本。后/平台自身带有成本，同时，如果精益化不够，后/平台会造成额外的浪费，最大的浪费就是协同不良，缺少秩序。有些平台上山头林立，个个都是能人，但往往从自身利益角度看问题，能耐越大，协同越差，供应链上秩序不好，牛鞭效应明显，库存奇高，老板挣不到钱。有些平台不但不创造价值，而且通过瞎指挥破坏秩序，创造浪费，给企业带来灾难性的后果。某快消品规模企业，在市场火爆的情况下，客户要求快速交付以抢占市场，而企业产品团队各自为战，为了让自己的客户能够拿到货，纷纷将交付期提前，导致交付量增大，最终订单量严重超出了生产量，交付进度严重滞后。这时，产品线最高领导们纷纷到生产现场催货，往往是甲领导到了现场要求生产甲产品，刚刚换型完成生产一个小时，乙领导又到了现场要求生产乙产品，又要进行换型，车间主任和工人苦不堪言，纷纷离职，造成整整两个月的订单全部大规模延迟，同时客户对产品交付和产品质量问题的投诉激增，这就是后台无序带来的危害！

企业期间费用（销售费用、管理费用等）都与后台有关，而后台难以创造出大于成本的价值。我们长期观察会注意到，平台不接触一线和客户，围着领导打转，小心谨慎不犯错，大胆创新绕着走，标准化有余，改善能力不足。这样的平台既不能帮助一线进行业务优化，又不能帮助一线简化流程，更不能洞察客户价值，基本就是企业的包袱。在某零售规模企业中，尽管零售终端都在赔钱，但那个庞大的后台依然官僚化运作，领导的指令执行很快，顾问老师提出的创新做法和改善建议大家连试一试的兴趣都没有。老师强力推动就向前迈一步，老师稍不关注，后台部门就一动不动，其实该企业只要将细节做好了，就能实现盈利（零售终端亏损 3%）。于是出现了很矛盾的现象，一方面大家都认为形势紧迫，按照当前的做法企业只会不断亏损和失血；另一方面大家对所有的改变都抵触，对于零售终端的细节改善认为效果不大，对于终端大规模调整认为成本过高，有风险，这样也不行，那样也不行，就一直维持着亏损的现状！

规模企业也有不可忽视的优势，前提是企业要实现精益化。

首先，规模企业能够通过更大范围的环境分析和客户调查提炼出真实的或者未来的客户需求，也能够通过大数据的收集和分析提炼新的客户价值，这是夫妻店依靠直觉实现不了的。注意，宏观环境识别、竞争策略分析、大数据洞察是后台最重要的使命。其次，规模企业能够进行全国、全世界范围的供应链寻优和寻源，找到更棒的材料、更棒的产品、更棒的合作伙伴，实现企业综合成本最低，为提供客户的产品最好。同时，规模企业也能够利用自身后台优势，帮助供应链企业的成长，实现忠实的合作伙伴，应对市场的苛刻要求和需求的波动。再次，规模化企业能实现产品导向经营。对于规模零售企业，它有足够的资金，并且可以借助供应链按照洞察的需求进行新产品设计，让研发的产品出现“爆品”，以新产品抓住客户的眼球，实现更高的利润。规模制造企业能够从众多杂音中抓住主力客户的需求，通过产品开发形成忠实的客户群体，避免经销商独大。而忠诚的客户群体和产品导向的经营就会降低供应链的复杂度，实现成本的降低。最后，规模化企业有能力通过自身持续的标准化和细节改善，实现更合规、更环保、更低碳的运行方式。与此同时，带动产业升级，通过参与行业、国家法律法规修订引领行业发展，形成较高的准入门槛。

不同于高科技行业，传统行业利润微薄，对于前端和后台的管理能力要求很苛刻，对于管理能力较差的规模企业来说，一定会出现交付、成本、质量都比不过夫妻店的情况。灵活的巨人天下无敌，迟缓的巨人就是一个活靶子。规模企业的精益之路是无法回避的，对内要持续反省，实现供应链整体的精益变革；对外要向夫妻店学习，精兵简政，权责利统一，要时时用精益手段锤炼身体，在思想意识上自我革命，在企业能力上具备高度适应变化的柔性，持续进化。

三、落地篇

思考 14　关于精益落地的思考

前几天去苏州拜访了一家知名的儿童服装企业，企业想实施精益，要跟我们聊聊。到了企业总部，看到一片光鲜，品牌的元素随处可见。在会议室中等待总经理的时候，看到设计和营销员工们在忙忙碌碌地下单、洽谈，觉得企业管理不错，充满活力。

总经理是个职业女性，她风风火火带着几个下属来到了会议室，简单寒暄之后，他们详细阐述了企业的精益需求和以往的精益实施经历，而后面的表述让我们很揪心。因为那些不成功的精益实施经历必然让企业对于合作伙伴更加挑剔，如同被情所伤的人们常常对下一次感情望而却步。当我们详细阐述自己所理解的精益本质和精益技术时，他们听得很仔细，也纷纷点头，介绍结束后，总经理认真提出了一个问题“你们如何能保证精益在企业中落地呢？”这个问题让我们陷入深思。

很多企业在推进精益的过程中，往往聘请了精益咨询机构，咨询顾问指导的时候，精益效果显著。可是，一旦老师离开了或者咨询服务终止了，企业的精益活动迅速退化，很快回到原状。企业感觉精益没有落地，白忙活一场。

怎样才算精益落地呢？提出这个问题，就是把精益当作一个阶段性的项目，有开始时间，有结束时间，结项要有标志性产物。精益活动是不是项目呢？如果企业仅仅想学习精益工具，那么精益就是一个项目。这个项目的目标就是引入企业精益工具，项目产出就是企业员工掌握了这些工具的使用方法，从这个角度，只要将员工培养合格就是精益落地。如果企业想导入精益的机制和文化——这也往往是大多数企业的真实目的，那么企业导入精益活动就不是项目，而是一次借助外部力量的变革。这个变革周期很长，目标是企业建立全员参与持续改善的习惯，可以用人均改善数量来评价，但是永无终点，是否实现目标与外部咨询机构也没太多关系，没有精益落地一说，也就无法衡量精益落地与否。

如果我们非要探究何为落地？一百个企业可能会有一百个答案，有的企业说员工养成好习惯就叫落地，经过精益咨询员工能够坚持改善、持续进步。有的企业说精益应该大幅度消灭问题，进而降低产品成本，这才叫作落地，即精益咨询之后员工的解决问题能力和改善能力极大提高。有的企业说现场发生不可逆的改变叫作落地，如果老师离开了现场退步了，就不能算落地，这些不能落地的情况都是与精益咨询专家密不可分的。

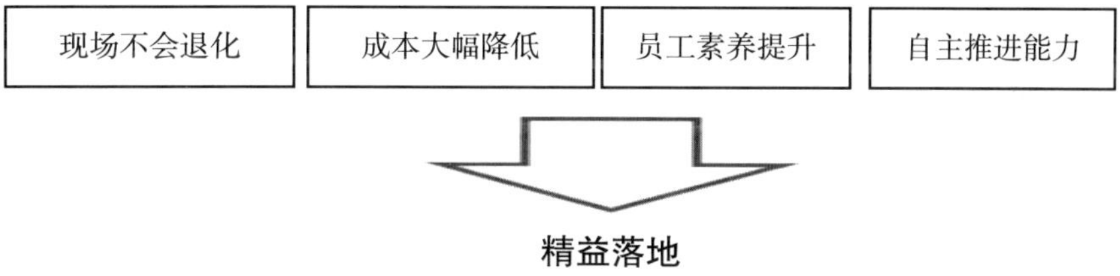

总体上看，精益落地与否主要看精益植入企业的程度。有的植入很彻底，企业能够按照精益的方式来运行；有的植入很肤浅，企业在缺少了监督和指导的情况下，迅速恢复原状。两者的区别是企业是否长期坚持精益思想的植入，精益咨询专家只是起到辅助的作用，缘木求鱼是无法找到答案的！

企业在追求精益落地的过程中，该怎么努力，注意什么呢？我们有一些建议。

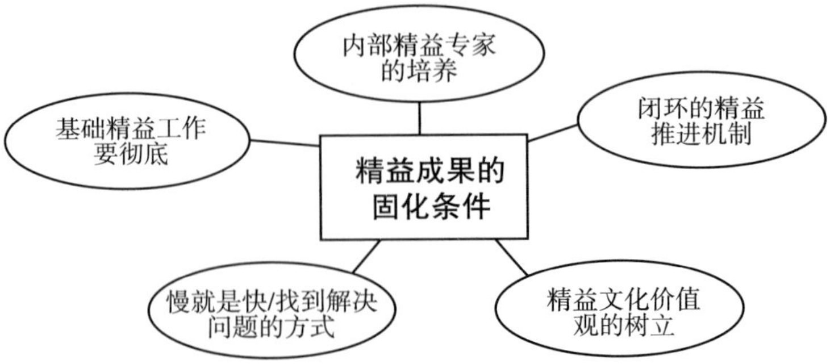

凡事彻底，每种方法做到极致才能落地。制造企业的精益活动常常在缺少外部指导之后出现反复，这个原理如同治疗脚癣，如果进行一次彻底的治疗，以后很可能就不会为之困扰；如果每次治疗都是看到有所好转就停止用药，自然过一段时间脚癣就会复发。所以，防止反弹的最好办法就是将每个精益基础工作都扎扎实实做好，彻底地做到位，并让每个员工养成习惯，确保能够长期保持。“凡事彻底”是一种观念的改变，企业要重视简单的小事，学会认真解决小问题，防止再发生。很显然，落地就是工作彻底。

慢就是快，会从源头解决问题，让流程顺畅才是落地。推行精益要有效果，要让大家感受到工作的变化，其中最容易感知的就是问题的减少。有人说，让人疲劳的不是远处的高山，而是鞋里的沙子。企业员工对问题最敏感，问题变少就意味着流程顺畅，效率更高，工作更加幸福。减少问题发生的频率和概率需要企业一丝不苟地按照精益的要求去做，推动员工掌握方法，深入分析问题的源头并彻底解决。许多实施精益的企业问题依然很多，认为这是精益没有落地，可能是推行方式出了问题。例如，管理者心浮气躁，要求精益快速见效，流行“捷径思维”，就会造成精益咨询变成了一场运动，虽然短期见效，但是每次都是仅仅扑灭了火苗而没有消灭火种，长期来看，问题并没有减少。推进精益急不得、快不得，从乱到治需要企业一起慢下来，静下心来深入分析和改善每一个问题，逐个攻破，问题自然就会慢慢变少，大家就会感受到精益的变化。

长期推进，形成企业内部精益专家才能落地。精益没有落地，这是一种误解，而是企业没有学会精益，如同一个没有学会走路的孩子摆脱了大人的搀扶，然后摔倒在地，是孩子的错还是大人的错？客观地说，不能责怪咨询老师，应该责怪企业太急于求成，不顾客观规律，没有完成自身精益能力建设，没有形成一批企业内部精益专家，企业是无法自主推进的。因此精益辅导应该是一个较为长期的过程，借助辅导，企业重视自身人才培养和机制建设，建立一批精益人才队伍才是最终极目的，有了自身精益能力才能自主推进。

精益需要建立闭环机制，有机制才能落地。企业自主推进需要两个条件，一个是内部精益人才，另一个是精益促进机制，缺一不可。精益的氛围营造需要机制的配合，包括强制性的要求和奖励性的激励，推动员工从简单执行到思考改进，需要运用公司所有的力量，包括人事、薪酬、命令、宣导等。精益管理是一个闭环，包括精益的规划、精益执行、精益检查评价、精益不足的纠正等。企业中如果没有建立完善的精益推进制度，自然无法摆脱咨询机构，强行脱钩就会发生精益慢慢弱化的情况。精益机制需要在制度、绩效、日常管理、宣传培训等方面进行系统规划和执行检查，机制建设是精益长期运行的土壤，用制度改变行为到最终的习惯，这也是一个漫长的过程。没有机制的持续强化，员工自然认为精益可有可无，慢慢失去参与的兴趣。

改变文化和价值观，形成员工的精益习惯才能落地。精益对于企业的改变，最终还是落实到文化上，企业要明确鼓励什么、反对什么，员工的行为什么是对的、什么是错的，用这些文化和价值观来指导制度建设、分配机制等。让企业的精益文化指导方方面面的管理活动，比如，日常管理就是发现浪费，异常管理就是解决问题；建立目标就是形成主题改善，改善过程就要学习使用精益工具，改善成果用于精益人员培养的评价，精益人才评价与晋升和激励紧密相连。这样的文化就具有了生命力，这样的精益才是落了地、生了根。

精益落地不是伪命题，而是企业推进精益之前的关键认知。企业该如何看待精益，如何推进精益，如何使用外部专家，如何看待咨询方的作用呢？有了正确的认知，企业就会理性地看待精益管理变革，并且取得更好的成果。

思考 15 专业解答之如何实现精益管理落地

精益管理是什么？相信在概念引入 30 多年后的今天，所有制造业管理者都会有一定的理解。通常我们会认为它是组织最优方案的寻找方法，通过精益管理实践可以帮助企业增强体质，帮助企业补足短板，确保高效快速地满足交付。但是，最重要的是帮助企业建设长期可持续的寻优能力。许多企业甚至不惜重金聘请咨询机构来辅导实施，不仅希望在辅导期内实现较大产出的提升，更希望能够带给企业持续提升的机制。遗憾的是，通常前者能够实现，而后者大都实现不了！

建立企业持续提升的机制真的这么难吗？其实不然！我们企业常常在实施精益的过程中容易犯一个低级错误，即重视短期目标，忽视长期目标。精益的短期目标是通过各种专业方法实现持续不断地改进，进而实现测量指标的改变，这个变化是显性而醒目的；而长期目标是通过改进活动和效果的呈现，建立全体改善的共识和习惯，进而形成倡导创新的企业文化，这个是隐性的，难以量化呈现。如果企业偏重有效果的改善活动和改善带来的短期收益，很显然，精益发动者就会专注于找到好的改善点，并亲身参与改善以便更快地呈现效果，这时往往会忽略员工培养机制的建设。如果企业偏重长期目标，即员工共同参与的热情、习惯以及企业文化，精益发动者就会围绕全体员工的意识和行为改变开展活动，使用学习、体验、交流、教育、制度等手段来促进习惯改变，但是短期内效果难以呈现。面对长期利益和短期利益，我们企业常常会不自觉地选择短期利益，而忽视内在隐性的决定性要素，即思想、意识、文化等，这就注定会出现一种现象，只要精益咨询活动停止，企业精益水平势必倒退甚至恢复原状！许多企业管理者困惑于此，为何实施了几期精益项目，企业精益管理水平却无法固化？这个问题缺少答案，于是大家简单概括为：精益没有落地！

有一些精益专家提出，精益是否落地取决于企业是否培养了足够多的具备精益改善能力的人才，有了精益人才就能持续实施改进并创造更大价值，即人才就是“人财”。可实际上，许多企业在经过多年精益实践之后，储备了许多具有改善能力的人才，可是一旦企业调整了激励方向（更换的企业核心领导不热衷精益，或者上级对企业管理有了其他要求），改善的氛围也就消失了，改善活动将逐渐停止。可见，人才不是精益“落地”与否的决定因素。那么精益落地的关键是什么呢？我们认为，落地的关键是企业要建立强势的精益文化。

文化是全体员工的共识以及行动准则，强势的企业文化中很少有杂音，观点鲜明且恒久地引导着企业，能够让所有员工采取一致的行动，给企业带来长期的改变。构建精益文化来自企业的积极耕耘，俗话说，不种庄稼，就长杂草。企业一把手要持续发现企业文化的熵值增加的现象，比如消极风气的蔓延、主文化传播的低效、潜文化的盛行等。通过导入精益管理，引入负熵，制造不同文化的冲突，推动固有文化的解冻，以精益活动为载体，选择、提炼、推广精益的意识观点，鼓励积极参与和自主行动的正能量，在旧文化耗散中实现新精益文化的优化和深化。更重要的是，只要精益文化在企业中扎根，企业内就能按照文化导向建立激励机制和管理流程，同时员工也会在精益文化熏陶下建立问题意识和改善思维，在机制和共识的共同作用叠加下，组织创新能力会提升，改善成果会呈现，组织及个人由此获益，这种直观体验和良性循环会进一步巩固精益文化。

企业一旦明确了精益文化是精益活动的根本，就要忽视改善带来的效果，要动员组织的力量，关注精益思想、意识、认知在全体员工中的传播，从精益示范建设开始，对示范进行详细解读，推动组织全体的学习，形成不同层级和职能的启发和共识，进而循循善诱地引导自动自发的改进活动，直到习惯形成。

在上述精益文化培养过程中，最大的难点在企业负责人本身。企业文化往往是一把手意志的体现，文化的改变就是一把手价值观的改变，如果一把手固执己见，文化是无法改变的！企业家想通过简单地引入咨询团队，然后实现企业文化转变也是不可能的，企业负责人应优先学习和实践精益活动，全程参与精益推进，体察员工的行为与需求，不断学习和反思，梳理与精益思想一致的观点，坚持不懈亲身宣导，推动风气改变，直到习惯形成，实现强势的精益文化。

不急于求成，不急功近利，以持久战的心态来看待精益管理实施，只有这样才能形成稳固的企业精益文化，整个组织才能长期保持优秀的精神面貌，员工才能长期保持积极的改善参与，经营业绩才能持续向好，这也就是所谓的“落地”吧！

思考 16　精益落地的灵魂：长效机制

中国企业目前纷纷引入精益生产，作为精益咨询的从业者，说句真心话，精益生产的实施没有多少技术含量！为什么这么说呢？在制程优化中，精益顾问老师们打着“学习丰田制造过程”的幌子，其实就是干点工业工程的事儿。大家心里都明白，丰田的制造过程谁也学不来，但是谁让丰田的明星示范效果好呢。工业工程的很多工具和方法本质上是以时间为主线的改进方法，但凡具备一定的制造工程管理思想的技术人员都能很快掌握！而在生产方式的优化中，大多数咨询老师运用了价值流分析配合准时化生产计划的方法，也就是我们常说的 TPS，其根本思想就是适时生产，理论也不复杂。精益生产的实施没有技术难度可言，但为何实施失败率如此高呢？我们认为根本在于企业不能长期坚持，半途而废！而长期坚持的动力在于长效机制的建设，这才是精益生产的灵魂。

长效机制的建设需要我们从丰田精益历程中汲取营养。丰田推进生产方式变革的过程中，其根本驱动力在哪里？丰田是哪些人在推动精益生产？丰田持续推进精益变革的总体思路是什么？这几个问题是“灵魂之问”，我们研究明白了这几个问题，离正确地实施精益生产就不远了。说到底，精益生产的根本驱动力来自企业领导人的高尚情操和基于此的长期竞争策略，丰田创始人一开始就提出产业报国的使命和愿景，同时构建出清晰的长期战略目标，即丰田要“生产出高质量和低成本的汽车”，这是一个基本的丰田变革的驱动力所在。而为了这个长期战略目标的实现，几代丰田人群策群力锲而不舍，尤其是丰田掌门人一代接一代坚决贯彻甚至亲自落实，每一代都在这个命题下继承上一代的优秀做法，同时又创新了一些新的方法，不断为精益方法论添砖加瓦。在管理高层的用人上，丰田总是选拔那些为实现目标敢于打破常规的“疯子”型人才，比如第二任掌门人丰田英二明知道大野耐一的偏执的性格并不适合当高管，仍任命大野耐一为副总裁，其实就是为了利用他的准时化变革思想帮助企业降低成本和加快交付，哪怕大野耐一强势推进准时化生产时造成了许多内部矛盾，他也在所不惜。纵观历史，丰田掌门人的用人观点高度一致，就是选用改革家。而这一切的背后，是丰田坚定的长期战略以及坚决的战略落地决心，在执行的过程中，几代掌门人从未发生过战略导向的变化，执行上从未懈怠，以不变应万变！按照丰田的历任掌门人的眼光和格局，即便是没有大野耐一提出 TPS，甚至没有实施准时化生产，丰田依然会是一个世界顶级的汽车制造公司，依然会是以高利润率而著称，依然会诞生“精益生产体系”。丰田的企业变革是完全的自上而下，是带着非常长远的战略企图，并由历任掌门人身体力行实现的。

企业战略企图来源于对长期竞争态势的洞察，与企业长期发展息息相关。精益变革对于企业长期竞争有哪些帮助？在企业长期战略规划中，精益应该扮演什么角色？这两个问题是精益变革的关键，通常企业会将精益管理定义为长期竞争条件下的唯一生存手段，这种立意高远的定位确保企业愿意投入资源，容易实现认知统一，面对困难会更有耐心，不会急于求成，既坚决彻底，又坚韧不拔，将提高精益变革的成功概率。与之相对应的是，我们绝不能将精益定位在为企业的某些战术服务，当前部分企业仅仅为了解决一些内部矛盾，就盲目引入精益，动机很庸俗，败得也很惨！有些老板认为生产搞得不好，是管理制造的干部们无能，需要精益生产好好给他们上一课，提高一下认识；有些企业的订单交付总是出现问题，而研发、销售、生产、质量等职能部门互相指责、互相甩锅，老板忙于对问题责任进行裁决，以及平衡各方关系和情绪，所以引入精益生产实现多方协同，减少“打官司”的现象；有些企业老板认为自己企业的执行力太差，不能落实老板的想法，因此请精益生产老师来帮助提高执行力等，出发点五花八门。企业如果没有想清楚精益的作用，绝不要贸然变革，而一旦认清了精益的必要性，就要研究采取何种方法，是自主建立精益团队，还是聘请精益咨询公司？在实施精益的过程中要明确达到何种目的，是建立企业的管理系统，还是提高企业的精益能力？还是两者兼而有之？当实施精益的动机与企业长期竞争策略无关时，必将失败。短期的视角、低级的问题、复杂的诉求决定了精益生产就是一种短期活动，根本不会触及企业的根本机制，无论是实施的过程，还是追求的结果，跟真正落地精益管理大相径庭，谈什么长效机制呢，还要什么自行车！

精益实施的长效机制不能忽视组织分工的合理性。古人云，“皮之不存，毛将焉附！”精益的长期生命力有赖于良好的组织运行，试想，公司组织分工动辄修改，组织职责分配不清，组织间摩擦系数增加，员工天天想着怎么互相 PK，能有多少心思用于工作？能有多少精力实施改善？在企业内部斗争中，精益是最容易被推上赌桌的筹码，最容易成为甩锅对象。组织运行中的小问题往往是震撼公司的大事件，因此这方面的问题必须优先解决，然后才是颗粒度更细的其他改善活动。这是一个朴素的道理：西瓜和芝麻都要捡，但是我们要优先挑选大个的。精益活动就是附着在组织这张“皮”上的“毛”，或者说组织分工是精益活动的前提。在实践中，我们发现中国企业组织分工大都有问题！中国企业发展进化史还是太短，企业骨子里仍然带着野蛮的基因，对于科学规律不尊重，企业的组织架构和分工往往因人而定。在这种情况下，不良的组织与分工就是浪费产生的根源了，它能衍生出许多匪夷所思的浪费，甚至你都无法给予定义。企业要定期对组织模式和组织运作流程进行梳理，修正组织和分工，消除管理真空，明确职责边界，使组织这个齿轮箱运行得更加通畅。

精益不会平白无故植根于企业，需要企业持续投入资源，最重要的一点就是建立专门的精益组织。精益组织在三星称为经营革新部，在丰田称为生产调查室，是专门负责持续推动改善和标准化的组织。该组织的存在赋予了企业精益持续的活力，《中庸》中说“人存政举，人亡政息”，就是这个道理。我们经常被企业负责人问到，精益生产推进需不需要组织？我们只好耐心解答，设计这个组织对于企业长期精益推广绝对必要。其实，这个问题的逻辑就是，我们想养一匹马，需不需要马厩？答案显而易见。没有在企业中构建精益组织，只能证明企业并不是真心想实现精益化，仅仅是为了走个精益的形式。

精益是由人干出来的，精益管理的长效机制离不开持续的精益人才的培养。很多企业缺少人才的造血能力，所以常常面临无人可用的尴尬境地。在精益管理过程中，企业要建立人才梯队培养的机制，更要高度重视精益支持者的培养。培养了精益的拥护者，就会有人持续帮精益呐喊助威，精益氛围就会一直保持；培养了精益改善高手，就会有人持续围绕过程进行改进，始终有亮点呈现，持续地取得令人信服的精益业绩，从而消除反对者的声音。建立人才培养的机制就要不断组建学习训练班，让一批又一批干部进入教育系统之中，带着杂念来，带着执念走，带着问题来，带着答案走，驱动大家在实践中反复应用印证，巩固精益观点，淬炼精益思想，这样就逐步建立了一支坚定支持精益的队伍，这样的队伍不断复制，企业的精益就有了长效的基础。精益人才培养不能忽视企业一把手，一把手的精益培养更加关键，如何培养？始终让一把手参与到精益活动中，要让一把手持续了解细节，从中学习进步，也在亲身参与精益活动中找到脱颖而出者，为企业选拔精益人才。另外，精益管理活动中，要注意对高管的培养，绝不要让高管成为旁观者，不要忽视了高管团队的精益思想的统一，否则，精益后继无力。在一些企业中，高管们总是持有一种隔岸观火的态度，在他们看来，精益生产项目是对下属的一次能力培养和精神洗礼，是对顾问团队的一次能力检验，往往是他们成了精益消亡的主要推手。

保持人的热情就能保证精益活动长青，而热情来源于激励，最重要的激励就是分配机制。分配是赤裸裸的激励方法。曾经听闻，华为的分配机制是“以奋斗者为本”和“不让雷锋吃亏”，每逢公司需要去非洲各国开拓业务，不管该国贫穷落后抑或战火纷飞，总有很多华为人奋不顾身地报名申请，为何？华为的分配导向在发挥作用，员工纷纷在分配指引下勇敢向前。由于华为将工资、奖金、绩效、福利、晋升都倾向于愿意去前线战斗的职员，因此在面对恶劣、危险的环境时，总是有勇士愿意接受荣耀。企业实施精益管理对于员工来说，既是一次挑战，也是一次冒险，对于敢于参与精益挑战现状的员工来说，我们企业的激励方案是什么呢？我们是否也将工资、奖金、福利、晋升都倾向于这部分员工？这一点需要企业负责人深入思考。有些企业不注重人性，忽视精益参与动机的激发，对于员工和精益活动的奖励非常吝啬，参与精益活动者常常得不到奖励，在精益活动中表现突出者也难以提拔，久而久之，员工热情就消退了，精益哪会有生命力？

在山东潍坊有一家中国装备制造业的国际化公司：潍柴（潍柴控股集团有限公司），公司董事长使用“分配”这个指挥棒得心应手，为了激发员工的改善热情，亲自设计了“改善工资”，将工资一分为二，其中一部分为“改善工资”，即如果员工在一定周期内完成了改善活动，经评价合格，该部分工资就会补发给员工；如果超额完成，就有超额奖励；如果评价不合格，这部分工资就要被部分甚至全部扣除。因此，该企业的持续改进氛围浓厚，员工的改善意识非常强，这种方式值得大家学习和模仿！在光伏行业有一个以技术先进而著称的领军企业：中环光伏，该企业在长达十年的时间里持续推进精益管理，企业的作业效率和产品质量得到了长足的改善，效益和股价蒸蒸日上。该企业精益活动永葆青春的诀窍是什么呢？笔者近距离观察初窥门径，企业每年提拔的干部都有一个重要条件，必须是改善高手，通过这样的激励方法，让所有人都积极主动地参与到改善活动中。建立同向激励是优秀企业家叱咤风云的重要手段，无论是工资奖金的激励导向，还是晋升条件的设计，都是让精益活动的参与者获得“喜悦感”“成就感”。这样的企业，精益活动能不长效吗？

其实，精益长效机制的秘诀只有一个，就是“真”。企业真心实意地相信精益能改变企业，就会将精益作为长期战略进行坚持，将其写入文件中作为长期推进的政策依据；企业真切诚恳地希望精益落地生根，就会愿意调整分配机制，增加组织资源；企业真刀真枪地推进精益落地，就会愿意投入资金进行人员培养，选拔任用精益人才。与此相对应的，精益管理最忌“假”，假装重视精益活动，假装重视精益人才，假装对精益管理理解，假装精益是企业长期战略重点，假装承诺精益改善的奖励，一个“假”字击碎了企业的魂魄，毁掉了精益的千里之堤。

思考 17　精益生产实施过程中的挑战

不知不觉中，进入精益咨询行业已二十几年了，服务了近百家企业，包括酒店业、金融业、售后服务、汽车行业、航空航天、化工类企业、食品类企业、加工类企业、装配类企业等，企业大一些的数千亿，小一些的几个亿甚至数千万。经历这么多项目，有成功，也有失败，都是宝贵的经历，尤其是失败的项目更值得重视，因为从失败的经历中我们能总结出很多经验教训，规避了失败就意味着成功。对于精益项目来说，成败攸关的因素是什么？从根本上来说，就是冲突！项目中从来都是不乏冲突的，有的表象于外，有的激荡于内，各种各样的冲突描绘出了一个真实的变革世界，在那里思想、意识、做法发生着激烈的碰撞，权术、利益、心机上演着疯狂的交锋。如果没有妥善处理冲突，项目失败将不可避免。

有人的地方就有江湖，企业内的江湖尤其是非多，所以精益项目中各种冲突绝对琳琅满目，有跟老板的冲突，有跟干部的冲突，有跟员工的冲突，有推进内容的冲突，有推进进度的冲突，有精益与企业文化的冲突，有精益方案与企业需求的冲突，等等。由于类型较多，不再赘述，总结如下图所示，供大家参考。

尽管冲突的原因众多，我们抽丝剥茧之后总结为以下四个问题。

第一个问题：企业是否已经下定决心改变？

精益管理的实施过程，也是一个变革的过程。变革势必涉及利益的重新分配，工作任务的重新分割，工作结果的重新评价，这一切必将触动很多人的利益，冲突也随之而来。其中，反对的一方常常是企业内的实力派，比如老板的亲戚、骨干、创业元老等，因此唯有企业董事长才能平定“叛乱”。老板下定决心变革及平叛，是支撑精益项目度过这一艰难时刻的唯一希望。

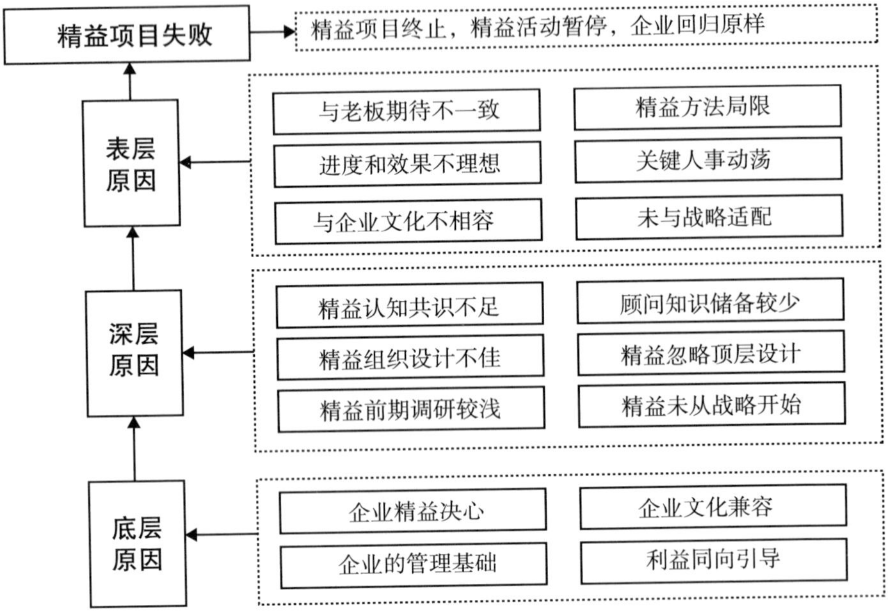

如何认清企业是否下定决心进行精益变革呢？主要看企业的年度战略规划中是否有策划精益的内容，职工代表大会和股东大会上是否做出实施精益管理的决策。除此之外，还要判断老板是不是忠实的精益拥护者，领导班子是否就实施精益达成共识。如果不具备上述条件，那么只能证明企业还没有准备好实施精益，这时实施精益多半是夹生饭。

在一个北方制造企业中，生产副总提议引入精益生产，董事长勉强同意，要求我们从班组做起夯实基础管理，同时要求总经理（老板的儿子）担任精益负责人。虽然只是一个现场管理的小项目，但是我们非常认真地进行了培训和现场指导，执行了三个月后，班组面貌有了较大提升，改善效果也令人满意，顺利完成了初步成果的验收。验收过程董事长没有参与，但是在验收之后董事长出席了庆功晚宴，晚宴上他突然质问起了精益的效果，主要意思是精益项目推行了三个月，为何生产绩效指标没有改善？看来顾问老师的能力也不怎么样！我们对此非常诧异，项目签订的内容就是现场管理，老板你咋又任性地要求提升生产绩效了呢？我们赶紧解释，同时提议先暂停项目，调整一下合同内容和标的以满足董事长的需求。结果项目一停，我们随后提交的方案和报价就如同泥牛入海，最终项目不了了之。其实，不是董事长缺乏项目的边界感，而是他根本没有引入精益的坚定信念，也没有了解清楚精益的价值，所以不管在精益项目中做了什么，他都认为做得不够好，没有达到他的预期，对于支付的每一分顾问费都心痛不已，欲加之罪，何患无辞！

企业何时导入精益最合适？我们列出以下几个选项，供大家参考。只要企业具备这些选项所描述的内容，这时导入精益就很合适，具体如下。

企业推进精益决心的表现

公司的年度战略规划
精益成为公司的战略重点任务，势在必行！

职工代表大会或股东大会通过的事项
大会正式宣告通过的重点内容。

董事长或总经理是精益的忠实拥护者
公司一把手对精益有较深的了解，坚定地支持精益。

公司领导班子形成集体共识
公司领导班子对精益的必要性高度一致。

企业将引入精益当作战略举措，具有不惜代价坚持到底的决心，因而容易形成内部共识与统一，也会有耐心培育精益系统，不斤斤计较于短期的效果，乐于给精益创造良好的生存和成长空间。

第二个问题：企业文化是否兼容精益思想？

企业文化不是指贴在墙上的口号，是企业员工形成共识的观点和思考方式。在有些企业中，董事长的世界观就是企业文化。一旦企业文化与精益思想不符，就会造成各种各样的激烈冲突，这样的冲突带有普遍性和不可调和性。比如，曾经帮助一个民营企业导入精益，这是一个家族企业，老板以亲情和友情凝聚员工，公司内的主要岗位都是亲戚朋友，在长达十几年的创业过程中，形成了彼此血浓于水的信任，这是企业的主要文化。在实施精益的过程中，面对粗放的制造管理，顾问老师认为应该从工序、定额、作业记录等方面建立标准并持续改善，这种思路没有毛病，但是这种科学管理思想与企业当前基于信任的管理思维出现了冲突。企业各级员工集体反对，他们理所当然地认为粗放管理是简单有效的，所有建立的标准和实施的监督都是多此一举。当然，也有员工们担心通过定额管理会让自己多干活少挣钱。在这种冲突下，干部员工便共同攻击精益没有效果。在亲信们的鼓动下，老板也开始认为当前的精益管理不适合企业，于是终止了精益项目。其实，这是典型的企业文化与精益思想的相悖，这种矛盾来自最深层的情感和认知，极其尖锐，无论精益管理做哪些变革都是多余和无用的，所以失败是注定的。

除了上述思想，还有一些企业文化是天生与精益思想冲突的，比如不以价值为导向的唯上务虚的投机文化、崇尚钩心斗角的内耗文化、循规守旧的不作为文化、以大老粗自居推崇的打冲锋文化、追求稳妥的平庸文化等，这些文化天然会抵制创新思想和严明的精益纪律。如果一个企业的文化中有与上述内容相吻合的部分，将会给精益项目实施造成阻碍和困扰。具体参考如下。

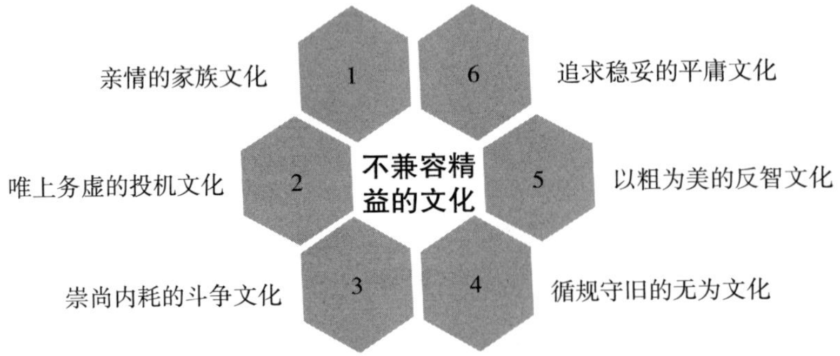

随着精益管理实施的不断深入，将会不断面对各种观念的冲突，比如精益思想认为所有事物都有优化改进空间，而保守思想认为当前已经足够好了，如果改变将会带来很多风险，这是变与不变的世界观的冲突；精益思想认为所有员工都应该围绕岗位进行自主优化，而当前普遍的打工思想认为员工只要听从上级安排就可以了，这是主动与被动工作观的冲突。这些冲突需要通过精益反复宣讲和公司高层公开支持来消化。可见，精益过程中领导的支持是多么的重要。

第三个问题：企业是否具备一定的管理基础？

企业具备一定的管理基础对于精益成功实施至关重要，如果企业具备管理基础，通常能够客观理性地看待精益管理，能够主动学习和配合精益工作，能够正确评价精益实施的内容和成果。有管理基础的企业能对精益有所理解，能够配合精益的实施并取得成效。反之，没有管理基础的企业常常急于求成，企业内部问题丛生却没有耐心培养下属的能力，将精益作为包治百病的神药，要求药到病除，一会儿要解决生产问题，一会儿要解决组织架构问题，甚至希望精益老师给介绍几个世界级高管，如果不按照老板的需求做，老板觉得精益没有帮助到他，如果按照老板的需求做，常常是头痛医头、脚痛医脚，根本干不成事儿。这样的企业管理状态很差，不适合应用精益管理。

具有管理基础的企业常常有一批能学习、能干事的人，这对精益活动的开展至关重要。企业的这部分精英将成为精益的拥护者，成为精益实施的核心骨干，这些“明白人”讲得通道理，能够迅速理解精益的目的，掌握精益的方法，他们的存在会帮助精益活动迅速取得成效，省去了统一思想、培养人才的时间。在内部精益骨干和外部专家的共同作用下，围绕机制建设、人才的培养踏踏实实做长线工作，精益目标很容易实现，具备管理基础的企业实施精益的优点如下图所示。

有些企业的管理水平很糟糕，由于种种原因导入了精益管理，结果在企业中找不到能够配合精益、实施精益的人才，在这种情况之下，精益变成了

顾问老师的独角戏，难以形成精益氛围，难以展示精益效果。曾经碰到两家生产相同产品的企业，其中一家企业之前有过改革的经历，企业具备较好的管理基础，在实施精益的过程中，相当多的干部认同精益思想，支持精益的工作，在公司的精益改善活动中，许多关键岗位的员工积极参与，并取得了很好的成绩和令人信服的效果。而另外一家生产同样产品的企业，由于企业的管理水平较低，在企业内找不到精益支持者，无法形成改善共鸣，执行力也很差，所有安排的工作都在执行中大打折扣，许多工作都无法形成预想的成果，即便是在前一个企业已经实施的成熟方案在该公司都无法开展，最终因项目不及预期，我们主动终止了合作。

第四个问题：精益活动中如何利益同向？

精益管理是一种颗粒度更加细化的管理模式，比如准时化方法要求所有工作按照准时计划执行，以便发现更多的问题，同时要求管理者们快速解决。这给管理者们带来两方面的困扰，第一个方面，没有实施精益之前工作没有问题，实施精益后全是问题，如果企业一旦发现问题就追究管理者的责任，管理者们就会将精益当作麻烦产生的魔盒，会抵制它。第二个方面，精益管理提出更高的要求，改变了各级干部的工作状态，带来额外的工作量，在收入没有增加的前提下，干部职工就会感到利益受损，从而引发冲突。这两方面的认知就形成了精益与职工的对立，造成了失败风险。在某北方传统制造企业，企业老板聘请了精益顾问帮助企业推进精益管理，经过三个月的工作，精益老师们围绕降低成本找到了几个突破口，确定了改善课题，提前跟老板约定，一旦课题成功要给课题小组以奖金激励，为此专门制定了课题激励方案。到了年底，各课题进行了总结，企业收获了或大或小的成果，到了该兑现承诺给课题小组奖励的时候了！出人意料的是老板居然拒绝奖励申请，不知他听取了哪位高人的见解，认为当前给员工提供的岗位和工资就是让他们努力工作认真改善的，当前的这些改进都是他们应该做的本职工作，还给什么额外奖励？课题成员非常失望，大家的额外努力并没有带来额外回报，第二年，员工参与改善的热情一落千丈，类似的小组改善活动再也没有组织起来。这是典型的没有做好利益导向造成的冲突，非常值得深思。精益在推进过程中要时刻关注利益与动机问题，将工作与收益正向关联，确保员工有足够的欲望参与精益，将员工与公司统一起来。关于利益同向的内容，略作整理，仅供参考。

上述四个问题仅仅是企业精益管理实施失败的一部分原因，希望能作为正在导入精益管理的企业们的前车之鉴。精益管理的实施应该是一个企业的战略举措，应该经过深思熟虑，要在实施前做好功课，了解精益的本质和内涵，评估与企业文化的相融性，同时做好长期奋战的准备，只要做好了上述准备，引入精益管理的成功概率就会大大增加。在精益实施过程中，企业要组建一个精干的推进小组，要在精益初期通过企业骨干的示范，说服群众，宣传精益思想和方法，实现以点带面，同时做好精益的激励，让员工持续积极参与，这样的精益活动一定会成功的！

思考 18　企业靠什么打赢市场争夺战

在市场竞争中，企业的战斗力来自哪里？来自员工对企业文化的深深认同。当前部分中国企业不注重营造家文化，不注重员工的归属感，员工流动极大，不管是普通员工还是核心员工，常常各怀心思，稍有不如意就跳槽，毫无忠诚可言，也从未专心致志地醉心于工作，这样能够创造多大的价值？人的能力和智慧的浪费是最大的浪费！

怎样培养员工的忠诚度？笔者觉得最重要的一点是把员工当作“人”来看待，通过尊重换取员工的奉献精神。员工是有感情、有血肉、有尊严的，一个不讲道理的要求会让员工闹情绪，没日没夜的加班会让员工筋疲力尽，一个错误的指挥会让员工多付出几倍的心血，而管理者假装视而不见会大大挫伤员工积极性。久而久之，自然想另觅他处。我们要实事求是、真诚沟通、坦诚相待，不要搞蹩脚的掩饰和荒唐的借口，同时要互相尊重，尊重彼此的劳动和观点。我们要秉承这样一个信念：岗位有差别，人格都平等。这世界没有笨蛋员工，只有笨而不自知的管理者。

企业的战斗力也离不开基层班组建设。班组能聚能散，企业发展需要基层干部进行有效组织。志愿军班组已经超越了传统意义的上级授予职权的组织方式，全靠基层干部的主动负责的精神，自动自发根据现场情况采取行动，这也是上级主动授权的结果。我们常说，基层班组长是企业机体的细胞，细胞强则机体强，培育细胞是企业的百年工程。可惜的是，没有多少企业真正认识到这一点，也没有多少企业认认真真地培育班组长。强化班组长的责任意识，培育班组长的能力，以及工作中充分信任和授权这些方面我们还有很长的路要走。

优秀的班组长除了需要具备高度的责任感以外，还要熟练地掌握高效的工作方法，带领下属完成任务和目标，走向胜利。志愿军基层干部大都经历过抗日战争和解放战争的洗礼，充分掌握了战斗指挥技能，本身技能过硬就容易获取大家的支持，能够带领大家去夺取胜利！企业要把班组长和骨干的能力提升当作重点，对标世界一流企业的班组管理，学习其优秀的做法，不断训练，通过反复锤炼变成能力的一部分。同时，日常工作中要设定更多的任务目标，去驱动班组长挑战自己，在工作的过程中变成骨干，形成更高战斗力。2020 年，中国举办了第一届“红旗杯”中国班组长大赛，旨在推动企业班组长的管理技能提升，可见整个社会对班组长的重要性已经达成共识，正在通过各种手段来推进班组长整体能力的提升！

面对强大竞争对手的挑战，面对市场的难以预测的波动，企业要拼尽全力才能生存，这本质就是一场场上甘岭战役。我们需要忠诚奉献的志愿军，需要时时涌现战斗英雄，需要班组长带着班组成员死守阵地、寸步不让，需要班组碰到问题有担当、有沟通、有讨论，碰到任务有分工、有命令、有执行。这个世界没有无缘无故的爱与奉献，企业对员工和基层干部要有百年育人的心态，要对其成长进行投资，带有情感地营造归属感，关注其满意度，构建其职业发展通道，“人”是一切的根本，是企业走向胜利的前提！

思考 19　规模和盈利的逆变曲线分析

曾经有一位老板向我们抱怨，“前几年，公司一年才销售五千台产品，但是那时候能够赚钱，利润率还不错；现在一年销售十万台了，公司上了规模了，反倒不赚钱了，这是怎么回事呢？”这个问题不是个例，不少企业也面临着同样的问题，老板们也会常常问自己，企业在规模较小时，已经实现了的盈利模型，证明了的成功商业模式，可是放大规模之后，本应实现的规模经济效应并没有如约来临，反而盈利大规模缩水，甚至出现亏损，为什么呢？这是反常规的现象，我们姑且定义为规模—盈利的逆变效应，用曲线图形表达如下。

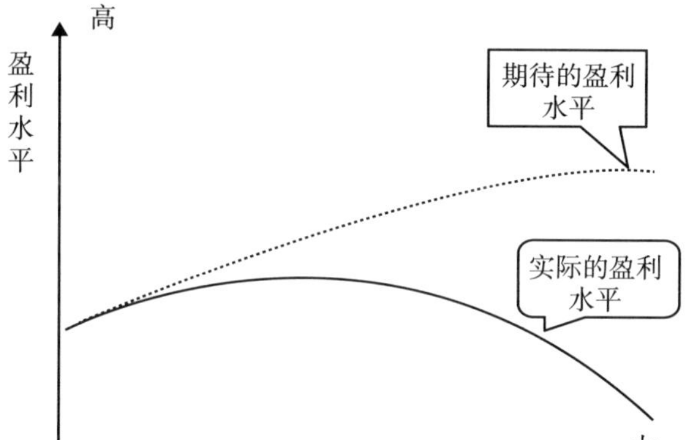

围绕该现象，我们对企业进行了大量深入的观察和调研，并结合以往做过的一些改进工作，试着分析如下。

1. 企业以做商业的思维来管理企业，包容性和维度较低，势必问题丛生

商业是左手买右手卖，具有轻资产、产品链短的属性，切换赛道容易，讲求短平快、速战速决，本质是短期思维。商业具有投机性，搞好概念就能融资，跑通盈利模式就能快速扩张，实现销售就能带来真金白银，因此完全以销售为导向。商业思维的企业不存在产品实现过程，做的就是交易投机，就是“对缝”，比如一部分互联网企业，前端商品寻源，后端吸引流量，平台提成稳赚不赔。对于这些企业而言，销售就是一切，捕捉机会就是价值创造，赚钱就是硬道理，这种小的格局注定企业越大，问题越多。

企业尤其是制造企业，与商业不同，由于资产密集、产品固定，因此不能随意更换赛道，是彻底的长期主义。作为企业，生存的关键是好的产品和服务，只有好的产品和服务才能换取客户的满意，一切要以产品为中心；企业盈利的关键是内部管理，通过一点一滴的改善，形成良好的管理机制，确保浪费最少，于指缝之间进行节约，实现持续盈利，这也是为什么越来越多的企业引入精益管理的原因。做企业需要大格局，往往企业家关注的不是个人得失，而是事业成败，看重社会价值，着眼百年之后，通过各种激励措施凝聚企业上下一心。两种思维对比如下。

商业思维		企业思维
如何跑通盈利模式	↔	如何生产出好的产品
怎么实现当前融资	↔	如何能长期生存
一切以销售需求为导向	↔	一切要以产品为中心
投机主义选择赛道	↔	长期主义选择赛道
商业模式是盈利关键	↔	内部管理是盈利关键

往往那些以商业起家的企业，不重视长期思维，做什么都要求短平快，下不了“台下十年功”的默默无闻和埋头苦干。企业管理者心浮气躁，沉不

下心来细化管理，就会导致企业总是处于粗放式的经营状态，企业规模越大，各种浪费越多，企业的盈利越低，这个道理是很浅显的。

如果大家关注那些优秀制造企业，会发现这些企业一直专注于好的产品，以产品赢得市场，良好的商业运作仅是起到辅助作用，企业有自己的经营哲学，绝不会为了迎合市场而放弃原则。这些企业领导人做事大气、行事低调，不愿意出风头和入镜头，却肯花功夫和资源进行长期投资，培养企业人才，优化企业内部管理，进行产品升级，一掷千金，毫不吝惜，令人尊重。

总之，商业思维偏重短期和机会，销售渠道指挥一切，在规模较小时容易成功，但是在规模扩大并逐渐拥有了较长产品链时，这种思维就容易造成混乱和浪费，导致内部成本升高，收益降低；企业思维偏重长期，一切以产品为中心，注重的是长期盈利和健康发展。随着企业规模变大，企业家必须带动所有管理者转换思维，即商业思维转化为企业思维，思想上要与企业规模相匹配，这才是真正的升级。

2. 企业规模变大，复杂度增加，顶层设计优化不及时，成本容易失控

当企业规模较小时，常常职能分工模糊，比如产供销就几个核心成员负责，大家在创业期很团结，彼此信任，沟通顺畅，容易形成共识，快速决策和行动。随着企业规模扩大，职能分工开始细化，复杂度会以指数级增加，体现在供应链变长、产品族变得丰富、组织层级增加，甚至不同文化管理者的加入等，具体解读如下图所示。

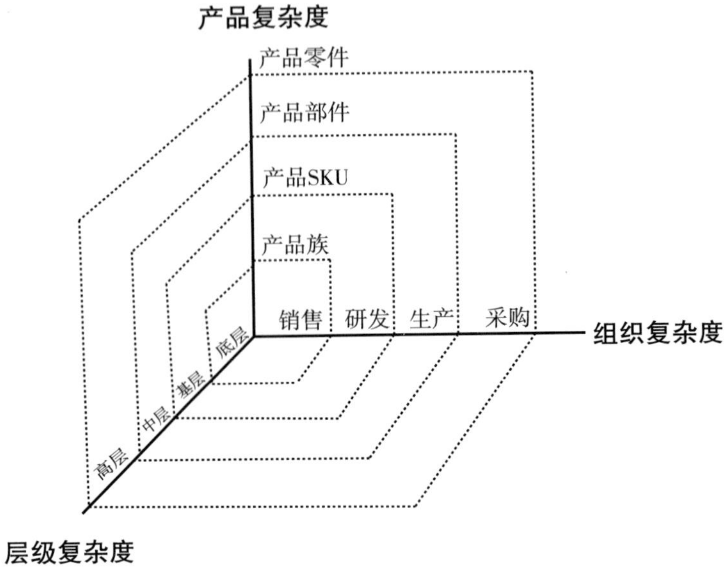

于是，随着规模扩大，管理部门增多了，管理层级增加了，大家开始关注自身的利益，彼此为了争取最大利益不惜用博弈的手段。从内部看，本该共享的信息在传递中被过滤，彼此的信任不再，争吵和冲突开始增加，组织效率开始降低。所以，每一次企业规模放大都会爆发新问题，同时释放出一个信号：企业要对当前组织进行优化求解了。优化求解的方式很多，如分工调整、人员调整、机制调整等，一旦调整滞后，企业内部就会产生大量浪费。

企业对复杂度的优化求解，往往需要对顶层设计进行优化，为何如此？因为需要解决的基本都是根本利益分配问题或者具有战略意义的问题。企业在规模较小时，企业家一人通盘指挥，大到客户开发、订单交付，小到人事招聘、业务招待，统统由老板负责；规模变大后，企业内增加了很多高管，需要重新进行组织架构的设计，重新进行分工，定义好部门职责和权限，甚至绩效与考核等，这是企业指挥系统的升级。企业在初期发展过程中，为了打开市场，往往以经销商为中心，根据经销商的需求开发新产品，或者模仿其他品牌产品，造成产品族众多，进而衍生出生产、采购、产品设计的大量浪费。经营能力差的公司，往往喜欢走“大量繁殖”的产品路线，开发或仿照出一大堆新产品，希望中间出现一个幸运儿，产生一个爆品，本质就是企业产品规划能力不足，靠碰运气来解决问题，这种概率思想造成企业的资源浪费巨大。随着企业规模扩大，这种路数已经行不通了，所以必须调整市场策略，开始以产品为中心，重新进行产品规划，削减利润率低的产品，这是企业经营策略的升级。企业在规模扩大过程中，随着销售门店的增加，企业的物流配送管理变得非常复杂，体现在物流成本过高，需要运用科学管理的方法，计算出仓库和门店的数量、点位和最优路线，通过线性规划实现上述目标，不仅要降低物流成本，与之匹配的组织方式也要发生变化，这是运用科学管理工具对供应链优化升级。

企业顶层设计的内容还有很多，包括战略规划、战略设计、产品规划、渠道管理、组织模型、职责定位、薪酬绩效、干部培养等内容，它们要在企业规模的扩大中不断进化。举个例子，当企业生产规模不断扩大，就会从一条生产线变成多条生产线，这时就需要将生产线纳入一个车间中，于是车间就产生了。如果规模继续扩大，生产流程向横向（其他产品）或纵向（上下游工序）延伸，就会形成多个车间，为此需要将所有关联车间纳入一个制造部，制造部就出现了。同理，多个制造部会演化为事业部（BG），多个事业部会演化为事业单元（BU），诸如此类。

有些企业中，顶层设计的优化是被动进行的，常常是组织的问题已经很严重了，企业领导觉得实在进行不下去了，然后才想办法进行适应性调整。这种做法非常不可取，企业应主动并定期进行顶层设计的检讨和修订，事前优化是最佳时机，从而防止浪费产生，因为顶层的一个小问题往往都是巨大的浪费！

3. 企业规模变大，供应链协同变差，整体成本浪费突出

协同就是彼此信任和合作，小到班组工作，大到企业的产供销都需要协同。组织间的竞争是典型的大兵团作战，局部优势于整体毫无用处，个体冒进只能带来负面影响，协同才能实现步调一致的高速行进。而当企业规模变大，内部分工变细，协同就开始变差。产供销研是企业内的供应链，我们往往面临协同不利的局面，供应链上下游彼此互不负责、互不信任，于是出现“牛鞭效应”，详见下图，库存极高，内部隐性成本极高，企业越大，这种问

题越严重。

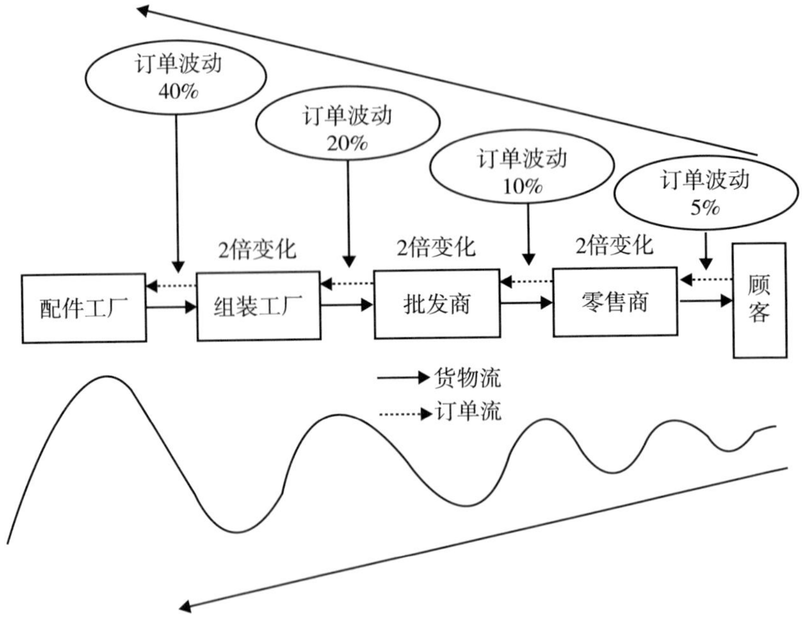

有些行业中，供应链的库存高达上百天，数亿资金趴在仓库中睡觉，而每年由于库存带来的直接成本、间接成本、呆滞折价等占库存资金的20%~25%，算起来每年损失达到几千万元，这些隐性成本在指缝间溜走，损坏着企业的健康，企业发现收益变少了。

协同的目的就是要消除牛鞭效应，企业需要建立有效协同的机制，规避产供销研之间的不合作。在此之前，我们首先要了解企业内部协同不力发生的原因。企业内产、供、销、研的负责人往往自视甚高，在相互配合过程中愿意以自我为主进行思考，企业内如果缺乏权威的裁判，就容易出现零和博弈的问题。最常见的就是，销售人员为了拿下订单，承诺客户很短的交付期，把问题传递给研发、生产和采购，兑现承诺是他们的事儿；研发常常在短交付周期压迫下跳过试产流程，将不成熟的产品设计交给生产部门，反正这也是没有办法的办法了，如果让我试产，那么交付周期就无法保证了。不成熟的产品设计导致批量生产过程中问题频出，生产部门的员工们疲于奔命，同时大量的生产过程设计变更，造成公司以至供应商库存物料增多，渐渐地供应商也不愿意配合企业了。生产部门在短周期交货压迫下，要求采购进行短周期供应，全然不顾供应商交付周期问题，采购只能催促供应商快速交货，甚至打破供应商名录，全中国寻找现货，想尽办法把物料拉到公司，至于其合不合格以后再说，供应链秩序完全被打乱了。供应链的失控造成供应链上下游都会以博弈为主，对立、指责、推诿变成了主题，交付过程中长期存在大量波动和浪费，企业付出高昂的成本，这就出现了规模越大反而利润越低的逆变效应。

解决供应链问题需要企业引入精益管理，通过建立供应链的协同机制，提升整体供应链的反应能力，实现整体成本的大幅度降低。如果我们仔细研究一下丰田，就会发现其管理方式最重要的优点是供应链上的合作机制，运用准时化计划来协同上下游企业，实现零库存。供应链计划的协同，既需要销售部门做好市场预测，尽量实现预测信息的准确；也需要计划部门准确测定各阶段交付周期，按产能和周期排产；还需要在公司内进行相关各方计划协同，用承诺和考核强化整体调度，将信息流和物流同步，具体参考下图，此文不做赘述。

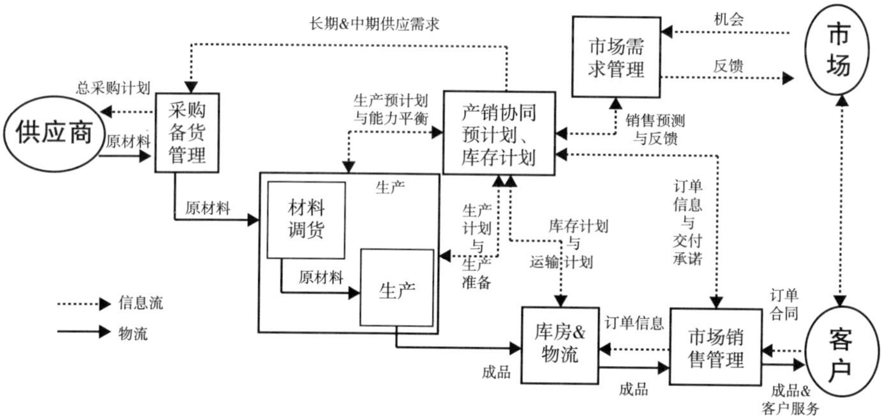

上述供应链改进需要一个前提条件，即企业需要围绕长期竞争进行战略规划设计，站在企业的制高点来识别和解决这个问题，明确企业的产品策略。凡是具有较好盈利能力的企业的产品战略都较为清晰，以产品吸引客户，放弃零散的个性化定制市场，形成有序的交付模式，进而带来较好的利润。

4. 规模越大，文化越难统一，内部分歧越多，沟通成本越高

很多企业规模扩大了，就要从各行各业的优秀企业中挖掘人才，充实到自己的管理干部队伍中，这些优秀人才在带来优秀企业的做法的同时，也带来了名企的企业文化。由于企业不同，所以大家的做事方式、思考模式、价值观都不同，因此企业内的冲突以及沟通成本开始增加，这是企业最常见的问题。需要注意的是，这些外来的管理者往往占据高位，影响着一批人，能力越强，其影响的范围越大，内部造成的冲突越激烈。

曾经在某企业中进行调研，发现由于企业内部管理粗放，生产过程中的浪费很多，造成企业收益较低，问题都是简单而低级的。在访谈各级干部时，我们大吃一惊，企业中许多干部来自欧美、日韩知名企业，对于过程的问题有着清晰的认知，对于老师提出的精益理念非常了解和认同，那为什么有这么强的干部队伍却没有管理好企业呢？大家给出一个答案，令人大跌眼镜：严重的派系斗争。原来，企业中分成三个派系，一个是欧美系，大都出身自欧美高科技名企，热衷于战略和宏观管理；一个是日韩系，大都出身自日韩大型制造企业，对于现场管理、制造过程优化非常专长；一个是本土系，即跟随企业一起打江山的老兄弟们。三个派系互相看不顺眼，欧美系认为本土系就是一群乡巴佬，日韩系就是一群班组长；日韩系认为欧美系就会夸夸其谈，不能落地；本土系认为日韩系和欧美系都不实干，关键时刻顶不上去，就会忽悠老板。当然，利益的蛋糕也激化了矛盾，于是斗争开始了，你赞成的我一定反对，你想干的我一定捣乱。试想即便是一群高手，思想文化不统一，内部不团结，互相拆台，彼此抱怨，怎么能做好工作？对于上述三方文化的描述，笔者略做总结，如下图所示。

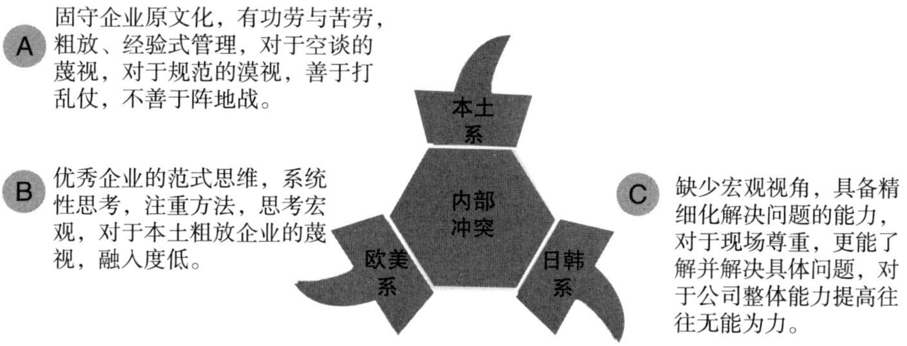

企业规模较小时，文化、价值观、工作计划、工作方法等很容易统一，其重要性很容易被忽略。一旦规模扩大，这些要素就会形成管理的障碍，没有统一的文化、价值观，大家做事南辕北辙，互相掣肘，没有一致的工作方法和工作计划，组织内就无法衔接，难以合力。我们知道，组织效率与企业收益成正比，假定是 1∶1 的关系，如果组织的效率降低 10%，那就意味着企业利润率就会降低 10%，如果一个企业在小规模时能够实现 10%的净利润率，那么一旦规模扩大，组织效率降低 10%，盈利就没有了。许多优秀的企业的董事长往往非常关注企业文化建设，致力于提炼文化、总结价值观，而且亲力亲为进行培训和宣传。在中高管团队组建过程中，企业不仅重视干部的才干，更重视其价值观是否与公司一致，确保企业内部沟通通畅、效率高。有些企业的老板每天忙于具体事务，不注重文化和思想的总结与分享，缺失对中高层管理人员的培育，就会造成彼此工作的错位，即高管们每天夸夸其谈，老板每天努力工作，安排布置和落实，这种错位会造成越忙越乱，越乱越忙，陷入死循环，公司规模越大成本越高、收益越低。

规模和盈利的逆变效应的本质是企业管理能力与企业规模不匹配，典型的“力小而任重，鲜不及矣”。企业在规模较小时，看似跑通了盈利模式，其实忽视了一个重要的盈利影响要素：管理的复杂度，管理的复杂度只有在规模扩大时才出现，是企业中“软”的方面，常常被忽视，随着企业规模扩大，复杂度呈指数上升，严重影响着企业的盈利能力。因此，企业规模变大时，经营管理能力要随之提高，要在竞争策略、组织分工、供应链协同、文化价值观等方面与时俱进，这样才能真正实现规模经济，规避逆变效应！

四、组织篇

思考 20　认识组织

1. 什么是组织

如果说最让企业家关注的是业务和未来的话，那相信排在之后的一定是组织。不知有多少企业家为之苦恼，明明胸中有一套对未来系统的蓝图，奈何背后的组织一团乱麻，大家不是想着如何把事做成，反倒是互相搞事。如果管理者管理无方也罢了，但不论什么人来到企业都变得效率低下，那么一定是组织体系出了问题。

什么是组织？很多人把组织架构图理解为组织，所以把组织变革理解为重新摆一摆架构图里的框框，重新填一填里面的名字——这种理解显然是片面的。组织是一个拥有共同目标的群体，这个群体在一套共识、共知的法则下开展活动。组织有三个核心要素：人、共同目标和结构关系。

首先是人。人是组织的主体，一个优秀的组织能够长期存在、持续成长，一定是建立在对人性深刻的理解之上。什么是人性？人性中有积极的一面，也有消极的一面。人对梦想、尊严和美好生活的追求是其积极的部分，而人的懒惰、自私、骄傲则是其消极的部分。因此，一个好的组织要认识这一点，尊重这一点，同时在一定的范围内改善这一点。注意，这里只能是改善，如果你寄希望于人性彻底的改变，那么这样的组织注定不会长久。例如，有的企业家可能会寄希望于所有人都像自己一样，有着坚定的事业理想，不断挑战更高的目标，不以短期利益为行为指引，这可能吗？很难。这样的人有，但一定是少数，我们在企业中能够识别出这样的人，并给予更大的平台使其发挥影响，这就已经是非常优秀的组织行为了。那么剩下的人呢？他们没有多大的事业理想，工作对于他们而言就是养家糊口。企业应该如何对待这些人？这就是组织设计要深入思考的部分，我们要通过好的组织设计，如职责设计、流程规划、工作标准制定等措施，来确保这样的员工能够按照我们的要求完成本职工作。当他们做到这一点时，也理应得到我们的认可。

因此，好的组织设计，一方面给予优秀的人以奋斗的平台，另一方面要让平凡的人靠着点点滴滴的积累完成不平凡的事。同时，好的组织还要有自我净化的系统，及时淘汰那些不符合企业需求的人员，避免他们在岗位上带来消极的影响。

组织的第二个核心要素是共同目标。组织之所以成为组织，是因为共同的目标。广场上熙熙攘攘的人群不是组织，因为他们是无序的，用物理学的语言讲，他们的熵很高。但是，那些在广场上跳舞的阿姨们却可以算作一个组织，其核心原因在于她们有了共同的目标，目标一下子把大家“组织”了起来，把熵迅速降低。

共同目标在组织中的作用有三点：识别与选择人、激发人、促成组织结构的形成。

首先是识别与选择人，什么样的人应该成为一个特定组织的一员？一个人会不会选择加入一个特定的组织？这两个问题只有组织的目标能够回答，是一个双向的选择题。所以，为了把这一点做好，作为一个企业首先要有明确的共同目标，越是明确的目标越能推导出企业对组织成员的诉求，而越明确的诉求越能帮助企业精确地识别出需要的人才。当前，人才与企业不适配的情况比比皆是，作为企业家要反思是不是因为自身对目标和战略思考的不清楚，才导致人才引进和培养的不清晰。

其次是激发人，这一点在今天的商业世界里尤为重要。如德鲁克所言，今天的企业最核心的资产是知识型员工，而知识型员工的激励和其他员工相比，一个重要的区别就在于他们不仅关注薪资，更关注事业理想和自我实现。我们在寻找高端技术人才和高级管理人才时，最需要做的是想方设法把我们的事业理想传递给对方。同时，面对现在的年轻人，我们也越来越多地需要用目标去引导他们、激发他们，因为真正优秀的人和具备优秀潜质的人更在意目标和平台。

最后是促成组织结构的形成，这也回到了一开始的话题。组织结构是什么？组织内部运行的流程与机制的本质是什么？其实，组织结构与关系的本质是分工，分工的本质是专业化，这一点在亚当·斯密时代就已经弄清楚了。而如何分工更高效就是组织结构需要解决的问题。这个问题的关键在于组织的目标。目标决定手段，组织的目标不同，组织的结构自然也就有差异。例如，快消品行业和地产行业的组织结构一定是不一样的，以市场规模为目标的企业与以持续盈利为目标的企业，其组织的结构与逻辑一定有显著的不同。所以，我们在设计组织的结构时，要时时想着我们的组织目标，时时关注目标的实现与组织运行之间的关系。

2. 组织的本质是分工

前面我们讲过组织的本质是分工，关于这一点有的人是不认可的。笔者曾听到这样的理解，“我不希望在公司里面强调分工，不希望大家过多考虑自己的职责，我希望的是协同，有什么事情大家一起做，不要分你我。”笔者相信企业家在讲这样的话时，一定是因为经历了一些问题，产生了一些思考。因此，我们可以重新梳理一下分工与协同的关系。

在组织设计当中，分工与协同是一枚硬币的正反两面。什么是协同？协同的本质是不同的人和团队通过各自发挥自身的专业性来达到一加一大于二的效果。专业分工是协同的前提，分工与协同更接近于一种因果关系。没有清楚的分工，那是一种无序的状态，组织需要你的哪些知识和技能？需要你做出哪些贡献？你需要对哪些关键结果负责？这些都变得讲不清楚，事情也将会朝着“人人有份，没人负责”的方向演化。因此，为了在组织中形成更好的协同力，我们要先强化分工，分得科学、分得清楚，充分发挥个人和团队的潜力。

然而，在实际的组织运行中确实存在协同困难的状况。这是哪个环节出了问题呢？

首先，职责分工不合理。组织设计当中存在着一些互相匹配却又互相制衡的要求，如生产与质量的制衡、销售与售后的制衡、产品与研发的匹配等，所以在进行组织设计与职责划分的时候要讲究科学的协同与制衡，如果这一点做不好，那么后期在组织的运行过程中出现困难就成了必然。

例如，曾经一家企业的销售与售后总是吵架，销售认为售后服务质量不到位，引起了客户满意度的下降；可售后也很委屈，说我们的销售人员在销售过程中过度夸大产品与服务，导致后期售后工作没法做。因此，企业家与笔者探讨是否可以将两个部门合并，一起管理，省得他们吵来吵去，让负责前端的人同时负责后端。到底可不可以合并呢？

不建议。通过合并把管理和决策统一起来，在管理者这里可以消化一些矛盾。但是，本质上这个问题没有解决，这种方式只是把原来的吵架下移了一层而已，从原来在老板面前吵变成现在在副总裁或总监那里吵而已。而且，采用这种方式还有一个风险伴随产生，那就是客户不满的声音可能很难再全面地传递到企业家的耳朵里。可以试想一下，如果由一位副总裁负责这两个部门的协同，这位副总裁的年度目标一定是销售业务导向的，在这种情况下，当客户不满出现时，这位副总裁一般会让客户满意为销售目标达成让步吧？毕竟大部分公司的副总只是职业经理人，往往是拿到年底的奖金和提成比公司客户价值的不断实现要更为重要。

这个问题就没有解决办法了吗？笔者认为要从以下两方面进行思考：第一是“标准化”，大家之所以吵来吵去，其实很多时候是因为标准不够清晰，例如我们的产品到底应该怎么宣传？笔者相信大部分的企业应该不会希望自己的销售过度宣传产品特性，因为谎言终究会被拆穿的。还有我们的售后标准是什么？我们如何定义客户满意？如何把客户的不满识别出来，是真的不满意，还是因为服务态度？还是我们产品背后的生产制造过程？而这些标准的不断完善与提高才是企业持续成长最底层的动力。第二是允许冲突，很多企业家怕面对内部的冲突，希望大家同心协力，不要搞内耗。其实，通过可控的冲突去暴露问题，反而比把问题掩盖起来要好得多，因为暴露问题和管理冲突是指导改善的前提。

其次，除了分工不合理之外，共同目标的牵引缺失也是导致这种问题产生的重要原因。

人是主观能动的，对管理者而言，主动、系统的思考尤为重要。如果我们能把目标定义清楚，用目标协同各级业务单元和管理人员，不仅能够弥补一些制度设计上的缺失，而且还能改变管理者的本位主义思想，充分发挥管理者的主观能动性。

组织的规模取决于交易成本最合理的边界。

交易成本的概念是诺贝尔经济学奖得主科斯于1937在《企业的本质》一文中正式提出，其核心就是通过这一天才的概念把组织为什么会存在讲清楚了。市场经济环境下，人与人之间一切商业合作行为都是可以用市场来定价的，而企业存在的意义就在于通过组织边界的确立，打破了外部市场的完全竞争关系，从而降低交易成本。举个简单的例子，很多企业的零配件生产放在企业内部，而其他企业通过外包解决，那么企业在零配件是否自产这件事上怎么决策呢？一定是综合考虑成本、效率和质量等因素，而其中成本要素最显著，效率要素从某种意义上也是在讲成本，质量要素则会与企业中长期的“成本”密切相关。当自产成本合适的时候，企业会自建生产线，所以零配件生产也就跑到企业边界的内部；反之，企业会选择外包，零配件生产会跑到边界的外部。

零配件的采购与自产是非常显性的成本项，与之相比，组织中信息的运行、人与人之间的协作虽然难以直接用钱来衡量，可其中所发生的成本可能比显性的采购和制造成本更为可怕，这些都属于交易成本的概念。

交易成本的概念给我们两点启示：

（1）我们在设计组织时，不要拘泥于当前企业的现状，要重新评估组织的边界在哪里。很多企业重大的组织变革，其背后是业务结构的变革。例如，杰克·韦尔奇接手通用时，做的第一件事就是大量砍掉那些不成功，或者尽管成功但没有未来的产业。潍柴动力在20世纪末进行变革时，也是将很多不增值、不符合主业的板块进行了剥离。

（2）组织设计和管理的一个重要目的就是不断降低内部的交易成本。曾经听一个企业家讲过这样的话，“什么事情只要是跟外部沟通都很容易，一放到企业内部来就特别费劲。”这是多么可悲的一件事。因此，通过好的组织、流程设计，提高信息传递效率、决策效率、执行效率，是企业健康持续发展的内在动力。

关于组织的定义与本质我们先讲到这里，后面我们会逐步梳理组织与战略实现之间的协同方式，进而给出组织设计更具体的建议。

思考 21　战略与组织

1. 战略与组织

战略与组织是每一个企业家最关注的两件事，战略关注企业的未来、企业该做什么，组织则关注谁来实现、怎么实现。那这两个命题到底是如何联动的呢？

卡普兰教授与诺顿博士在《战略中心型组织》一书中，定义了这样一种组织的类型，即一种能够清晰地描述、衡量和管理战略的组织。为了便于企业向战略中心型组织转化，二位学者定义了著名的战略中心型组织五项原则，包括：

（1）高层领导推动变革；

（2）把战略转化为可操作的行动；

（3）使组织围绕战略协同化；

（4）让战略成为每个人的日常活动；

（5）使战略成为持续运行的流程。

其中的第三项原则是如何围绕战略开展组织变革的核心，也就是真正意义上“组织”的内容。

前面我们讲过，对组织而言最重要的是共同目标，共同目标是一个组织存在的前提。没有目标不成组织，而战略其实就是一个组织的目标。战略作为目标，系统性是其最显著的特点。我们经常讲，战略是一个企业建立竞争优势，获得持续发展能力的一套系统打法。其实这里面的落脚点，就在于系统打法这个关键词上。那这与组织有什么关系呢？

什么是系统打法，说简单点就是如何分步实施，如何彼此协作，这恰恰是组织需要解决的问题，也就是让组织围绕战略协同化。我们曾经辅导过的一家制造型企业，这家企业伴随着市场的快速成长迅速由小做大，赚到了第一桶金，当然企业规模也相应的扩大，这时候企业在研发生产衔接与质量管理方面出现了不少问题，产品质量问题频频发生，在市场上造成了不好的影响。追溯到企业内部，其问题主要表现为研发的产品线落地效果不好、工艺文件各种错误、质量检验标准不明确等。通过进一步调研，我们发现研发、技术、质量这三个部门在协作的流程上问题很多，存在大量的信息不对称，而当时市场火爆的需求又不允许企业慢慢调整。那么为了快速解决这个问题，我们该如何破局呢？当时我们采用的方式是成立研发质量中心，由企业一位技术方面比较权威的副总裁统管，集中解决流程的协同问题。第一，技术人员与质量人员，甚至部分关键生产人员要在研发的前中期就参与进来；第二，技术人员在制作工艺文件的过程中，必须到未来的批量生产环境中测试，质量人员也要在这个过程中去把握质量控制的要点，而不是等研发人员把标准输出后，无脑地按照标准检验；第三，生产现场人员发现的任何问题，研发、技术和质量人员要形成课题并不断优化。通过这种方式，我们逐步把企业的研产衔接流程理顺了，很多流程中的文件也逐步实现标准化和规范化。

协同虽不代表一定要合并部门，但确实组织的调整会给企业流程制度的建立与变革带来杠杆作用。组织没有完美的状态，组织需要根据企业当下与战略方向不断调整，用组织的杠杆力量来推动协同，实现战略。

2. 组织要体现战略的思路

组织设计不像薪酬设计，有相对科学和系统的方法，以及相对固定的套路可循。组织架构调整很多时候既要考虑企业战略的诉求，又要结合当下人的要素，因此具有很大的灵活性。那在做组织设计时应当把握的第一原则是什么？我们认为组织变革一定要能清晰体现出企业战略转型的思路，或者说要具备战略落地的功能。再讲一家我们辅导过的企业案例。这家企业过去主要是 B2B 型企业，后来转型做 B2C，业务发展总体符合企业预期，毕竟有一定的技术积累和市场积累，但这家企业的老板希望企业能够把品牌价值做得更大，因此在制定阶段性战略时，把品牌建设作为重点工作。可公司的品牌建设做了两年，仍然没有什么实质的提升，于是这位老板找到我们，询问问题解决的思路。经过一定的访谈，我们明白了当下这家企业品牌建设的组织方式，他们品牌建设的功能属于企业营销职能。可是营销与品牌是同一种工作吗？

营销与品牌确实在一些宣传工作上会有交叉，可二者还是有本质区别的。怎么区别营销活动与品牌活动呢？我们的方法很简单，凡是以直接促成客户成交为目的的活动，属于营销活动，其他的属于品牌活动。因此，这家企业为什么品牌建设感觉力不从心，从组织视角来看，把品牌职能放到营销部门，做的工作有太强的成交导向。真正的品牌价值不是促成交易，而是要让消费者对品牌的故事、品牌的文化产生强烈的认同，是一种更深层次的情感共鸣，而不是简单的促销与宣传。因此，我们建议把品牌活动独立出来，同时要让真正懂品牌的人来操盘，而不是让营销高手来做品牌建设的工作。

以上这个案例就是希望大家理解，什么叫组织体现战略的思路，或者说组织实现战略的功能。我们在帮企业做组织诊断时，第一件事就是要与企业家深度沟通他的战略，让他讲透。第二件事就是研究他的组织架构图，看看这张图和战略之间是不是有清晰的逻辑关系，组织是否能够支撑起战略的落地。

思考 22　组织与人

1. 组织与人的关系

组织设计中有一句经典的话，“铁打的营盘流水的兵”。换句话讲，如果一个组织能够实现自我进化、持续成长，且不依赖于某个人的突出能力，这将是一个十分理想的组织状态。然而，综观全球企业发展，不论是世界五百强，还是百年企业，抑或是细分领域中的隐形冠军，我们不难发现，某一个或几个关键人物对于企业的发展会起到一锤定音或者力挽狂澜的作用。例如，我们永远也无法忽视乔布斯对于苹果公司的作用，无法忽视舒尔茨对于星巴克的影响。因此，我们不得不反思，企业这个铁打的营盘，真的不需要依赖于某一个人的突出能力吗？

我们认为这种观点只对了一半，一方面，我们通过流程与标准的建立，让大家都能够按照固定的模式做事情，从而提高管理的效率，强化组织的稳定性；另一方面，这些优秀企业的案例也提醒我们要建立一个能够快速识别人才，并且能够让人才有用武之地的组织机制，可能才是组织与人这个问题的正确答案。

所以，好的组织不应该是把每个人的个性磨平，而是应该成为优秀人才的竞技场，才华横溢者的舞台。

2. 组织的成长与人的成长同频

我们在做企业调研时，很多管理者都有一种隐忧，那就是自己在企业里的成长空间不大，甚至说个人要想谋求一些进步，似乎只剩下跳槽这一种办法。其实，这就是没有想清楚个人成长与组织成长之间的关系问题。

为什么这几年不论是管理学界还是企业家群体都在聊一个话题，就是持续增长。因为持续增长意味着组织成长，而组织成长是个人成长的重要前提。身处于一个增长停滞的组织中，每个人都是痛苦的，因为这意味着大家想进步只能做零和博弈。当然，组织的持续增长不是一件简单的事，它要求我们的企业家要有产业理想和事业增长的追求，同时要有好的战略方向，以及优秀的组织支撑。

单从组织这个维度，我们给企业家的建议是要不断向你的员工，尤其是关键管理者认清企业的战略与梦想，要让大家知道企业的增长会带来大家的成长，同时也要让大家明白企业的增长也只能靠大家点点滴滴的努力才能实现。

因此，个人成长与组织的成长是同频的，是互为因果的关系，企业家要让组织中的每个人都明白这一点。

3. 组织要实现人才的动态平衡

组织与人才的关系前面已经讲清楚了，那么组织在人才管理的机制设计上要本着什么原则呢？那就是人才能进能出，干部能上能下，实现人才的动态平衡。总结一个关键词，就是积极的流动性。为什么说是积极的，积极的意味着是组织化的行为，是管理的行为，而不是因为企业政策出了问题导致被动的、消极的人员流动；为什么强化流动性，因为流动性是企业保持活力的根本所在，一旦组织中人才停止流动，或者因为某个人的原因导致部分流动受阻，那么企业一切相关的激励机制和管理机制都将失效。

很多时候大组织会出现山头林立、派系斗争，什么原因？很大意义上是因为没有从一开始就解决干部与人才的流动性问题，要让干部成为一个整体，让人才成为公司的人才，而不是部门的人才、某个人的人才，这是需要企业进行系统设计的。

如果你的组织已经开始出现板结的现象，那么开展组织变革活动最首要的任务就是要打破这种人才流动失效的局面，这必是破局的关键所在！否则，不管引进什么新的管理工具，抑或调整组织架构，企业都不会有本质的改变。在这个过程中，企业家必然会遇到很大的阻力，但没有办法，这个时候坚定是企业家唯一的武器，要相信长痛不如短痛，打破人才板结，建立人才流动的机制，不是针对某个人，而是从根源上解决问题。

思考 23　职责设计

一般而言，组织变革的重头戏是伴随着战略变革而来的组织架构变革和关键人事变动，而职责与权责设计以及相应的文本撰写则是最后收尾的工作。根据多年来观察企业组织变革的实践，我们得出的结论是职责与权责的设计是否清晰反而成了决定一次组织变革是否彻底、落地的最重要保证。

为什么有的企业搞组织变革轰轰烈烈，然而组织机构一经发布没多久，企业的运营还是回到原来的老路上去，部门扯皮、上下推责的问题仍然存在？

究其原因就是没有把职责与权限设计想清楚、做透彻。因此，我们在搞组织变革时，一定要重视职责与权责的设计，要明白职责与权责的设计是组织变革落地的关键所在，看似它们只是一张纸或一份文本而已，其实这背后才真正决定着一个组织落地运行的基本逻辑。

1. 职责设计

前面在组织的定义中我们论述过组织的本质是分工，是为了完成共同目标而各自发挥自身优势的过程。那么职责设计，就是解决分工问题。某一项业务到底应该由哪个部门或者哪个岗位负责？为什么由它负责？这就是职责设计要解决的问题。那职责的划分应该基于哪些原则呢？

（1）专业优势原则。分工就是要优势互补，因此在做职责切分时最基本的原则就是发挥专业优势，让专业的人负责专业的事。让仓储的人排计划，让营销的人管理仓库，让行政人员管理公司的目标与绩效，这些注定是做不到位的。

（2）杜绝多头管理。前面讲过，职责设计有时看似是一种文本设计，但其实反映的是一个组织运行的基本逻辑。因此，在组织设计中有些词语的使用是需要谨慎对待的。例如，“负责”二字。“负责”意味着对该项业务承担最终交付责任，换句话讲，事做好了首功在你，事搞砸了首过在你。因此，我们在写部门职责时，一定要注意同一项业务不能出现两个“负责”部门，这一点看上去司空见惯，但很多企业就是在这个问题上搞不清楚，导致实际的管理工作中状况百出。

（3）风险管控原则。对于一个小企业而言，业务的突破是最关键的。因此，管理也要适配，要尽可能简单、高效；但是对于一个大企业而言，业务发展固然重要，但风险防控变得更为关键。就像巴菲特所言：“对于我们而言，少赚一点钱其实没什么，但企业必须杜绝一切诚信风险，因为我们经不起这样的挑战。”确实如此，有多少行业的巨无霸企业可能就因为某一个批次的质量问题轰然倒地，所以企业从创业期走来，达到一定的规模之后，利润的增长必须要进入一个健康的水平，而组织的抗风险能力必须迅速提升，防止因为某个人或者小的组织影响到整个企业的权益。

以上是组织职责划分最需要注意的三个原则，是我们撰写部门职责和岗位职责时需要时时思考的问题。

2. 一份好的职责文本有什么特点

前文讲述了撰写职责文本的三个原则，本小节我们来思考什么样的职责是“好的职责”。很多企业的部门职责只是一张纸，有的把它挂在墙上，有的干脆放在档案夹中，根本无人问津。这样的职责设计无疑是失效的，耗时耗力，没有任何价值。

那么到底一份好的职责，应该包含哪些内容，让大家能够在职责的指引下有序开展工作呢？以部门职责为例，我们认为主要有以下三个方面。

（1）输入要清晰。什么是输入？输入就是你这个部门的工作依据是什么？大到整个部门的总体工作，小到某一项具体工作，都要有清楚的输入意识，因为输入是部门工作的前提。举例来讲，质量部的其中一个输入就是质量检验标准，这个标准的制定如果不在质量部，那么它就是质量部职责的输入要素，换句话讲，没有按照标准检验是质量部的责任，但标准本身出了问题就不是质量部的责任。同理，例如人力资源部的薪酬工作，其中一个输入就是公司的战略，由于人力资源部制定的薪酬战略是要支撑公司战略的，因此公司战略就是人力资源部薪酬工作的重要输入，这也就要求人力资源部要深刻理解公司战略。讲完这两个小例子，你就明白为什么要有输入意识了，因此我们要积极地确保输入的及时性，同时也为后期的追责做好基础工作。

（2）工作要系统。这是区别一份职责是否有高度的最关键要求。我们当然不是为了在职责问题上刻意拔高，而是要通过职责设计倒逼我们的管理者系统思考自己的工作。为什么有的管理者每天处在头痛医头、脚痛医脚的状态下？其核心原因在于他没有对自己的工作进行系统思考，想不清楚就讲不清楚，讲不清楚自然也做不明白。因此，我们在做职责设计时，要系统思考本部门到底要负责哪几项工作？这些工作之间的逻辑关系是什么？是否需要互相支撑？我们部门在公司全局中扮演着什么样的角色？如果一个部门的负责人没有这种全局思维和系统思维，我们很难想象这个部门的工作能够井井有条，持续改善。

（3）要适配眼前，同时关注发展。优秀组织一个很重要的特征就是具备自我进化的能力。同时，一次组织变革很重要的目的也在于用这种激烈的方式来带动组织的进步。因此，部门在进行职责设计时，一定要兼顾到未来的发展，让大家看到你现在在哪？未来要走向何方？举个简单的例子：很多小企业的财务管理都是从简单的记账开始的，这个时候的财务只能说具备基本的核算功能。但是随着企业发展，财务要成为公司战略好的支撑，就必然要向预算管理、资金管理、风险管理等方向演进，然而预算管理的实现是需要大量的基础工作作为前提的，因此财务可以从简单的局部预算、专项资金计划开始，逐步走向全面预算管控。这就是我们讲的既要适配眼前，同时要心存高远、关注发展。

3. 如何组织撰写部门职责

部门职责撰写一般发生在组织变革的最后阶段，部分管理水平较高的企业每年都会组织各单位各部门进行修订。那么，为了提高部门职责撰写的水平，应该采用什么样的组织形式呢？这里分享一点我们的经验。

首先是充分研讨，有问题最好面对面解决，这一点非常关键。企业管理存在一些职责交叉的地方，可能相关的两个部门都发现了问题所在，但是如果不以企业的行为组织他们共同解决这些问题，那么他们都不会提出来。很多企业修订部门职责的方式是，人力资源部把职责的模板制作好发给各个部门，然后约定大家一个提交的时间。但凡以这种方式做出来的职责，基本可以判断是没有什么价值的。因此，一定要组织大家面对面地研讨，尤其要在一些职责边界的部分花一些时间，让大家把问题暴露出来，最好能当场解决。

另外就是要引导部门负责人系统思考问题。关于系统思考前面已经讲过了，这里要强调的是，在职责研讨的过程中要不断强化管理者的系统思考能力，不断地向他们抛出这样的问题："如何系统地看待你们部门的本职工作？"

以上就是关于部门职责设计的全部内容，这里还是要再强调一点，部门职责设计是组织变革的最后一步，也是真正决定此次组织变革落地效果的关键一步，千万不要以为调整完组织架构和关键人事安排，组织变革就结束了，没有把职责梳理清楚，组织的运行终究会回到原来的老路上去。

思考 24　权责设计

职责设计解决了各部门的分工问题，以及部门间的协同问题，下面我们要讨论的权责设计是要解决纵向各层级之间的权限问题，即不同的管理者具备哪些不同的决策权限。

1. 为什么要搞权责设计

权责设计并不是什么独创的管理工具，因为权责分配本身就是组织的一种本能，即什么人拥有什么权力。但是这种基于组织本能的方式形成的权责会有什么问题呢？

最大的问题就是不明不白、不清不楚。中国的企业家喜欢讲权谋，表现在企业当中最大的问题就是企业家认为某某人是不是功高震主、权力过大，甚至某个高管的一句话都会让老板沉思许久，因为很可能这句话的背后代表着这位高管已经对某个团体形成了自己过大的影响力。因此，很多企业就在老板与高管互相试探、彼此博弈中摸索一套决策的机制。

那么如何系统解决这个问题呢？我们认为做得最早、也是做得最好的企业应该是美的。美的在 1996 年下半年就开始着手权责问题，由于当时美的的管理团队水平跟不上企业的发展速度，导致美的的销售额急剧下滑，员工工资发放困难。因此，美的决定采用经营责任制改革，同时着手《分权手册》的制定，后来这种经营责任制加分权的模式成就了今天美的相关业务多元化的商业版图，与此同时，今天美的公司的《分权手册》也成为管理上非常好用的工具。

基于美的的案例，我们思考为什么企业要搞分权，而且为什么要用《分权手册》清晰地把权力规范出来？我们认为有三个方面的意义：

（1）让企业家与管理者都更有安全感。通过权责梳理，把权力的问题放到台面上讨论清楚，这样就比那些说不清道不明的权力分配要好得多。企业家可以专心干企业家该做的事，而管理者也可以放开手脚，少了很多心理包袱。

（2）解放企业家的时间，让企业家把更多的精力放在研究企业的战略与未来上。我们去过很多企业，对企业家这个群体最直观的感受就是——他们真的很累。为什么累呢？其中一个最重要的原因就在于很多企业家事无巨细地参与到企业经营当中。我们认为，但凡一家年产值过亿的企业，它的企业家就应该把自己逐步从日常运营活动中解放出来，投入更多的时间思考企业当前的发展问题，关键的社会关系与资源问题等。就像很多人说的，他们应该要做的是“找人”、“找钱” 和 “定方向”。

（3）分权是帮助管理者成长的最好方法。为什么很多企业家会觉得自己的管理者没有能力，不会思考，很重要的原因在于管理者没有决策权。因为没有决策权，他们知道最后所有的事情还是老板说了算，那他们会怎样？最好的方式就是等着老板决策，老板说怎么做他们就怎么做。而如果给他们定好目标，同时赋予他们决策权，那么一个合格的管理者就会围绕着目标的达成，积极寻求解决方案，推动业务的开展。同时，他们的能力、经验也在这样的经历中不断积累和成长。

2. 权责设计的总体原则

那么，如何在企业中进行权责的分配呢？不同的企业发展阶段、不同的企业家风格，分配的方式和尺度也是不尽相同的，因此一定要面向企业实际，万万不可生搬硬套。如果把美的的《分权手册》直接拿来使用，可能会带来巨大的经营风险和管理混乱。

尽管不能采取拿来主义，但有一些原则性的东西在权责设计中还是可以参考的，其中最核心的思想就是“战略性决策集中，运营性决策分类分散”。

那么什么是战略性决策呢？这就要因企业而异了。例如，公司的战略目标、年度关键计划属于战略性决策，同时，投融资决策、高管和关键技术人才任命等都属于战略性决策，把这些决策权收归到企业家才是真正把他的时间用在刀刃上。否则，企业家每天都在审批各种杂七杂八的事情，占用了他的精力和时间是对企业最大的损失。

什么是运营性决策分类分散呢？运营性决策好理解，除了战略性决策之外的都属于运营性决策。那么分类分散该如何理解？说到这个问题就要先思考为什么企业分权难的问题。企业之所以分权难，核心原因在于企业家要把经营风险控制在合理范围内，最直接的办法是不放权。但是不放权显然不是最优的办法，最优的办法是通过不同岗位的相互制衡实现分权有度的目的。因此，运营性决策在分权时要充分考虑谁负责、谁执行、谁监督、谁协同。这些问题想清楚了，风险也就控制住了。

3. 权责设计与经营机制的协同

很多企业家也渴望分权，希望用分权的方式来解放自己，但是又怕权力下放给那些没有上进心或者私心过重的人。这就要求企业家要有很好的识人之能，同时，一些与分权匹配的激励机制设计也能在很大程度上促进分权的效果达成。

一般而言，分权与经营责任划分是同步的。正所谓“责、权、利”同步，“权”就是分权，而“责”就是目标，所以分权的同时，一定要把目标讲清楚，目标要以合约的方式呈现，要让管理者真真切切地感受到权力和责任的重量。“利”就是“利益”，是激励，既可以是财，也可以是人的发展，也要在确定目标的时候讲清楚。利一定要与责对应得清清楚楚，做到什么程度，能够获得什么。为什么强调要与目标一起确定呢？很多企业家的风格是希望员工先去做，做好了自然不会亏待大家。这是不妥当的。因为后发的是奖励，与目标匹配的是激励。对于企业而言，激励的作用是远远大于奖励的，老板高兴了，发点钱奖励大家这也很好，但以组织化的形式做好激励机制才是“责、权、利”同步的手段。

那么在诸多的“责、权、利”同步当中，以经营责任制这种方式匹配分权活动是最为有效的。即以业务单元的形式制定明确的经营指标，同时赋予其人、财、事权，让管理者放开手脚，是最能激发管理者战斗力的，也是企业发展壮大必然要走出的一步。这种方式可以先从业务导向明确的部门开始，再逐步转向后台职能部门。例如，可以先从事业部、销售部开始，逐步拓展到生产、运营等部门，最后拓展到质量、财务、人力资源等部门，用目标和资源匹配的方式把大家一一串联起来。事业部冲锋陷阵，就会对后台的生产制造部门提出更高的要求，生产制造部门也会逐步对人力资源部门提出要求，这种一环扣一环的目标关联，再加上充分的授权，公司总体的战斗氛围也就营造出来了。为什么有的企业有很强的狼性文化，其中很重要的一点就是把“责、权、利”匹配得很清楚。

五、反思篇

思考 25　缺失了底层逻辑的中国企业

十几年来，由于一直在帮助中国企业推行精益，每一天都面对新的客户或者新的问题，偶尔回顾过去，从理想主义者的视角会看到很多遗憾，有些来源于自己，有些来源于企业，感慨颇多！从一开始的试水精益，到现在进行战略性合作，中国的企业家对于精益的认知在不断提高，老师在企业中获得了尊重，意见能够得到重视。尽管如此，我们常常出现事倍功半的情况，陷入无力感！企业大规模投入之下，本可以快速完成企业蜕变的，可是，由于企业总是在犯各种低级错误，严重影响了企业的精益化。

在这些低级问题中，我们发现了一个优秀企业需要具备的基本特征，我们称之为企业的底层逻辑。有些企业对于这些底层逻辑视为理所当然，就像吃饭睡觉一样简单；有些企业认为这些逻辑难以接受，不匹配企业当前所处环境。底层逻辑对于精益的实施非常重要，具备了这些底层逻辑，精益的做法就能扎根下来并开花结果；不具备这些底层逻辑，精益就如同在荒漠戈壁上很难生根发芽。这些底层逻辑我们总结如下。

1. 人性本善

人性到底本善还是本恶这是一个长期争论的命题，其实，本质上人都具有两面性，每个人本性都存在恶和善的两面。从群体来看，人会表现出性善和性恶的外在标签。但是企业在筛选新员工和内部持续培养员工时，应建立在内部员工都是性善的基础上。在这种前提下，企业制定管理制度不应以惩罚为主，应该帮助员工解决问题和突破瓶颈。有了人性本善的假设，我们的制度就会变得柔和温情，以激励和表扬为主导，以惩罚和批评为辅助。当前有些企业动辄扣工资、下岗、降职、开除，有些时候处分具有很明显的情绪化和随机性，导致企业内部人人自危，都在思考如何避免少做工作、少犯错，怎么能够将心思放在提升管理上呢？企业又如何能够取得管理进步呢？

2. 至诚至信

企业归根结底是由人构成的团队，需要相互合作才能完成目标和任务，合作的基础是信任，获得信任的前提是诚实。企业并不是不知道诚实信任的重要性，但是一旦沟通不畅、信息不对称，就会造成彼此猜疑，进而形成隔阂矛盾。企业内和企业间完全消除信息不对称是不可能的，唯有建立至诚至信的价值观，越是领导干部，越要讲诚信。要言行如一，要始终如一，不能会上说一套，会下做一套，不能今天讲这样，明天讲那样，让员工无所适从，也就失去了对公司的信任，而这正是企业崩溃的开始！管理者应想尽办法营造真诚与坦诚的氛围，让信任积累，最大限度地缝合怀疑，确保供应链上下游及企业内跨职能工作效率最大化。

3. 利益相关方共赢

企业要想持续成功就必须让相关方实现共赢，形成一个伙伴朋友的群体，这是一个简单的认知。一定要摒弃将相关方视为甲乙方并进行管控的做法，要摒弃需要相关方时好好对待而不需要时一脚踢开的做法，一定要明确这种做法是非常低级且狭隘的。相关方不是管控的关系，而是合作关系，要共同面对问题和解决问题，共同提高。与供应商之间要共赢，与员工之间要共赢，与所有合作方都要实现共赢，这是保证自己能够持续取得成功的基础。企业为了蝇头小利，将供应商和员工都变成受害者，一定会出现我赢你输的局面，这是典型的零和博弈，没有任何意义！

曾经在一个企业里，有一个技术工人将以往废弃的部件进行了修复，并提报改善，公司精益部门觉得应该予以奖励，于是向公司提报了申请。这时，公司一个副总提出反对意见，他说不应该奖励，因为这项工作是该员工应该做的，以前他没有好好干，应该予以批评。奖励最终没有通过，结果是这个企业的废旧备件再也没有得到修复，其他员工也不愿意再提报类似提案了。这种伪管理到处可见，典型的看似维护了企业利益，其实输掉了相关方的信任。相关方如果不合作，企业怎能不陷入低阶循环的怪圈？

4. 自我反省与组织学习

组织的进步一定来自学习，学习的动机一定来自对自身不足的认知，对不足的认知一定来自自我反省。潍柴作为著名的国际化企业在每年的领导干部述职时，都要找外部咨询老师进行点评，唯一要求是不要表扬，只要批评，要对干部的能力、态度、工作方法不足予以指导，主要目的是防止骄傲。可见，这是一个注重自我反省的优秀企业。好的管理组织从来都是时常进行自我反省，谦虚地面对未知领域，明白自己的优势，更了解自身不足，在问题上感兴趣，在学习他人之长上感兴趣！有些企业的领导者还没有取得什么成绩就骄傲自大，什么都懂，无所不能，有些工作做不好也都是下属无能，这种情况下，如同满水的杯子不能再盛放任何一点知识了，这样的企业由于背负了太重的负担往往走不远。

5. 长期思维，不走捷径

企业生命要跨越百年，就需要从长期生存的视角实施管理，这种情况下，往往需要我们走一条难走的崎岖之路，这是一个简单的逻辑。当下有不少企业领导者都明白这个道理，但是无法遏制自己短期任务思维，搞定了一个任务就是成绩，无法遏制走捷径的欲望，以为找到了快速见效的诀窍。急于求成，往往给企业埋下了祸患的种子，专注眼前，往往会造成企业走入死胡同。前两年，在北方的一家国有企业，由于产能不足，承担的国家任务难以完成，就借助外部资源找到几家咨询公司，希望在帮助企业提升产能的基础上培养一批效率专家，帮助企业进入良性轨道。由于合同还在走流程，鉴于时间紧迫，咨询公司提前启动项目，顾问老师亲自动手并带领一线员工实施改进，三个月过后，产能已经提升了30%~40%，任务集中期顺利度过。公司新上任的二把手建议，反正合同还没有通过，不如把咨询项目取消！令人拍案叫绝的是领导班子居然通过了！于是全世界最奇葩的咨询项目就这样完成了！

6. 统一思想才是团队

国际化的企业无一不是将思想统一、认知统一当作头等大事。在合作中，由于有了共同的价值观和职业习惯，所以能够确保方向一致，以及很好地配合，确保整体持续进步。有些中国企业常常出现一种怪现象，一旦负责人更换了，就会出现一个“凡是”，凡是上一任坚持的，下一任一定反对，凡是上一任推行的工作、信任的人员，下一任一定否决。究其原因，在于企业内缺少统一的价值观和文化，所以大家的认知出现很大偏差，这种情况下，企业不是真正的团队。只有思想、计划、步调统一，才是能够协作的组织。

7. 危机感与安全感的平衡

事实证明，过分强调安全感的企业是没有前进动力的，因为员工可能忽视创造价值。国有企业的弊病已经成为共识，无须多讲。企业要杜绝不分青红皂白的危险感，危险感会造成团队不能聚精会神于工作，东张西望于如何找到下家。曾经经历过一个民营企业，老板为了显示自己的权威，对于干部任免非常随意，常常一次会议就会让几个中层干部下岗，重新任命他感觉不错的人，结果再次任命的管理者常常还不如上一任。由于任免随意，员工们也不清楚老板到底喜欢什么样的干部，于是都盯着老板干活，老板要求做的事，各个部门立马放下其他工作投入到该工作中，老板不关注的事，所有部门都不着急干；而优秀的员工都在考虑如何找到新工作。好好一个企业搞得乌烟瘴气。危险感是有害的，适度的危机感才是企业需要的。通过危机感的营造带给个体紧迫感，既有助于提高凝聚力和战斗力，也促进了内部人员流动，正所谓流水不腐，户枢不蠹。

8. 问题态度，源头思维

问题是财富，这个思想理解简单，贯彻极难！很少有企业能够正确面对问题或者员工提出问题，对于发生问题最简单的处理方式就是追究责任。试问，一旦出问题就一定要追究责任，处分相关人员，谁还敢暴露问题？对于问题的态度，代表了企业的喜好，楚王好细腰，宫中多饿死，很容易就形成了内部掩盖问题、化小问题的习惯，对于提出问题者敬而远之或者群起攻之。因此，企业要营造鼓励问题提出的文化，要消除员工不敢提问题、提建议的恐惧心理，这样才是真正的视问题为财富。另外，问题暴露了，还需要从根源上解决，这样才能确保问题越来越少。源头管理的思维首先要从企业最高管理者开始，如果高管自己对于源头解决问题的方法和过程很模糊，势必影响下级工作的取向，结果就是企业不能从源头解决问题，也就不能减少问题，问题的暴露就没有意义了。

9. 计划指挥，而非命令指挥

中国企业由于普遍采用命令控制、人为控制，因此普遍会议很多，会议已经成为中国企业管理上最大的浪费，没有之一！有趣的是，曾经一些规模已经上百亿的企业，面对上万名员工也采用命令控制，明明管理效率极低，却还振振有词自以为不错！怎样减少命令控制？首要是遏制住企业高层管理者对存在感的偏好，因为只要高管想要高调、想要彰显重要度，就有了喊口号、下指标、传指令的冲动，企业无可避免进入命令控制的低效率模式。其次是企业要选择套路管理、模板控制，不要激动人心的口号革命，坚持低调地、枯燥地、日复一日地用最优方法，比如规划、计划、执行等进行管理，确保每日按部就班去工作，通过帮扶提高能力，创造更多价值。

10. 管理系统是一切问题的根源

没有一家企业的管理系统是绝对完善的，当然那些井底之蛙视野的企业除外，它们高调地宣扬自己的管理系统非常完善，但是实际上很多都没有落实，问题较多。将问题与管理过程结合起来，就能发现深层次的管理不足，发现系统设计的漏洞，从而持续整体改进。如果企业把问题根源聚焦于基层，不能对根源进行改进，容易造成问题的反复出现。比如，某国有研究所，由于企业获取的订单常以年为单位进行交付，因此交付压力不大，大家对于订单投产的管理非常不严肃。公司的开发、采购、制造过程极其拖沓，造成质量低劣和现场混乱，由于集团公司要求进行改进，于是所领导不情不愿地推动了现场5S，却没有考虑如何从交付系统管理上进行优化。可想而知，一阵风的5S刮过，确实带来了一部分现场的改进，但是无法从根本上解决问题。

11. 基于生命周期成本的全局思考

企业在销售、设计、采购、制造、售后服务的价值链环节中，要进行许多抉择。比如，订单交付周期该如何给各环节分配，订单是否挣钱及能否承接，如何制定合适的质量标准等。从科学管理的视角看，这些抉择无一不是站在全生命周期成本的立场来进行衡量的，我们付出的成本是多少，而生命周期内避免的损失或者收益是多少，要建立这样的全生命周期投入产出的逻辑和因果模型是什么。在有逻辑联系的因果线上，通常成本损失是十倍原则，即在前一步的“因”的付出“1”，下一步的“果”收获“10”；前一步解决问题的成本是“1”，下一步解决问题的成本是“10”。有了基于长期的全局思考，企业的决策更简单，也更容易得到全体共识。

12. 人的培养

企业是由人构成的，人是经营管理中一切的根本。某国企的一把手曾在大会上就大学生离职说道：三条腿的蛤蟆不好找，两条腿的大学生有的是，离职就离职随他去。讲话录音被发布到网上引起一片哗然，企业如此轻视人才啊！然而，现实中许多企业管理者都是持同种态度，企业想要人才何必自己培养，用钱买就好啊！殊不知企业如果把人才当商品，人才就会把企业当作跳板，双方唯有利益结合，毫无忠诚可言！培养员工是企业长期生存的基础，企业领导者要亲自去抓去做，要用挚爱员工换取忠诚，要通过尊重员工换取员工的主动奋斗，这是百年企业的根基。

除了上述的底层逻辑，还有一些认知需要企业注意，比如让管理和经营透明化，要以奋斗者为本，不能让奋斗员工利益受损，消除卫道士、旁观者、批评家等。底层逻辑是企业的内在价值观，需要进行优先设计并明确提出，将价值观与企业的管理制度、评价标准进行结合，推进企业不犯低级错误，让管理回归本质。

思考 26　精益管理：中小型企业转型升级的法宝

从 2015 年 7 月习近平总书记视察东北工业集团关于精益管理的讲话，到 2016 年 6 月国资委要求中央企业要大力推进精益管理提高发展质量和效益，打好提质增效攻坚战。可见，精益管理已经得到了政府部门的高度重视。精益管理以“全员参与、持续改善、消除浪费、创造价值、激发正能量”为核心，源于精益生产，以丰田生产方式为原型提出的一种组织管理方式，即运用精益思维来管理企业的各项活动。这种模式不仅是中央这些大型企业提质增效的手段，更是占全国企业总数超 99%以上中小型企业转型升级的法宝。

中小型企业作为解决就业问题、推动经济发展的主体，在经济高速增长、以要素和投资驱动为主的时期，由于市场需求量大，其粗放的管理模式仍然有一定的利润。但是在经济“新常态”的今天，中小型企业不得不面对经济增长速度放慢，从要素和投资驱动转为创新驱动带来的激烈竞争，产能过剩，库存增多等诸多问题。当前大多数中小型企业开始卷入“价格战”中，但其高额的运营成本使其在“价格战”中屡屡受挫，价格越来越逼近成本，形成了巨大的成本压力，迫使中小型企业开始探寻转型升级的道路。精益管理正是中小型企业突破瓶颈和维持稳定发展的关键。

1. 精益管理是激发中小型企业转型升级活力的法宝

落实企业转型升级的主体是企业员工，如何激发全体员工共同为企业转型努力是中小型企业转型升级中需要解决的首要问题。精益管理将“全员参与，提质增效”作为其行动指南，利用 5S、一点改善、提案制度、改善课题、方针管理等精益管理工具与方法，能够调动全体员工为中小型企业转型升级献计献策。同时，在推行精益管理过程中，通过一系列的精益改善活动，能够为企业营造一种“全员主动参与，持续改善”的精益文化。长期下去，这种文化将扎根于全体员工的日常工作中，从而与企业文化相融合，最终促使全体员工积极主动地按照精益的标准去工作，逐步改善工作中的不足，减少工作中的各种浪费，降低成本，提高质量和效益，推动中小型企业转型升级。

2. 精益管理是夯实中小型企业转型升级基础的法宝

俗话说“打铁还需自身硬”。大部分中小型企业管理较为粗放，在转型升级中首先需要“自身硬”，在夯实自身管理的基础上，才能顺利实现转型升级。精益管理以其标准化为支柱，按照“自上而下与自下而上”相结合的原则，遵循系统运营的思维，将现场、班组、部门、公司各个层面上的活动，从规范化、标准化的视角进行了落实。这一标准化的管理活动不仅为企业日常运营活动提供了统一的语言和方法，而且还大大降低了企业的运营成本，提升了管理活动的效率，夯实了发展的基础。同时，精益管理的工具与方法为中小型企业科学制定转型升级战略，夯实转型基础提供了实践的方法。利用这些工具与方法可以持续不断地寻找改善点进行改善，通过改善逐步优化“供、产、销”整个价值链上的管理流程，建立标准化的管理模式，固化精益改善成果。

3. 精益管理是助推中小型企业转型升级成功的法宝

企业转型成功的标志是形成了一种新的商业模式，在新的市场上占据了重要的地位。精益管理作为一种新的管理思想被引入中小型企业时，首先是在企业管理理念和管理文化中营造精益的氛围，初步实现企业管理理念、管理文化的转型。在此基础上，开始应用精益的工具和方法寻找改善点（非增值环节）进行改善，通过改善建立了作业标准、优化了管理流程、调整了组织结构。同时，为了持续不断地获取精益管理效果，并将改善效果固化下来，制定并优化了企业管理制度；为了能够充分调动员工积极性，实现全员参与精益活动的目标，在实施过程中逐步建立并优化了企业的激励机制、绩效考核体系等管理制度。通过这一系列的精益管理活动，中小型企业能够在内部管理流程优化的基础上，对用户、供应商和其他合作伙伴彼此间的物流、信息流和资金流的运营模式进行改善，从而建立精益化的、稳定的商业模式，提高全员参与转型升级的积极性、培育企业文化、减少浪费、降低成本、提高市场竞争力，最终在新的市场上占据一席之地，成功实现企业转型升级。

综上所述，精益管理通过构建鼓励创新的开放式环境，能够最大限度地激发组织和个人的创造性，提出和实现更多新的做法，使企业的“供、产、销”价值链实现突破，这些突破为中小型企业新的经营模式的实现带来可能。因此，精益管理可以助推中小型企业转型升级，其中营造精益理念是中小型企业借助精益管理实现转型升级的基础；精益管理工具与方法是精益理念和文化在中小型企业中落地的支持；建立基于精益管理的管理制度和绩效管理模式是中小型企业转型升级的保障；新的商业模式和市场的形成是中小型企业借助精益管理进行转型升级的结果，也是其转型升级成功的标志；将精益管理以文化的形式在中小型企业中固化下来，是其持续进行升级的活力。

思考 27　风头正劲，莫忘改革

阿里巴巴的马老师说过“改革就要在业务发展最好的时候进行”，深以为然！但不少的听众也会把这句话当作马氏语录的一部分，即听起来高瞻远瞩，实则离我千里！诸位试想，当业务发展最好的时候，客户纷纷敞开大门，手持人民币向你挥手，不去劈手抢下，一定落入他人之手，这种恐惧感逼迫我们将所有的精力、时间、资源全部用于抢占机遇，股东们期盼着抓住机遇，因为企业效益好了，股价就会上涨！下属们期盼着企业抓住机遇，因为企业有钱了，才会给大家升官涨薪，因此此刻的重点是抢市场，至于改革创新放放再说，一面是实打实的真金白银，一面是需要花费大精力投入且难以预知成果的改革，这是多简单的选择题啊！等闲下来再推进改革也不迟，于是，大多数企业在业务增长期很容易忽视改革创新。

到了业务衰退期，是否可以变革了呢？我们常常看到的是另一种情况。

首先，在业务衰退期中，企业常常要进行人事调整，造成人心惶惶，大家都等待着“靴子落地”，岗位变动前的各项工作都低速进行中，改革工作难有突破；其次，由于经营陷入低谷，人员工资不得不下调并进行考核整顿，员工每月都在关心着自己的收入，并慢慢平复收入降低带来的冲击余波，心思浮动下创新工作自然难以用心；最后，就是以市场为中心的产品调整，为了满足客户的苛刻要求，产品在不断转型适配，以往每年数个新产品，而现在就要每年数十个新产品，每个新产品的技术均不成熟，又都似乎肩负起了企业复兴的重大使命，因此企业在产品试制、技术变更、供应链试产、供应链完善的循环中无法自拔。组织变动、薪酬变化、新品上马造成处于低谷期的企业难以完成变革的重任。

当然，还有一个更根本原因，就是处于衰退期的企业缺少现金流，即所谓“钱紧”！在业务增长期企业野蛮生长，到了衰退期发现没有积攒到现金，而是积攒了一堆库存产品或者应收账款，而在此刻，库存就是一堆不值钱的破铜烂铁，应收账款就是一堆无用的数字。由于钱紧，四处嗷嗷待哺，有限的资金要买米买面填饱肚子，这个远比读书上学重要多了。这个时候提出经营改革，花费巨资进行产品创新，甚至要花钱聘请咨询公司，这是不现实的。

不久前碰到了一个类似的民营企业，企业在十五年前通过技术创新，在行业内率先完成了空调进口零部件的国产化，一下子成了国内知名家电的供应商，在之后的十几年里该产品一直供不应求，而且早期的产品利润很高，企业有了钱就要花钱，在当地政府帮助下企业并购了当地一些经营不善的企业，公司迅速扩张变成了一个产业集团。由于并购的企业大都亏损，在输血的同时企业又忙于帮助这些企业扭亏！十多年的时间里，尽管企业也多次提出改革创新，最终由于种种原因而搁置。直到产品市场上突然出现多达 5 家同业竞争者，这些竞争者的企业规模更大、产品质量更佳、市场价格更低，激烈竞争之下，产品价格在 3 年里急转直下，仅为当年的 1/10，市场份额下滑，利润下滑，现金流和利润几近枯竭，整个企业集团陷入了危机。此时，管理者们终于认识到管理改革、产品创新的重要性，可惜为时已晚，企业一无资金，二无时间，等待它的命运可以想象。

管理界流传一句话“衰退来源于繁荣”，在繁荣时刻，企业常常忽视潜在风险，乐观地评估未来，缺少对未来环境恶化的准备，而环境一旦发生变化，企业就将陷入衰退中。变革和创新是为企业长期发展做准备，最合适启动的时间就是业务发展期，要在天气好的时候做好明天下雨的准备。在业务繁荣的时候，企业摆脱了生存危机，具备对未来进行准备的必要条件，温饱问题解决了，才能考虑教育！华为在业务发展最快的 2007 年启动了 IPD 项目，潍柴在交付业务最繁忙的 2009 年启动了精益管理项目，今天我们回头看，这是优秀企业家推动企业持续成功所做的正确选择。

企业发展以至社会发展都需要创新和改革，只有真正的企业家才会以长远眼光来看问题，不聚焦于短期利益，借助业务增长期的机会推动变革，而不是像《我想去桂林》中所唱，“有时间的时候我却没有钱，有了钱的时候我却没时间。”

思考 28　知识爆炸时代的自我学习

随着世界复杂度的提高和人类对世界认知水平的提升，在好奇心支配下，各种新知识层出不穷地涌现，毋庸置疑，当前是知识爆炸时代！新知识的产生既证明世界正在发生变化，同时新知识也促使世界加速发生变化。这是一个全新的时代，知识具有价值，知识决定价值，个人的价值取决于其知识的拥有程度，企业能够创造的价值取决于企业知识的拥有程度。比如，资深工程师和科学家都由于其拥有丰富或独一无二的知识而被社会推崇，日本和德国的许多隐形冠军企业都是由于企业在细分行业中获取了独一无二的产品知识，并且能够运用知识创造社会价值。知识如此重要，是否难以获取呢？在显性知识方面，随着互联网和智能终端的发展，知识的连接管道和获得渠道被大大拓宽，获取知识的成本降低，获取方式更加灵活；在隐性知识方面，组织通过持续反省和探索，不断形成新的认知，通过沉淀形成将大量隐性知识显性化，显性知识在企业内流动，为大家所学习。知识被创造、被学习、被应用并创造财富，从这个角度说，我们处在一个知识经济时代。

在知识经济时代，个体利用知识进行创新，通过这个过程获得社会的尊重和信任；组织利用知识进行创新，实现产品在市场上的超越，但所有创新都建立在丰富的知识的基础上。在未来，知识是个通行证。如果个体没有足够的知识储备，可能连一份最基层的工作都无法谋取，凭借勇气和热情投机创业就是天方夜谭。对于我们咨询行业来说，未来的社会和工业都是全新的，我们所有在过去获得的经验很快会过时，面对全新的问题，解决它靠的是拥有丰富的知识，以及知识赋予的强大逻辑。

如何学习知识?

1. 对社会、行业、客户的需求变化高度敏感

身在世界的局中，是难以察觉变化的，只有时刻保持对世界每个细节的关注，才能体察世界的缓慢改变，感知了变化才有适应变化的动机，保持对变化的敬畏才能自我驱动。

2. 拓展知识边界以应对变化

每一个变化都是全新的，用旧的知识无法应对，因此我们需要进入新的领域学习，掌握新知识，并尝试应用。应对变化最好的办法就是进入未知领域中去吸收学习，拓展自己的认知。

3. 高度自律，高强度地学习

当学习成为兴趣，学习就不会疲劳，这很难得！当学习知识用于解决当前问题，也会产生学习的欲望，驱动我们了解新知识，这是很多人的学习状态。而当学习是为了应对未来，常常是令人疲倦的，因此，一本优秀的思想性书籍往往销量极佳，但大多数情况是作为睡前读物来改善睡眠！我们改变不了自己的本性，但是可以自己创造机会来逼迫自己，比如，积极争取机会去面对困难，然后带着目的去学习，或者养成自我约束的习惯，在固定时间段内投入精力用于学习。

4. 学习数学，学习数字思维

我们为什么学习数学？因为我们在一个数字的世界中，万物万法都是数

据，它们的规律都是数学。面对未来的互联世界，没有数学基础，仅靠直觉逻辑难以生存，我们要学习大数据思维，学习互联网思维，用数据和计算来求得更优解，进而找到自我存在价值！

5. 利用碎片时间来学习

当前，我们太忙了，忙到手机都放不下！但是碎片化的时间就像装满石块的瓶子一样，缝隙中的空间依然很大，这些碎片时间不用于学习实在可惜，把知识也形成片段，然后利用碎片时间学习它，这是一种重要的学习方式！让学习行为在每个场景中发生，每个场景的暂停片刻就都能形成进步。

任何领域都有颠覆者，颠覆者处在持续学习的环境中，他们更具天赋和能力，长期努力就是为了给你致命一击。迎接这些颠覆者的到来就要靠自己的实力，丛林中总是不断地淘汰能力差的个体或组织。学习是时代的要求，我们别无选择！

思考 29　从差评报警看企业如何面对问题

前段时间，某地包子总店（以下简称问题包子公司）由于博主差评而报警的新闻在网络上持续发酵，围绕消费者到底该不该发布主观体验，到底是不是侵犯了餐厅的名誉权，争论还在持续。但是因差评而跟客户打官司的做法，势必引起一波声势浩大的群体声讨，可以肯定地说，该老字号将会真正走向没人理，没有了客户支持，下场可想而知！差评的产生不是一两个博主造成的，而是企业长期经营不善积累的恶果，客户的不满情绪已经酝酿很久了，博主的负面评价只是引爆了情绪而已，如同导火索与炸弹之间的关系，单纯防备个别博主于事无补，该来的终归要来。真正令我们大跌眼镜的是，当今这个时代还有如此粗暴对待客户批评的企业，还有如此低级对待自身问题的企业，这大大超出了市场经济赋予我们的认知，值得我们引申讨论。

1. 面对客户的抱怨，企业持什么态度呢

企业端的饭碗是客户给的，满足了客户需求才能换取收入，进而实现生存，这是基本生存法则。小米的雷军说得很谦卑，“我把客户服务满意了，客户一高兴，赏我们几个小钱，就可以了！”许多企业怕员工忘记了这个法则，特意将其作为公司的口号，如“用户是上帝”“客户满意是我们的宗旨”等。为了让口号转化成具体行动，企业还制定了相应的操作方法。例如，为了确保客户满意提升，企业主动调查客户的潜在需求，主动请客户提出不满意事项，以便自己逐步改进，获得客户的长期信任；建立客户不满意的快速响应机制，听到客户抱怨第一时间响应，迅速帮助客户解决问题，举一反三进行整改；等等。

企业到底对客户抱怨持什么态度呢？笔者认为应是闻过则喜。企业的品牌来自口碑。口碑是客户持续良好消费体验的传播。为了实现客户满意的消费体验，需要企业从市场和客户中持续发掘微小缺陷，在发生重大不满意事故之前进行改进，让自己的产品和服务升级，这是一个非常好的外部意见拉动内部整改的方式！因此，如果客户反馈了自己的感受，提出了抱怨，应该积极对待，坦诚不足，欣然接受，这是客户在帮助企业提高，应该闻过则喜！

问题包子公司面对客户抱怨的态度是闻过则怒，对于网络差评选择无视，对于现实博主评论选择抗拒和敌视，行为充满了傲慢与自负，消费者怎么胆敢给我差评呢？还胆敢对外发布负面信息？谁给你们的权力？怪不得很多网友错误地认为问题包子公司是一家国有企业（这是一种偏见哦）。本质上，问题包子公司是一个当地著名的食品品牌，承载着几代人的记忆，是许多当地企事业单位接待宾客时指定的食品，带有地域名片的特点。因此，问题包子公司躺在老本上过得很轻松惬意，久而久之养成了养尊处优的习惯，盲目自信加上长期自我封闭，培养出了自大和自以为是的作风。这样的企业自然“闻过则怒”，自然不追求客户满意与否，不尊重市场规律，就需要被市场好好教育一下。

2. 面对抱怨，企业该怎样解决

解决抱怨，往往附带着要解决众多内在问题，需要企业具备自我反省的文化。从市场传递到企业的抱怨，能否给企业带来变化，取决于企业的文化和员工的心态。只有员工具备了“抱怨是对的，我承认我有问题”这个基础态度，外界的刺激才能转化为具体行动。如果员工总是消极傲慢的，他往往从外部寻找借口，对于抱怨的态度变成“我已经很完美了，抱怨者是故意找茬，一定是其他人或者条件造成的抱怨”。于是，员工会找许多托词、借口、他人的不足、不充分的条件，然后推诿过错，往往这种情况抱怨无法解决。因此，培育眼睛向内、谦虚自省的文化是企业的重要任务，要通过激励制度、人事制度、干部筛选等予以贯彻。

解决众多内在问题，需要企业建立全员持续改善的机制。企业要面对的众多内部问题往往来自方方面面，如果全部依靠管理者来解决，势必造成管理者疲于奔命，也会造成问题解决的滞后，这种落后的问题解决机制是不可取的！我们需要在企业中发动全体员工共同参与解决问题，这是先进的精益管理机制。企业通过给员工授权，给员工赋能，鼓励发现问题，奖励解决问题，激励改善行为，明确解决路径，让员工的收入与成长都与改善活动密不可分，在这样的机制下，全体员工会焕发出极大的战斗力，将所有问题消灭在萌芽中，给客户带来最佳的产品和服务体验，企业想做不好都难。当前中国各行各业都在积极采用精益管理模式，充分调动员工的智慧，内部挖潜，消灭问题，降低成本，提高客户满意度，形成新的增长源。

优秀的企业总是在关注客户满意度，我们看一下海底捞是怎么做的。

> 海底捞，一个来自四川简阳的火锅店，从极其平凡的火锅大战中异军突起，最令人称道的是无微不至的“变态”服务，从停车泊位、等位、点菜、上洗手间、结账走人等全流程的各个环节，海底捞每一名员工都能实现高水准的服务，真真正正把“客户满意是宗旨”落实到具体行动中……
>
> 在海底捞等待就餐时，会有热心的服务人员立即为你送上西瓜、橙子、苹果、花生、炸虾片等各式水果和小吃，还有豆浆、柠檬水、薄荷水等饮料，并提供打牌下棋和免费上网冲浪的条件，更离谱的是，女士居然可以享受免费修剪指甲，男士可以免费享受擦皮鞋等服务。
>
> 在就餐期间，如果客人点的量已经超过了可食用量，服务员会及时提醒，同时还会主动提醒食客，食材可以点半份，以便享受多种菜品；服务员在席间会主动为客人多次更换热毛巾，会给长头发的女士提供橡皮筋和小发夹夹住头发；给提供小塑料袋子装手机以防进水，给戴眼镜的顾客免费送擦镜布，还可以暂时充当孩子的保姆，让父母全身心吃火锅。
>
> 海底捞的卫生间不仅卫生干净，而且还配备了一名专职人员为顾客洗手后递上纸巾，以便顾客能够擦干湿漉漉的手。如此优秀的服务，是由无数服务场景和服务细节构成的，每一个服务细节都是靠每一名海底捞的员工来实现的。
>
> 如此整齐划一、如此高度一致，没有全员参与的激励机制，没有强大的企业文化是不可能实现的。

互联网时代下，传播方式已经发生了翻天覆地的变化，企业口碑形成和崩塌往往是朝夕之间，客户是上帝，体验是上帝的判定标准，客户满意决定了企业的命运。客户抱怨是解决问题的好机会，应闻过则喜，视问题为企业的财富，以积极的态度去改进。花大量的时间与精力证明自己正确是没有意义的！面对问题的积极态度源于企业的文化，要崇尚自我反省，要崇尚问题发现，要崇尚创新进步，有必要的话，企业甚至要发起一场意识革命。在企业文化之上，还要建立全员持续参与改善的机制，推动员工通过智慧消灭问题。市场经济条件下，企业如何长期生存，还需要不断思考、不断验证。

思考30　对比日本长寿企业，中国企业的五个基因缺陷

由于长期为企业服务，所以我们常常关注企业如何健康经营，关注企业如何实现长寿，了解越多日本百年企业经营的经验，服务越多中国中小企业，所见所闻所感越多，越想把这些思考分享给大家。先看一些数字，在日本，百年以上的“长寿企业”高达两万多家，两百年以上寿命的企业有三千多家，两者皆为全球最多。欧洲的长寿企业也不少，其中最多的是德国，有八百多家，即便是建国较晚的美国，百年家族企业也超过了一千家。而在中国，经营历史超过一百年的企业较少，而且都是消费类品牌，如六必居、张小泉、陈李济、同仁堂、王老吉、青岛啤酒、泸州老窖等。

中国百年企业少，固然有很多历史原因，诸如内部矛盾通常用破坏社会结构的战争解决，一个阶级的政治崛起往往要彻底消灭另一阶级，等等。但我们不能忽视的是，相当多的中国企业的基因中存在一些短寿的DNA，这些基因缺陷诸如内耗、不注重内部管理、虚伪文化等，常常注定了企业会夭折。

日本企业长寿秘诀是什么呢？在日本有一个财经作者叫野村进，他写了一本书叫《一千年的志气：永不衰竭的企业竞争力》。在书中，他在对本国的百年企业进行大量研究之后，提出这样的观点：“日本百年企业多，从历史环境看，相比亚洲其他国家，日本国内的政治经济环境相对稳定，既没有因改朝换代带来大规模的社会结构破坏，也没有外族入侵带来殖民打击或者经济威胁。”总之，没有大灾大难，企业就不会大规模消亡。从社会环境看，日本文化对工匠精神极为崇尚，整个社会对于技艺的专注凝结成为日本企业的核心竞争力。在日本，不论是当权者还是老百姓，都对工匠达人充满了尊敬，“工匠达人”“技术大神”层出不穷，大家竭尽所能地给予厚待和庇护。人们将拥有高超技艺作为人生理想，期刊、电视节目也时常对那些技艺高超的工匠们大肆宣传，这样的节目往往拥有较高收视率和为数众多的拥护者。这样的社会文化下，制造技艺的代代精进就有了基础，制造业就能不断传承下去。

从内在环境看，日本企业家具有非常正确的企业经营观，规避了很多过程风险，确保了企业长期生存。通常来说有这么几点，第一点，绝不任人唯亲，事业与家庭关系分开，规避了人事和决策风险；第二点，能够柔韧灵活地顺应时代的改变，即跟随外部环境而改变，不断创造顺应时代的新产品，规避了市场风险；第三点，经久不渝地恪守传统家业，不偏离主航道，不多元经营，规避了技术路线风险；第四点，安分经营，遵守法律法规的要求，规避了法律风险；第五点，公平和信赖为交易基础，不过度宣传或超出能力做出承诺，永远给客户客观真实的信息，赢得客户的长期信赖，规避了市场风险。日本企业家们除了规避风险也专注于企业内在实力的提升，他们既是坚定的创新者，又是专注的产品制造者，将我们认为截然相反的两种做法“恪守”和“创新”完美地结合起来。日本企业家们还有一些重要的品质，如注重自省和自律，他们在碰到问题时反求诸己，面对挑战决不妥协，在面对时代变化中，日本企业家不断学习适应，这才是其持续百年的内在力量。

中国企业追求百年老店还有很长的路要走。抛开无法控制的外部环境因素，我们最应该向日本企业学习的是如何在持续经营中规避风险，从内在的角度持续提升能力，苦练内功，实现稳健经营，具备强大的内在消化风险的能力，企业不会“一夜暴富”，也不会“猝死”。

事实上，中国企业猝死的案例比比皆是，企业猝死实际是内部综合病症的迸发，是脆弱的企业生态在摇摇欲坠之下的必然坍塌，看似有各种内因和外因，实际是深层次的人为之祸。

成为长寿企业，需要在企业中植入长寿基因，这是企业管理者的主要职责。反观当前中国制造企业，常常被植入了一些短寿的缺陷的基因，这是人祸。我们总结企业基因缺陷有五个，具体如下。

第一个基因缺陷：不重细节，忽视内部浪费。有些企业理所当然地认为管理者要抓大放小，细节管理问题的解决没有太大价值，反正“肉烂在了锅里”，应该寻找外部资源，捕捉外部机会，这是典型的机会主义思维，这种思考造成管理者们心浮气躁，这是企业长寿的大忌。内部的浪费不是小事儿，抓内部浪费也不是小题大做，堡垒从来都是从内部攻破的，消除内部浪费带来的收益远大于外部机会的获取，不能等到问题触目惊心了再去解决，往往这种情况下企业已经病入膏肓。我们经常看到，有些企业外在光鲜，实则外强中干。反观日本企业，包括一把手在内的管理者常常是细节管理的高手，他们花大部分精力和时间用于解决企业内的浪费问题，让企业内功很强，具备了抵御市场风浪的能力。

第二个基因缺陷：忽左忽右，缺少管理系统性。有些企业老板喜欢外出学习，对于一些新方法、新工具往往一知半解，就急于在企业内进行实践，实施了一段时间感觉效果不大，于是彻底否定，回归原样，同时考虑推进下一项新方法。这种方式常常是片段式的，缺少了整体性，今天做这个，明天做那个，最后不了了之。这种忽左忽右，让下面的员工无所适从，最后对企业推行的管理工作都缺少热情。日本企业的管理者对于推动的管理工作常常是深思熟虑的，从大家耳熟能详的丰田汽车发展经历看，几代领导者都坚定地推进精益管理，不断提升企业内改善参与幅度和深度，最终取得了令人瞩目的成就。

第三个基因缺陷：管理粗暴、野蛮和独裁。有些企业高管自认为功成名就，逐渐开始脱离实际，不再去现场了解情况，倾听基层的问题，“三现”（现地、现物、现认）精神被抛到脑后，逐渐变得“四多四少”，即听汇报多，一线调研少；会上安排多，会下检查少；对结果关注多，对过程关注少；考核手段多，落地手段少。由于不了解实际情况，常常主观臆断，加之对于各项工作都要予以干预、指导，越级插手具体事务，决策草率任性。由于管理者脱离了实际，也就无从体会下属的难处，于是设定高得离谱的目标并进行野蛮考核，下属没有达成目标就是下属不努力，没有智慧。这样的企业文化具有极大破坏性，下属们辛苦工作得不到价值感和成就感，逐渐对工作丧失了信心，士气消沉，最终满腹埋怨，人心涣散。这种一意孤行的领导者永远都会让下属走向失败，无法施展才干，最后形成双输的局面，长此以往，企业终将走向衰亡。

第四个基因缺陷：管理机制不合理，内耗不断。企业的内部管理是合作而非制衡，一个企业如果成为一个坚强的整体，组织和运营都如同一盘棋，这样的企业一定可以在市场竞争中存活下来。反之，生存寿命绝不会长久！就是这么简单的道理，在为数不少中国企业内却无法实现，甚至背道而驰。

有些企业管理者们在设计制度时，以怀疑代替信任，以制衡代替协作，故意将内部流程割裂，把权力分散，最后形成了一个一个的权力山头，彼此互相倾轧掣肘，内部的矛盾、纷争、内耗成了主流。甚至有些时候，企业领导者通过搞平衡来玩弄所谓“帝王术”，于是企业的反应变慢了，内部决策变得非常复杂，沟通成本、管理成本居高不下。高层领导者常常痛心疾首地反问，我们怎么变官僚了呢？我们怎么行动变慢了呢？我们怎么变得这么复杂低效了呢？其实，他自己就是始作俑者。领导人是公司的原点，所有机制文化都是从原点散射出去的，原点出现了微不足道的偏差，都会带来执行上的巨大偏离，这就要求领导者言行上要更加严谨，要常常进行自我反省，对公司的不足、个人的缺陷要反思，提高自身素养，打破个人天花板，带领企业持续进步。

第五个基因缺陷：灵肉分离，文化假大空。有些中国企业具有“伪君子”的特征，即企业真实的行为与外在宣扬的完全不符，自己粉饰的企业形象和宣传的口号从来不去践行，说法和做法大相径庭，通俗点说就是说一套做一套。有一家企业老板提出工作方针“说真话，办真事，求实效”，自己的员工讽刺道“我们企业内其实大家都不说真话，不办实事儿的，上层就是如此”。“伪君子”企业多数做不大，他们高调宣布自己的使命、价值观、文化理念口号的时候，本质就是作秀，自己也没有当真。久而久之，企业的员工发现企业总是说了不算、算了不说，就缺少了干事创业的激情，工作就是“混口饭吃”，企业的执行力可想而知，这样的企业由于没有诚信，在市场中也会逐渐混不下去。精益管理中讲求长期视角来经营，获取客户的信赖。日本企业极其注重诚信，它们不过度追求眼前利益，眼光长远，对内言出必践，对外专注于产品服务，为企业赢得了社会信赖，诚信经营加上透彻的匠人精神成了日本企业长寿的秘诀。

企业是先由人组成团队，然后创造价值，前者是树根，后者是果实。日本的百年企业们很早就认识到这一点，松下电器的创始人松下幸之助提出，企业本质就是培养人才，包括管理者和员工，利润仅仅是副产品。在他看来，横渡大洋的帆船不重要，重要的是操纵帆船的舵手和水手。日本企业的百年之路总能够规避各种风险，这与企业领导人对企业内在管理的认知有很大关系。

绝大多数的中国企业是智慧的，它们在发展过程中，已经克服了上述五个基因缺陷，通过企业家自我提升、企业内部调整、精益机制的建设等，让企业进入了发展的快车道。还有一部分企业，在创业初期的机会导向埋下了这些基因缺陷的种子，随着市场经济体制不断完善，机会和资源越来越少，而基因缺陷没能及时解决，结果是日子越过越差，成本居高不下，性价比竞争力不强，辛辛苦苦一年下来，利润率还不及银行利息，身陷泥潭难以自拔。亡羊补牢，为时不晚，我们呼唤企业抓紧时间进行内在精益管理变革，高筑墙，深耕细作，广积粮，多打粮食，不要让高层管理者成为企业木桶上最短的一块板。

再差的行业也有优秀的企业，再糟糕的市场环境也存在良性发展的机会，关键看企业怎么做！

六、竞争优势篇

思考 31　制造型企业重塑竞争力：质量第一的真正含义

在近几年的企业调研中，我们发现随着市场竞争的加剧，企业开始越来越关注短期收益，如产量和成本，反倒开始忽视质量和交付期，出现了现实版的“一叶障目”。前几天，一个三线城市的企业老板给我们打电话，倾诉企业内的一个质量事故：他们企业生产的产品在送到工地之后，客户进行产品质量检测，结果一个关键质量指标不合格，工地全面停工，愤怒的工地负责人要求送货的销售员赔偿巨额的停工损失，否则不许离开，最后闹成了非法人身拘禁的刑事案件！企业总经理连夜赶赴工地进行处理和协商，最后经当地派出所民警的调解，企业支付给工地 3 倍销售款作为赔偿，并把产品拉回工厂。老板给我们算了笔账，包括往返运费、差旅费、返工费、渠道费、调解费，差不多花了 5 倍的成本。我们纠正他，要看到客户丢失带来的长期的销售损失，要看到市场口碑劣化带来的品牌损失。事后我们进行了详细的质量事故调查，事实让大家都沉默了，这批出问题的产品是企业片面追求销量的必然结果，作为第一批投放市场的新产品，为了赶上交付期居然没有完成检测就发货了，更有甚者，最后的让步放行也是老板亲自授意的。这种不重视质量也不重视诚信的行为竟然在今天仍然存在，令人大跌眼镜。

中国制造型企业在竞争激烈的市场面前，在追逐回报的资本催促下，常常会动作变形，陷入无条件的交付优先、产出优先的选择中，此时，往往会不自觉地打破流程、忽视质量。特别是，有些企业家的思维仍停留在20世纪90年代，他们并非真心关心客户，口是心非地提出质量第一的口号，但是仅仅停留在了口号上。在淡季时，他们反复强调质量和成本的重要性，而进入了市场旺季，就放松过程管控的要求，完全以数量为中心，变相的粗制滥造就开始了。久而久之，企业产品的质量口碑会下滑，只能在中低端市场拼杀，获取微薄的利润。在红海中混，企业是没有未来的。

企业重塑竞争力要明确一点：质量是企业长期赖以生存的基础，唯有高品质产品才能赢得市场的认可和客户信赖，企业无论处于哪个发展阶段都要关注质量表现，都必须为产品质量提升而竭尽全力。

高质量产品带来的是什么？高质量产品会带来低成本，这与很多企业管理者的认知是相反的。有些企业错误地认为，追求高质量势必带来高成本，因为企业要进行更为详细的产品设计和工艺设计，要采购更高质量的原材料，要进行更为完善的员工培训，要采用更为精密的操作设备，要进行更为严谨的质量检查和返工，这一切都需要投入更多资源，所以会造成高成本。这种认知极其错误，恰恰相反，低质量才会带来高成本。在当前市场条件下，低质量产品一定会造成内部客户和外部客户的投诉，甚至造成法律纠纷，由此将会引发客户的流失，这部分处理成本和隐性成本往往高出产品成本数十倍甚至上百倍。高质量产品需要一个能够快速反应且稳健控制的生产过程，从源头预防质量问题是最低的成本投入。从原理上来说，在后端控制所付出的成本是在前端控制付出成本的10倍，所以一次做对是最经济的一种生产方式。某企业中，在订单旺季来临时，为了快速满足客户的订单要求，高层领导强行要求，样机无须验证就立即开始批量投产，新招聘的员工还没来得及培训就开始上岗操作，结果就是生产过程极不顺利，异常频发，交付期一拖再拖。好不容易交付了产品，客户使用中质量问题频发，给售后服务带来了极大困难。这样的生产过程，不用看财务数据大家都能猜出来结果，企业发现在生产高峰期生产成本奇高，企业居然亏损了！

高质量产品会形成企业的品牌溢价，带给客户真实的良性体验，提高客户忠诚度。同时，伴随着口碑的传播，这是最直接和最有效的品牌建设过程。品牌力的提升让客户愿意支付更高的价格，“买个省心和放心”，进而带来品牌溢价，这是一个鸡生蛋的过程。企业要通过坚持高质量来“养母鸡”，耐心等待品牌带来更高的利润率。但是我们要明白，高质量的产品不仅来自严谨的制造过程，本质上还是来自企业高质量的管理。我们看到过许多企业曾经建立过很棒的制造过程，却因为各种低级失误而变得越来越糟，这些低级失误来自组织能力的自然劣化、价值观的执行偏差、战略与目标的牵引不足、价值改善活动的持续缺失、供应链的协同不力等。令人遗憾的是，伴随着人员和组织的变化，这些低级失误几乎能够在众多企业中发生，因此企业需要定期进行“体检”，进行内部的“整风运动”。

高质量管理需要企业持续进行内部变革，通过变革消除内部正熵。所谓管理熵是指任何一种管理的组织、制度、政策、方法等，在相对封闭的组织运动过程中，总呈现出有效能量逐渐减少，而无效能量不断增加的一个不可逆的过程①。换句话说，企业作为一个管理组织，由于熵的存在，它会自然劣化，无序活动增加，造成组织内部摩擦和矛盾加大，进而产生内耗、僵化、能量衰退、反应能力减弱等现象。从我们的切身体会上看，企业内部总是充斥着派系斗争、利益纷争，总是存在部门壁垒和推诿扯皮，这些问题让企业低水平徘徊，内部不断涌现低级失误，导致企业生命力消退，直至消亡。消除正熵而非被正熵所消灭是企业永恒的命题，许多企业每隔一段时间，都要基于自身问题进行内部变革，通过变革来引入负熵，抵消正熵。从众多优秀企业发展的历程看，企业永葆活力的主要方法就是不断打破平衡，持续优化自身，墨守成规一成不变的企业往往会被时代所抛弃。总之，变革不是企业面临难题的倒逼行为，而是企业需要长期持续坚持的一项活动。

高质量管理需要企业价值观统一，且心口如一。企业价值观的丧失带来心口不一的现象，并带来内部腐化的结果。对于规模型企业来说，企业价值观丧失是主文化影响力变差的一种体现，企业内缺少了正能量就会产生一些人为乱象；或者由于局部利益的诱惑，故意混淆视听，创造矛盾；或者为了

---

① 任佩瑜，张莉，宋勇．基于复杂性科学的管理熵、管理耗散结构理论及其在企业组织与决策的作用［J］．管理世界，2001（6）：142-147.

证明自己观点的正确，故意掩盖真相，实施诡辩。一句话，就是“屁股决定脑袋”（管理者所处岗位和地位决定了他思考的角度和高度）！怎么摆脱“屁股”的诱惑呢？企业要定期将各级干部从扮演的角色中挣脱出来，重新进行初心的回顾和讨论，明确和统一企业愿景、使命、价值观，结合自身角色定位，进行工作的重新定位和梳理，安排好工作的主次和优先顺序，确保整体一盘棋。与此同时，企业要更加严格地维护内部纪律，强化思想的统一，防范腐化的破窗效应。对于一些中小型企业，企业负责人和高管团队的使命、愿景和价值观的讨论或回顾显得更加重要。因为在中小型企业中，往往是老板和高管成员不能坚持初心和原则，要么大家被短期利益所羁绊而忘记了长远利益，要么对于理想与原则的理解不在一个范畴上，缺少共识。企业应该将使命、愿景、价值观陈述清楚后，将其进行详细分解，关联到人力资源管理的制度中，与分配、晋升相结合，也将其注入各项管理制度和流程之中，确保价值观在各项规章制度中发挥作用，不能说起来头头是道，做起来南辕北辙。

高质量管理需要以客户为中心，高目标牵引。竞争策略是企业的经营主线，是在市场竞争中打胜仗的关键，它来自对市场、对客户的需求的理解，结合自身优劣势和竞争对手的态势，所做的理性选择。竞争策略一定要从客户需求出发，因此企业要贴近最终客户，从客户消费产品的过程中找到痛点、爽点，进而找到实现产品或服务增值的方法，所以通常企业会把“质量第一”作为策略要点。比如，丰田汽车通过长期的客户跟踪，最终将竞争策略定为产品的高质量和低价格，并基于此进行内部变革和持续优化。我们观察过许多正在走下坡路的企业，从表面上看，大多数都是在产品市场上出了问题，销售额和利润在下降，深入了解后发现，真正的问题是企业的产品质量和服务缺少竞争优势，产品功能和质量不行，价格和服务也没有优势。由于企业领导者缺少对客户的了解，所以凭着感觉来，经常做无用功，像无头苍蝇一样乱飞乱撞原地打转。笔者曾经在某食品类企业中帮助企业推动精益生产，该企业的产品都是大路货，也没有什么品牌效应，因此被经销商所绑架。由于销售业绩逐年下滑，老板非常着急，于是按照经销商的建议，每天研究如何模仿市场畅销品，不断进行新产品开发。在一年时间里，居然开发出了 300

多个新品，这些山寨产品由于没有从客户的真实需求出发，所以无一成功，却带来了复杂的品类、繁多的材料类别，在浪费研发资源的同时，也给供应链组织带来极大的挑战！既然高质量是企业竞争策略的必选项，我们认为企业一定要提出高目标。企业提出高目标才能实现高水平，如产品质量的内部控制指标一定是PPM级（百万分之几），客户投诉水平一定是PPB级（十亿分之几），这样高水平的质量水准才具备竞争力，而低目标在管理上是无效的。举个例子，如果企业允许客户投诉每个月一次，那么根据海因茨法则就意味着隐性的客户抱怨可能有27次，出厂前发现的质量问题会有300次，而客户抱怨后会告诉24个人，从而造成巨大的质量成本损失和潜在机会损失，所以说低目标的管理水准绝对是灾难性的。

高质量管理要坚持激活组织，提升组织的效率。高质量管理的核心是价值创造，要建立一套以业绩为中心的衡量和激励机制，同时发动公司全体员工持续发现问题和消灭问题。一句话，组织内的所有资源都要激活，要干正事儿。组织效率来自组织设计的合理性，为数众多的企业组织架构都有问题，表现为在许多领域中同时存在管理重叠和管理真空，这是最大的浪费。组织架构设计的初衷是进行内部分工，分工的合理性主要体现在互相制衡与互相合作，分工之后通过责权设定和流程形成内部指挥线。有些企业为了节省开支，将生产部门和质量部门合并，在出现紧急订单时，生产部门急于交付，强行命令质量管理人员无条件让步放行，结果造成了客户投诉，这就是不合理的组织设计。本来需要制衡的组织行为却变成了合作，形成了管理职能重叠。有些企业缺少仲裁部门，一出问题，大家互相指责、互相甩锅。有意思的是，由于领导无暇调查事情的真相，所以甩锅技术好的部门完全可以不承担责任，这也是不合理的组织设计，本来需要合作的组织行为变成了互相对抗，形成了管理真空。此类种种，不一一赘述。激活组织、提升组织效率需要强化责任制，承担工作任务要负责彻底完成，担任岗位要负责完成业绩目标。潍柴文化中强调责任意识，企业提出“做就负责、干就到位”的口号，企业的各种精神和物质激励都围绕责任展开，同时明确业绩与奖罚的关系，奖要群情激越，罚要刻骨铭心，确保全体员工专注于责任和岗位业绩。有些企业不注重责任文化，往往产生大企业病，表现为企业干部的堕落化、轻浮化，包括主观臆断、独断专行、高高在上、脱离实际、贪图享乐、满足现状、遇事推诿、办事拖拉、讲求造型等。落实责任就会驱动改善活动，提高干部员工识别和解决问题的能力，消除官僚行为的土壤，形成专注于做事的氛围，让企业的“气”和“神”凝聚起来。

高质量管理要抓住供应链秩序这个关键环节。供应链是企业产品或服务产生的过程，优秀的企业普遍重视供应链建设，通过上下游企业的合作而非竞争，以及内部职能的合作，实现整个链条的稳定和有序，进而实现低成本高质量的制造。不少中国制造企业受困于供应链管理，它们往往在第一个层面的企业内部职能的协同上就出了大问题，销售、研发、生产、采购在配合上失控，矛盾尖锐，根本顾不上上下游企业间的配合。内部秩序失调的企业，要么有了秩序，缺少了交付速度，要么追求了交付速度，却扰乱了秩序，提高了制造成本。在产供销研的协同中，最容易出问题的就是生产和销售端信息的匹配，营销端要仔细研究市场动态，准确把握客户订单变化，制造端要将一段时间的营销信息进行冻结，实现“销定产，产定销”，即通过销售预测准备生产的产能，按照冻结计划的实际生产量推动销售端进行准确售卖，这样的规则设定就实现了产销联动。另外，新产品的生产准备也是供应链上容易出问题的环节，包括人、机、料、法等内容，新品转产由于跨生产和研发两个职能往往是问题多发区，究其原因就是目标不一致和流程存在真空。新产品的转化过程不是一个新鲜命题，各个行业都有成熟的规范和标准，无论是阶段认证，还是流程评审，核心就是确保新产品工艺成熟，适合批量制造。在生产准备环节中，要强化一个原则：新产品的设计成熟度必须达标，否则后患无穷。无论如何，秩序是规模企业管理的关键点，越是体量大的企业越是需要建立秩序，供应链最怕缺少规则和统一计划，最怕缺少对原则的坚持，缺少秩序的企业，一定会在速度和成本上遭受双重损失，未来会在经营利润和现金流上遭遇严重挑战。

高质量制造是企业的必备竞争力，是获取最低成本的方式，是在市场上安身立命的根本。因此，企业要坚定不移地持续提升自己的产品和服务质量。在实践过程中，企业不能仅仅依赖于自身构建的零缺陷的制造过程，更要关注管理文化、价值观、供应链秩序等。一句话，质量是综合管理的结果，我们需要一个高品质的内部管理系统来保证它。同时，企业也要时刻审视客户的需求和反馈，有的放矢，精准设计质量标准来满足客户的需求，既要防止不足，也要防止过剩。

思考 32　制造型企业重塑竞争优势 1：市场预测

2022 年的中小型制造企业生存尤其艰难，原材料涨价和疫情防控造成企业成本高企，由于没有掌握定价权，产品的市场价格基本固定不变，因此企业无法获得利润，甚至有些企业出现了持续亏损。2022 年下半年，市场价格复苏，订单开始增长，又要面对突如其来的限电，企业艰难前行，各种问题叠加就像一座大山压得企业家们喘不过气来。当然，危机也有积极的一面，应对危机就是在提高自身能力。在危机下，企业内部更容易统一思想，更容易实现自我反思和全面改革，因此企业家应将危机视为实施变革的最佳机会，进行“三湾改编”，重塑竞争优势。

重塑竞争优势的第一个命题是企业与市场的关系。

我们很多企业重视市场营销，却不重视市场预测，认为卖出产品才是硬道理，研究市场和预测市场都是画蛇添足。这种认识是错误的，企业是市场的产物，市场是外部环境、是天气，企业是受天气影响的农作物。人类早期不能精准预测天气，认为“天有不测风云”，所以农作物始终无法丰收。到了现代，我们用各种手段进行气象研究，做出了很准确的天气预报，保证了农产品的丰收，即便是像 2021 年极端天气频出，仍然是一个丰收年。企业对市场的预测，道理也是一样的，我们能对市场做出相对准确的预测，就会围绕预测进行准备和调整，有序化解风险，实现利润最大化。反之，我们总是被动地接受市场的变化，事到临头来抱佛脚，处处踏空，处处失策，就会陷入经营亏损的恶性循环。

近几年，中国产品市场异常波动，订单的高峰和低谷差异极大，企业忙时忙死，闲时闲死。最要命的是，市场需求的变化不再遵循以往的规律，在非高峰的时间里出现高峰，在非低谷的时间里出现低谷，有些企业缺少对市场的洞察，对高峰、低谷的来临缺少预测，无法提前做准备，只能蛮干傻干！许多企业是多品种小批量生产，由于无法预测客户需求，而且生产周期长于客户订单要求的周期，只好通过增加产品库存实现准时交付，而产品更新速度很快，就造成了大量的呆滞品、库存品、变更品，许多账面的盈利变成了仓库中呆滞的产品和零部件。由于未做资源上的准备，一旦订单涌入无法实现交付，内部利益集团的互相撕扯，导致生产组织混乱，造成产品成本奇高，忙乎一通不挣钱。一旦订单减少了，企业立即傻眼，固定成本在高峰期升上去了，企业实现不了损益平衡，因此日日亏损。在市场淡季下，企业时时刻刻都在失血，现金流告急，于是又急于砍掉各种成本，等到下一个措手不及的高峰期来临。总之，但凡仓促上阵的企业干多干少都不挣钱，走入了一个无奈的怪圈！

解决上述问题，企业首先要提高市场预测的准确性。

一个企业面临的市场需求不是随机偶然发生的，它常常是最终需求端发生的变化，经过多个环节较长时间的传导而来的，如果企业能够掌握需求终端的变化，清晰把握每一个客户的需求，识别出每一个影响因子，并对因子的水平进行监控，就能准确地对市场需求变动进行预测。当前预测的数学方法很多，如指数平滑、时间序列、因果分析、回归分析等，世界级优秀企业往往花费大量的时间和资金用于预测未来，将数学方法与专家预测、定性判断、定量分析结合，形成相对准确的外部环境和市场预测，确保自己的资源配置满足未来。许多中国的企业营销系统职能不健全，对于预测缺乏领导关注和资源支持，于是预测活动马马虎虎，敷衍了事，预测方法简单僵化，甚至常常由后台文员按照经验估计而得，这样的预测准确率怎么可能高呢？某企业尝试在不同的岗位进行预测，发现准确度存在较大偏差，其中由终端销售代表预测的准确率最高，如下图所示。

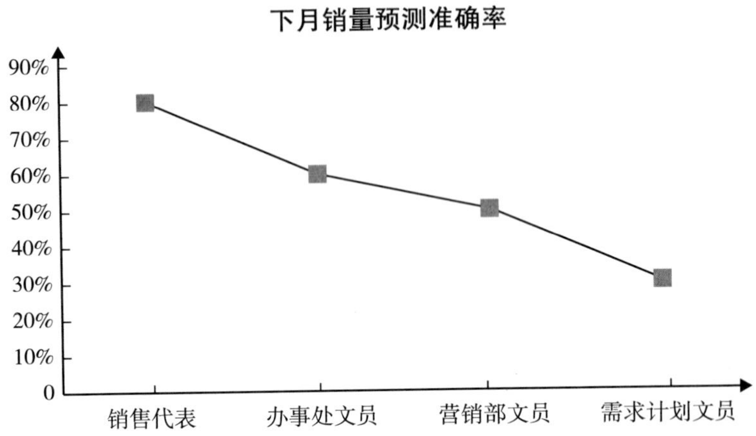

可见，由企业的营销一线人员进行预测是提高预测准确性的重要手段。要强化销售一线人员对客户的了解和沟通，要掌握预测的要点和影响要素，敢于判断和决定，通过把握客户的未来计划以及可能出现的要素变化，评估出准确概率最高的预测计划，让听得见炮火的人做预测，让预测符合战场形势的变化，这样的预测不但准确而且权威。

预测是获取未来的产销量，是一个关键数据，它直接影响了整个供应链的活动，企业要围绕预测数据组织资源，包括供应商的准备、采购的准备、人力的储备、生产条件的准备、物流的准备等，可以说，一个数据牵动了全身。如此重要的预测数据需要建立严肃的数据管理。首先是公司领导要高度重视预测数据，要建立管理制度形成相关机制，对预测前准备、预测频次、数据采集方法、数据汇总方法、审核批准流程等方面进行规范。同时，协同内外部资源，利用大数据分析、市场评估，对预测数据进行谨慎评估和后期修正，然后进行正式信息的发布，并敦促各个职能部门围绕预测数据开展工作。每半年或者季度期末，公司要针对预测数据的准确性进行评价，将评价结果进行发布，并进行检讨，对于数据失准的部分进行认真分析，采取对策，逐步消除不准确部分。

市场预测的准确性与预测提前期成反比，预测明天往往比预测后天准，预测下一周往往比预测下下周准，以此类推，所以缩短交付提前期是提高预测准确度最简单、最直接的方法。比如，某快消品企业，公司供应链鉴于自身的计划编排、采购调货、物料齐套所需时间较长（最长达三周），因此要求营销业务员预测 21 天之后的一周市场需求。这种情况下，营销端的预测准确率极低，不足 40%，营销业务员也是一肚子苦水，由于产品在终端卖场售卖，卖场定期都要搞促销以吸引客流，在促销期销量会突然大幅提升，营销业务员得到卖场促销的信息通常是活动之前 15 天，而预测 21 天之后的周销量必然导致无法应对促销的信息变化，预测准确率低是必然的。企业进行供应链整体周期的改善，将计划、采购、供应的周期缩短到一周半，要求营销业务员预测 10 天之后的下一周销售量，结果发现预测准确率能达到 75%。我们在某酒类快消品企业进行了类似的实验，通过调整预测周期来改善预测准确性，具体实验数据如下图所示。

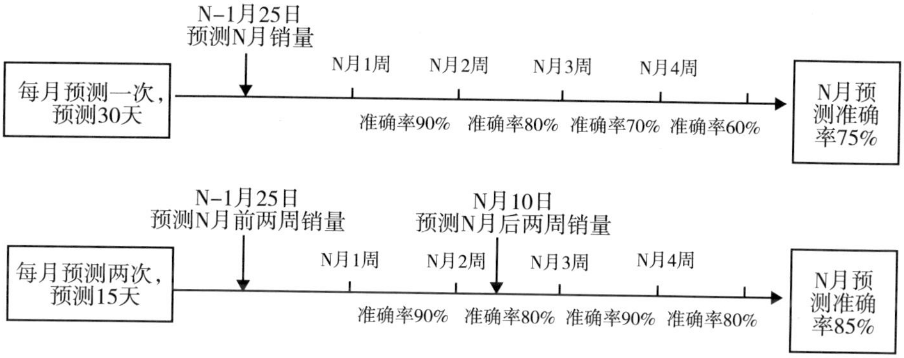

某酒类企业要求经销商每月预测一次，每次预测未来 30 天的客户需求，结果发现最后两周的准确率较低，仅仅 70% 和 60%，全月下来平均准确率为 75%。通过数据分析，我们调整了预测频次，改为每月预测两次，分别在上月 25 日和本月 10 日，每次依然预测四周的销量，但对前两周进行生产和采购的准备，后两周仅仅作为参考，采用“15+15”的预测模式，每周的预测准确率较高，在 80%～90%，全月预测准确率达到 85%，对于企业供应链的绩效改善取得了良好的效果。

提高预测准确度的方法还有很多，在此不一一赘述。

市场预测是龙头，是企业供应链的开端，一旦失准就会发生“牛鞭效应”，给企业造成重大损失。而预测是不可能 100% 准确的，只是相对准确，企业需要依据相对准确的预测数据实现秩序经营。构建供应链秩序是企业最大的效益源泉。预测失准是不可避免的，一旦预测失准就意味着企业资源匹配不当，需要企业形成柔性机制，快速调整，调整要“有所为有所不为”，要确认好能力边界，符合企业客观实际，做好选择，学会放弃。打破内部秩序，将是企业最大的浪费。

思考 33 制造型企业重塑竞争优势 2：产品引领

抛开外部环境的影响看，相同行业的制造型企业也会“同行不同命”，有的企业做得风生水起，要销量有销量，要利润有利润，市场经销商要看企业的脸色行事，期盼着多给一些优惠政策和份额。有的企业终日挣扎在温饱线上，市场上有点风吹草动，就会让企业陷入困境，由于既没有市场又缺少客户，只能小心地维护和经销商的关系，按照经销商的要求设计产品，期盼着多完成一些销售量，于是利润微薄，生存艰难。原因何在？关键在于，行业头部企业已经形成了产品导向的经营，实现了产品领先和品牌溢价。而后面的企业大都是采用追随策略，以销售渠道为导向进行经营，既无优势产品，也无品牌吸引力，全靠低价销售和渠道推广获取订单，争取市场的个性化碎片需求来生存。两者最大的差异就是产品力的差异。所以，企业重塑竞争力的第二个命题是做好产品。

好企业一定有好产品。企业是以产品为中心的，没有好产品就没有市场和客户的拥戴。优秀的企业总能推出让客户满意甚至超出满意的产品，将产品直接作用于最终客户，而非刻意迎合于中间经销商。好产品来源于对客户应用场景的了解和客户潜在需求的理解。举个例子，2003—2012 年期间，潍柴的重卡发动机火得一塌糊涂，许多重卡购买者拿着钞票去各大重汽经销商购买重卡，指名要求发动机必须是潍柴的，否则就不买。因此，全国各大重卡企业纷纷与潍柴签订战略合作协议，造成了潍柴发动机一直供不应求，为什么最终用户如此信赖潍柴发动机呢？原来潍柴在设计发动机时充分调查了客户的使用习惯和心理，当时的重卡拥有者们都希望自己的重卡能够最大化载重，能够最少化修理。因此，潍柴发动机设计了较大的马力冗余，最大的载重依然跑起来轻松，而且其结合中国当时的路况设计了专门的进气过滤装置，以降低发动机故障，这样的设计让用户体验非常好，重卡发动机成了爆款，一火就是十年！潍柴对最终消费者的需求洞察不是从天而降的，也不是来源于某个天才的超凡认知，而是来自他们老老实实地为了设计出好产品进行的大量前期调研。在重卡发动机设计之初，潍柴所有高管连续三年在春节期间到经销商和最终用户处调研，调研产品的不足和客户的潜在需求，这才有了优秀产品的设计。企业对客户的研究必不可少，设计人员到一线应用场景做认真观察也必不可少，只有通过直接且辛勤的努力，才能总结出客户应用产品的方式和规律，体察客户的痛点和爽点，融入新产品的功能和性能中。而当前某些制造企业，产品开发一味迎合中间商和经销商，这是没有前途的。

好产品还需要精雕细刻的工艺设计。工艺是实现产品的具体流程方法，好的工艺设计能让采购、组装、制造简单，实现制造的高效率、高质量、低成本，而差的工艺设计正好相反。企业必须认识到源头管理的“十倍法则”，即在源头解决一个问题花费 1 元成本，如果这个问题留到了后工序，然后再去解决，就要花费 10 元成本。多品种小批量生产的企业常常有较多的新产品引入，要更加重视产品的工艺设计过程，加大力量投入资源，按照稳健的流程去生产，如小试、中试、量试，绝不能仓促量产，更不可以将设计失误、不易制造等问题带到批量生产过程中。有些企业中，样机试制、小批实验、批量制造的流程很清晰，但是常常为了快速赶工大家自扫门前雪，采用了非常粗糙的生产工艺，减少自己的麻烦，却将潜在问题转到后工序，遗留给生产制造和售后服务，结果是后患无穷。这一点我们要学习日本企业，日本企业重视设计准则，重视新品转产的工艺成熟度，常常设计师完成设计后，自己进行反复试装，在试装过程中不断发现问题并不断修改设计方案，确保转产到生产部门时制造工艺方法非常完善。

好产品还需要具备让客户感知的制造质量。质量就是成本，就是品牌，要让制造要素的人、机、料、法、环都处于最佳状态，实现质量零缺陷。关于过程质量的管控，我们在拙作《精益管理的理论方法、体系及实践研究》

的第八章做了阐述，此处不做赘述，但我们需要强调，绝不要在客户无法感知的质量上投入成本，不要出现质量过剩。客户需要的功能和性能是生产质量标准的来源，不要将质量人员的主观认识转化为质量标准。

好产品也包括好的产品族设计。多品种小批量生产的企业常常产品众多，管理复杂度高，为了兼顾市场和内部管理，企业要重视产品族建设。所谓产品族是指具备相同工艺流程、具有相当比例的共同材料和零件的那些产品，往往一个产品族包含较多的产品，这些产品具有相似性，因此可以看作一种产品，在采购、生产上合并同类项。有了产品族，企业就能实现平台制开发，新产品设计就有据可依，能快速完成产品设计，给客户提供个性化的标准化产品，同时最大限度采用共通的零件或材料，消除制造过程的复杂度。有些企业不重视产品族建设，各设计小组单打独斗，设计产品思路混乱，工艺路线繁杂无序，随着新品开发增加大量的新的零部件、新的供应商，让企业管理的复杂度加剧，产品转产和交付难度大幅增加，进而引起了产、供、销、存之间的矛盾。

产品族管理应该坚持“少即是多”的原则，即产品越少利润越多，销量集中于少数型号，能够降低复杂度，提高管理和制造的效率，进而实现最大的利润产出。我们曾经对比过快消品企业在不同的产品集中度下的业绩表现，发现经营利润与产品种类成反比，具体参考如下图。

快消品行业

A酒业

800~1200支产品　　净利润5%~10%

B酒业

40支产品　　净利润35%~38%

B 酒业的产品种类少了 20 倍，而净利润高了 7 倍，可见，企业产品数量越少越容易获取高收益。怎么精简企业的产品种类呢？最重要的是企业要建立产品的退出机制，由企业领导人定期组织高层管理者梳理产品结构，如果某些型号产品的销量贡献值低于下限且无增长的预期，就要果断删除该型号。通常来讲，20%的产品种类贡献了80%的销售量，因此企业内大多数的型号都是对利润没有贡献的，只是负责添乱。删除型号必须是企业领导人的工作，杜绝内部无人敢于梳理型号、精简工作被无限期搁置的现象。取消产品可能会带来市场风险，如销售端抱怨、销量下滑、订单流失等。因此，只有企业领导人能够承担责任，在精简的过程中，企业领导人也能发现未来的明星产品，通过扶持实现主力产品的迭代。企业持续消灭低贡献度产品、保留主力型号产品、培育潜在的明星产品就能实现产品线的良性循环。

产品战略是企业最重要的工作，是重点经营责任，是一把手工程。在争夺市场机会中，企业领导人要时常做判断题，做好产业政策研究，绘制产品发展的技术路线图，不偏离产品发展的主航道；同时，做好选择题，面对市场诱惑，有所为有所不为，建立新产品进入和老产品退出机制，做好产品生命周期管理，杜绝无序的产品增加，凝聚力量实现关键少数战略产品的突破。企业要回归经营的目的上，产出产品不是最重要的，持续产出利润才是根本追求。

思考 34　制造型企业重塑竞争优势 3：制造过程的四个极致

新冠疫情下的国内外消费者的消费行为和消费习惯发生改变，这些变化通过蝴蝶效应传递给了各个行业市场，与此同时，原材料价格上涨、人工成本增加、环保能耗双控，这又是一轮产业洗牌。山雨欲来风满楼，面对波诡云谲的市场环境巨变，唯有早已备好过冬粮食的企业方可安坐。这一幕是多么熟悉啊！每一次市场波动都如同四季轮回，消灭了一批企业的生命，又催生了一批新的企业。野火烧不尽，春风吹又生，哪些企业能具备野草一样的生命力呢？一百多年的企业发展史告诉我们，一定是那些根扎得很深、练好了内功的企业。

练好内功的标准涉及很多方面，在传统制造业中，一个重要的标准就是制造出高性价比的产品。高性价比（高质量低成本）是产业发展的必然趋势。汽车诞生于卡尔本茨的手工工厂，是一种高端奢侈品，却被美国的老福特通过流水线生产形成单一品种的大批量制造，变成了大众商品；而日本在学习了流水线后，采用准时化生产方式进行多品种小批量生产，将个性定制的汽车也变成了廉价的商品，卖到了全世界。中国的汽车生产者不甘落后，不但借鉴了日本、美国的生产过程，还运用价值工程的方法进行了彻底破解，以“四个轮子上面放了几个沙发”的洞察性定义，再次提高了该商品的性价比，使一个刚刚脱贫的十四亿多人口的国家能够消费得起汽车。汽车产业迭代发展的背后是整个产业链在制造过程的不断优化，并寻求极致合理的过程。因此，企业重塑竞争力的第三个命题就是极致的制造过程。

制造过程不仅是将原料形成了产品，也是形成产品性能和产品价格的过程，只有过程具备较好的稳健性和敏捷性，才能预防质量问题和浪费，取得超过竞争对手的好产品和企业收益。完美的制造过程只存在理论中，需要我们不断追求，理想的制造过程我们定义为“四个极致”，包括极致稳定、极致流动、极致均衡、极致准确。极致稳定是指产品的关键品质性能在形成过程中通过自动化、防呆防错等措施达到完全的一致性，生产过程中不出现质量问题；极致流动是指产品通过供应链逐步形成中，相关信息和物料准时传递，没有异常或等待，实现了最快速度的交付；极致均衡是指通过准确预测客户需求和通用化产品设计，消除在不同时间段的交付高峰和低谷，防止生产资源的过重负荷或者大量闲置，实现充分利用；极致准确是指产品在工艺设计和制程实现中，各项资源投入（人、机、料、法、环、测）刚好满足客户的需求，没有不足或者过剩，实现了最佳的成本。

四个极致是对制造的三大指标质量、成本、交付的支撑，也是制造企业长期追求的方向，需要企业运用精益持续改善的思想循序渐进达成，具体说来，如下图所示。

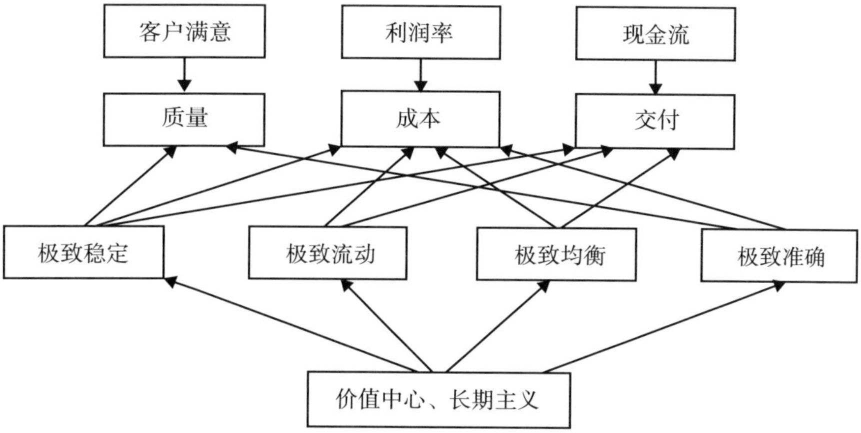

实现四个极致需要企业做的工作很多，以下是几个方面的主要工作。

第一，要建立以价值为中心的长期主义的制造观。制造型企业不同于商业机构，后者是简单的生存逻辑，通过买与卖获得利益，天然就会采取短期思维来指导其发展，是机会主义。而制造型企业的生存逻辑必须是长期主义，即用长期发展的视角来指导当下的活动。某些企业把制造等同于商业，即生产并销售产品获取利润，往往会陷入作坊式经营模式不能自拔，为何如此？没有长期的制造观就无法平衡企业秩序的构建与对订单利润的追求，而企业秩序是做大做强的基础，没有秩序永远都是低水平管理。以价值为中心的长期主义制造观会衍生出对技术的偏好，对零缺陷的追求，对诚信和爱的文化的推崇，对人才成长规律的尊重，对环境和细节的持续关注，对合作伙伴诚信共赢，对规则的敬畏以及从客户视角定义产品实现过程，等等。上述所有制造观点都与企业的当期利润无关，却能保证企业长期持续良性发展。错误的制造观一定会带来错误的行动，比如一个北方企业简单粗暴地认为，只要加大硬件投入建设一个智能化工厂，就可以产出高质量低成本的产品，并占据高端市场。结果是在这种明显缺乏客户视角和价值思考的观点下，企业花费巨资采购了国外顶级设备，却无法适应多品种小批量的市场环境，制造柔性不够，过程浪费层出不穷，而客户也并没有因为该企业拥有高端设备而给予其更高的价格，该企业只能依靠不断下降的微薄利润苦苦支撑高额的设备折旧。正确的制造观会带来意想不到的收获，如企业高尚的理想和使命吸引了志同道合的人才，形成了牢固的企业与个人的关系，这就具备了长期发展的前提，也具备了恶劣环境下生存的能力。

第二，要建立以稳定、流动、均衡、准确为中心的制造基本法。基本法顾名思义是制造规范中的根本性要求，用于明确制造过程中判定何为正确，何为错误，如何建立优先顺序，等等。这些判断标准在指导企业的各种具体活动，统一企业在经营管理方面的各种思维，为全体员工的行动方向和自动自发的协同等方面提供了指导。没有制造基本法，企业内通常会出现混乱，比如交付重要还是质量重要？供应商是企业利益的争夺者还是合作者？员工能力不足是放弃还是进行培养？一旦出现了冲突，不同的回答都会带来不同的做法，只有形成了明确的基本法的企业的行动思路才会统一。另外，企业是由人构成的，不同的人会有不同的观点，观点影响着人的行动。本质上，中国人是认知指导行动的，并以认知来识别伙伴。中国企业内常常矛盾丛生，固然有争权夺利的因素，但是说到底是由于企业内缺乏统一的判定依据造成的，既然没有裁判标准，大家都会以自身利益和价值观点作为标准，于是各种不同的观点吸引了不同的人群，进而带来了不同观点的冲突和矛盾，这种情况下，企业很难团结一心实现快速发展。基本法的设计要围绕稳定、流动、均衡、准确四个方面，进行详细具体解读。比如，明确制程中的异常问题是最危险的敌人，企业必须全力消灭，所以在执行中我们宁可损失产量和交付期，也要在异常发生时立即停线进行原因查找；明确阻碍流动的问题都是企业内的浪费，我们在执行中就可以打破利益格局，合并重组车间，实现连续生产，等等。基本法明确了一个优秀的制程需要具备的要素，推动全公司各个职能共同来追求，当个体利益与这四个方面的要求出现了冲突，就可以定义为局部与整体的矛盾，更加容易消除分歧，实现统一行动，这是基本法的最大价值。

第三，要推行全员参与的改善活动。实现基本法描述的极致流程，无外乎对于异常进行管控，让过程更加稳定；把断点连接起来，实现流动；让产供销研进行合作，实现生产预测更加准确，生产计划更加稳定，尽可能均衡化；在企业运营过程中，通过持续的识别和改进，让投入和产出准时且准量，实现准时化，而这一切都离不开持续发现制程各种细微缺陷，并予以改善。

细微缺陷的改善是全方位的，繁杂而众多，因此需要全体员工共同参与，实现聚沙成塔。持续改善是一项企业能力，哪怕一点点的改进，都会在日积月累中形成更多的成果，在与对手的长期较量中获得更大的胜算。如果过程的细节得不到优化，就会不进则退，出现劣化，如同苹果上出现了一个腐烂的斑点，在时间加持下会迅速进行蔓延，导致整个苹果变质，所以看似微末功夫，却是关键的命门。而且员工的持续改进是低成本的，是动用集体智慧来解决重大问题，同时改进过程中又培养了员工的能力和意识，百利而无一害。

第四，要持续培养人才，提升企业能力。企业能力是由人的能力构成的，懒散的干部员工形成臃肿的企业，奋进的干部员工形成激情的企业。何谓人才？首先，要能够高度统一到企业的文化和价值观上；其次，能够自觉按照基本法的指导做工作；最后，工作有章法，素养很过硬，能用科学的方法论指导工作思路，能用管理工具完成落地执行。企业有了一大批这样的人追求极致的生产过程就指日可待，反之，缺少人才的企业所有的目标都会落空。培养人才是个漫长的过程，不能急于求成，要尊重人才成长的规律，春天播种要等到秋天才能收获，企业要建立相关机制，把培训、实操、轮岗、对标、设定任务、定期复盘、奖罚激励等措施整合到一起，形成完整的人才培养机制；要将培训和行动联系起来，要将行动与实践成果关联起来，要将实践成果与个人收获进行匹配，这样才是人才良性成长的路径。我们常常痛心地看到，有些企业花费了大量的时间和金钱用于培训，却没有给员工在实践中验证的机会，也没有在公司内建立相关要求，结果培训的知识很快遗忘了，培训没有产生任何价值。我们也看到，在许多日本工厂中，内部各领域人才济济，企业从各个方面鼓励员工学习，并且创造学习的环境，员工认真学习实践，默默潜心钻研本领域的技能。由于各类高手会集，日本企业内常常使用着几十年前的设备和厂房，却能持续进行现代化改造，在井井有条的生产线上生产着高质量和高收益的产品，并赢得了国际市场的广泛认可，这是典型的种瓜得瓜、种豆得豆啊！

在微笑曲线中，制造过程被定义为曲线的最低端，即制造过程产生的附加值最低，属于最没有价值含量的部分。微笑曲线影响广泛，其左右了美国资本界的认知，因此造成了美国制造业的外流。在今天，这一举措被认为是美国竞争力退化的主要原因。精益生产认为，成本的形成过程主要集中于生产过程，是密集的资源投入阶段，存在大量的可改善空间，进而获取较多的回报，该阶段不仅不是附加值最低的，相反是最高的。挖掘制造过程的金矿是企业的长期任务，需要企业全体人员专注于此，按照“四个极致”的思想，精心设计过程和管控机制，持续不停地对照标准发现不足并持续改善。“四个极致”是先进的制造管理思想，也是制造长期主义的价值观体现。

七、企业类型篇

思考35 传统制造企业精益管理变革的“七言绝句”

1. 粗放的传统制造企业路在何方

随着改革开放以及互联网的发展，当前中国已经完全融入了世界经济之中。在这样一个开放的世界中，我国的制造型企业在努力地向国外领先的同行们学习管理和技术，促进自身不断地升级，在各自的经营领域中持续进步，最终实现了在国内外市场上与跨国对手同台竞技，自身也成长为世界级企业！这些优秀的企业如华为、中集、中车、潍柴等，不仅是同行业企业的榜样，其成长轨迹也为其他企业的发展提供了参考。值得注意的是，这些优秀企业都是十年如一日地推行精益管理，最终构建了符合企业特点的精益管理模式，如潍柴的WOS系统、中集的ONE模式、中车的ZPS等。与上述企业形成鲜明对比的是，还有相当多的粗放式管理的传统制造型企业（以下简称粗放制造企业）由于体制或者地域限制，依然按照传统简单方式组织生产经营，这样的企业大都效益低下，浪费巨大，在市场挣扎中求生存，内部暮气沉沉，缺少发展眼界和创新精神，许多时候更像是一个官僚机构，其注定是被时代抛弃的对象！

如今，互联网企业正异军突起，不断渗透到传统制造领域中，颠覆行业。它们更加注重价值创造，更具有全球视野，其高速发展将会逼迫传统行业发生巨变，淘汰落后产能。比如，在2019年大火的小米电视，以高性价比颠覆了传统的电视机制造行业，电视机的边缘品牌如何能够生存下去？粗放制造企业经营模式的固有缺陷，如低素质员工、薪资供需矛盾、迟缓变革、人情主义、关系渠道等，如果无法改变，就必将被互联网企业模式所取代。它们有更加简单高效的营销网络，更高素质的年轻员工，更快速的反应能力，更具激励性的薪资方案，更激进的背水一战的求胜欲。大家要知道，强烈的动机加上追求极致基因能够产生极大的价值创造能力，这也是我们所提倡的精益管理的最高境界！未来十年，我们将听到此起彼伏的传统制造企业被互联网新贵击倒的铃声。

粗放的传统制造企业如何自救呢？参考上述所列举企业的升级之路，我们认为，最重要的一点就是企业要自我革命！运用精益管理的思想和方法实现企业转型升级！许多企业不愿意变革，因为变革有风险，过程很痛苦，但是如果考虑到未来的不变革的风险，变革的风险就小很多了！没有预见未来的智慧和勇气，而享受温水煮青蛙的得过且过，是一个企业最大的悲哀！

2. 粗放的传统制造企业的精益变革要点

过去20多年制造企业的精益变革历程给予我们很多启示，结合自己十多年主导精益变革的经验，我们发现中国企业实施精益管理变革走了很多弯路！许多企业的精益项目虽然也是一把手挂帅，但是由于企业的一些认知存在误区，导致推进效率偏低，因此我们特别总结出以下几点，提醒大家注意。

（1）每一个企业都是独一无二的，需要定制化精益管理系统，不能照搬日本丰田的经验和做法。企业变革不是推倒重来，而是进行文化嫁接，照搬丰田汽车的当前做法是行不通的。削足适履地照搬照抄至今未见一个成功案例，因为任何企业都无法复制丰田汽车的发展经历！精益变革的首要任务是针对企业的特征设计嫁接的方案，优选出代价最低、时间最短、痛苦最少的方案予以实施，这样的方案必然要结合企业的发展历史、人员结构、内部文化、优势劣势，甚至需要考虑当前的外部环境等，所以必须是定制化的。

（2）精益管理是一次全面变革，不能仅仅从局部开始，不能仅仅停留在现场，深化到机制才是精髓。在现场所做的改进绝大部分（我们认为超过90%）都是临时对策，能够短时间改变一些过程，带来效率或成本的改进，但是一段时间之后必定反弹和归零，因为浪费的根源来自职能部门、高层领导，来自流程和制度的不合理，来自人员的能力不足。因此，精益应建立全员参与的模式，从机制上入手带来的变革效果更佳！

（3）不要仅仅停留在生产领域的改进，注意其他职能可能是最大的浪费源头。生产上的浪费是问题的表象，真正的根源可能在职能管理中，如计划不合理、工装设计低劣、物料配送不及时等，但这些生产浪费都是小问题，我们还要看到更大的浪费：营销预测不准确造成的大规模库存，研发设计不精益造成的品种和零部件繁多、加工复杂度和成本增加，产品立项评估不严谨造成的大量投资打了水漂等，这些浪费不解决岂不是“丢掉西瓜捡芝麻”！

（4）解决企业问题的工具和方法要因地制宜，需要修订甚至创造。企业不同，精益变革的方案也不同。企业内的问题不同或者问题背后的背景不同，我们也需要采取不同的工具和方法予以解决，所有的精益工具和方法都是在解决实际问题之后总结而来的。因此，现有工具方法绝不可能覆盖所有问题，需要在推进精益管理的过程中，结合精益思想不断创新使用，盲目照搬照抄本身就是一种浪费！

（5）所有不能满足企业战略需求的精益管理都是没有意义的。有些企业在启动精益管理项目时目的不清晰，纯粹为了精益而精益，这是典型的自娱自乐。企业的时间是稀缺资源，要最大化的合理利用。推行精益管理前，企业要想明白，推行精益的目的是什么？它是当前的关键任务吗？是否在放大优势或者补足短板？能否帮助企业实现战略成功？上述问题没有想清楚，精益就没有与战略进行协同，最终将会变成鸡肋。

（6）以长期视角来推动精益管理，关注长期收益。精益管理的最终目标是人才培养和体制建立，而非仅仅提高质量和降低成本。但是，如果企业缺少对长期利益的关注，而是强调精益管理的短期产出，就会造成改善活动偏向于短期降低成本，对长期竞争关键要素的选择性忽视，长期来看，这就是做了无用功！因此，长期视角下精益管理的重点一定是建立持续改善的机制、营造全员参与的氛围、持续不断地培养人才，关于这一点的论述详见本书“思考 15　专业解答之如何实现精益管理落地”。

（7）精益管理是解决人的问题，追求高管的认知进步、干部的能力进步、员工的技能进步。精益管理对企业的帮助，本质上是人的能力的提升带来的改变，因此需要建立有效的激励方法，推动员工持续学习和实践，进而带来持续的能力提升和行为改变。要始终能够回答“员工为什么要参与改进？员工怎样参与改进？员工会不会改进？”这三个问题，才能从源头上推进精益的落地。

粗放的传统制造企业的未来充满危机和不确定性，唯有变革创新才是出路。变革时不我待，越早开始风险越小。精益管理作为当前最低成本的变革方式，具有普遍适用性，应该成为企业的首选方案，借助人工智能发展的春风，抓住最佳提升的时间窗口来实施，未来可期！

思考 36　家族企业精益管理之痛

家族企业迫切需要推进精益管理来解决现存的管理问题及隐患从而实现长远发展，然而家族企业却似乎难以为精益管理的推进提供合适的土壤。笔者在为家族企业提供精益管理咨询服务的过程中，总结了家族企业推进精益管理的三个痛点：认知之痛、选择之痛、低效之痛（使用之痛）。

1. 认知之痛

家族企业的成长历程（成功经验）导致其忽略了管理的重要性。一方面，在创业初期，家族企业主要依赖家族成员的无私奉献、灵活的管理方式和企业创始人卓越的人格魅力与能力得以生存。在此阶段，家族企业逐渐形成了专权与教诲相结合的“家长式领导风格”，并通过家族长的英明领导和家族成员提供的特殊资源获得了成功，这导致家族企业依赖于这一成功经验，而对其他的管理理念与方法嗤之以鼻。然而，随着企业规模的扩大，过度依赖家长的决策方式反而导致企业失去了灵活性和发展潜力，阻碍了企业的发展。

另一方面，在家族企业的成长过程中，由于歧视政策、不完善的市场制度和融资难等外部环境因素成为企业发展的关键阻碍，因此家族企业会通过政治寻租等手段以获取市场。政治寻租或政商关系能够为企业带来“令人满意的”利润，从而削弱企业通过管理创新来提升利润的意愿。企业借助政府关系取得有利竞争地位后很容易受诱惑“锁定”于这种策略，这进一步加剧了家族企业对于管理创新的忽略。值得注意的是，政治寻租并无法成为一个企业真正的核心竞争力，随着市场制度的不断完善，企业会逐渐丧失市场竞争力从而被市场所淘汰。因此，家族企业需要意识到先前的成功经验已不再适用，而精益管理才是实现企业长远发展的制胜法宝。只有坚定推行精益管理的信念，才能在未来的市场竞争中占据一席之地。

2. 选择之痛

家族企业精益管理的选择之痛来自精益管理与社会情感财富的冲突。社会情感财富是家族企业非经济目标的集中体现，也是家族企业决策的首要参照点。更关键的是，家族企业对于社会情感财富的损失是厌恶的，而家族企业推行精益管理恰恰会造成社会情感财富的损失。家族企业的社会情感财富（如对企业的控制、家族成员情感）附随在家族企业独特的管理模式当中，家族企业推行精益管理意味着旧有的管理模式及其附随的部分社会情感财富会被摒弃。精益管理与社会情感财富的看似无法兼容的冲突导致了家族企业推进精益的失败，也降低了家族企业推行精益管理的意愿。但部分家族企业的成功指出，精益与社会情感财富是可以共存的，一旦企业实现了两者的兼容协同就实现了精益管理的顺利推进。

然而，如何实现精益管理与社会情感财富的兼容和协同是家族企业面临的一大难题。从与非家族利益相关者的角度看，社会情感财富可划分为约束型社会情感财富和延伸型社会情感财富两类。延伸型社会情感财富会促使家族企业追求家族延续从而愿意推行精益管理，很容易实现精益管理与社会情感财富的协同。然而，约束型社会情感财富会促使家族成员更为在意家族控制等情感，且这类情感部分附随在旧有的管理模式当中，这意味着家族企业想要实现精益管理与社会情感财富的协同需要其放弃以家族控制为主的约束型社会情感财富，这显然是无法实现的。因此，家族企业推行精益管理必须要衡量不同维度社会情感财富之间、经济效用与非经济效用之间的得失。这样的决策原则也导致了家族企业对于是否推行精益管理而举棋不定。

3. 使用之痛

回顾过去5年某家族企业的精益实践经验，笔者发现部分家族企业推行精益管理是“不经济的”，其精益推进的效果是低于非家族企业的。以某一家族企业为例，在董事长和总经理等高层管理的坚定支持下，该家族企业依旧耗时4年才完成了一个部门的初步精益化管理，并且该部门对其他部门的示范作用和激励作用也不尽如人意。由此来看，对于一些家族企业来说，推行精益管理似乎是一件高成本、低收益的事情，这成了这些家族企业推行精益管理的使用之痛，更关键的是精益管理的使用之痛是难以避免的，只能依靠卓越的管理手段和合适的推进方案来缓解。例如，在家族企业独特的治理模式与管理模式下，家族成员能够显著地影响到企业的决策，在此基础上，推行精益管理要求全员参与的特征进一步放大了家族成员对于精益推进效果的影响。

然而，并非所有的家族成员都具备足够的管理能力，他们可能是因为亲缘关系或其他资源而占据了管理岗位或关键岗位。在此情形下，精益管理受到家族成员才能和意愿的制约难以顺利推进，若为追求精益管理的顺利推进而引起家族成员对失去“特权”（管理岗位）的担忧则会引发他们对于精益管理的排斥与警惕心理，反而会导致更糟糕的情况出现。因此，家族企业的精益管理之路受到了家族成员管理能力和创新意愿的影响，而在家族成员重要程度高的家族企业中，精益化管理的上限基本上是由家族成员的能力下限所决定的。值得注意的是，精益管理的使用之痛源于家族企业对家族成员的“爱护”，因此并非所有的家族企业都会有使用之痛，而使用之痛对于不同家族企业的影响也是不同的。对于精益实践者来说，需要根据家族企业的具体情况来制定合适的精益推进方案，由于受到家族异质性的影响，家族企业推行精益管理的成功经验是无法借鉴到其他家族企业当中的，因此无法借鉴其他企业的成功经验也构成了家族企业推行精益管理的使用之痛。

思考 37　社会情感财富是家族企业推进精益化管理的重要因素

1. 家族企业为什么要进行管理创新

据统计，由家庭所有或经营的企业在全世界的企业中占比为 65% 到 80% (K. Gersick 等，1997)。在欧美等发达国家，家族企业不仅支配着中小规模的企业，在大型企业中也占据很大的比例，甚至在一些国家的相关产业中占据主导地位（Shanker 和 Astrachan，1996)。随着中国打开国门走向世界，中国的家族企业也迎来了发展的机遇，家族企业得以如春笋般涌出。在家族企业创业阶段，家族成员为企业创始人提供各类资源，包括物质资本和人力资本，家族成员的无私奉献与利他行为使得家族企业拥有其他企业所不具备的独特优势，在民营企业中脱颖而出。扁平化的组织结构、创始人的人格魅力、血缘关系的天然情感赋予了家族企业顽强的生命力，使得家族企业在歧视性政策的夹缝中和激烈的市场竞争中生存下来，确定并巩固了家族企业的市场地位。

在 2011 年 12 月发布的《中国家族企业发展报告》中显示，中国家族企业约占私营企业的 85.4%，这一数据说明，家族企业在中国私营经济中具有举足轻重的作用。中国家族企业发展至今已有四十余年，家族企业大都完成了原始积累，进入了企业的成长阶段，进入了一段全新的路程，同时也迎来了企业存亡的关键考验。企业创始人由于年龄等自然因素开始考虑接班人等问题，然而根据《家族企业》杂志的报道，只有不到 30% 的家族企业能进入第二代，不到 10% 能进入第三代，而进入第四代的只有大约 4%。由此可知，家族企业在新老交替时面临着巨大的考验。但代际传承只是问题爆发的导火索而已，家族企业不再适应市场的管理方式才是导致家族企业变得如此脆弱的真正原因。

由于家族涉入的影响，家族企业在治理结构、管理模式、管理风格与文化上和非家族企业有着很大的差异，具体体现为家族参与企业管理。在决策方面，由于所有权、管理权与治理权的高度重叠，家族控制了企业重大决策的制定与执行（李京文等，2017），同时家族的创业经历促进了“家族权威”的形成（许叶枚，2011），“绝对权威”和家长的双重身份使得企业的经营管理呈现出专权与教诲相结合的“家长式领导风格”。随着企业规模的扩大与市场竞争的日益激烈，过度依赖家长的决策方式不利于企业的发展，甚至有时由于家长精力与能力限制而无法快速且有效决策，导致企业错失发展良机的情况出现。在用人机制方面，家族企业更倾向于根据亲缘关系来选择雇用家族成员，而非根据能力选择有能力的员工。一方面是因为“利他主义”，家族企业中的利他行为倾向于裙带关系（蔡地等，2016），从而使得雇用家庭成员的现象变得更加普遍。另一方面是因为家族的控制意愿，为保护家族对企业的控制，家族企业不愿意招募非家族成员（J. Block 等，2013）。基于亲缘关系的用人机制导致了家族企业人才匮乏与不公平的现象，前者造成企业大量人才的流失，导致企业失去可持续发展的潜力；后者导致了员工积极性不高、管理混乱等问题，严重影响了企业的正常运营。

2. 精益管理创新与社会情感财富

由管理问题衍生出的诸多问题限制了家族企业的长远发展，因此推行管理创新以解决这些管理问题及其隐患成为家族企业实现可持续发展的必然选择。然而，家族企业对于管理创新的态度是十分微妙的，有的家族企业能够顺利推行管理创新而重获新生，而有的家族企业宁愿接受“富不过三代”的命运也不愿推行管理创新。这是因为家族企业除了追求经济效用外，更为重视社会情感财富的得失，如家族对企业的控制等。社会情感财富是家族企业非经济目标的集中体现（Berrone 等，2012），是家族企业决策的首要参照点，家族企业的创新意愿在很大程度上取决于此。在参考现有文献和实践经验的基础上，笔者发现家族企业要想顺利地推行管理创新，必须满足一个前提条件——保护好社会情感财富（SEW）（或避免社会情感财富的损失）。因此，笔者认为家族企业解决管理问题从而重塑核心竞争力的最优方案是推行精益管理。

衍生自丰田生产方式的精益管理被称为21世纪最好的管理模式，基于“消除浪费、持续改进”的改善原则，通过识别并消除日常工作中存在的浪费进而帮助企业降低管理成本，并将企业的高效管理塑造为其核心竞争力之一。精益管理的目的在于实现精益，即精准化管理，在优化企业管理模式，提升管理效率、降低成本的同时，并不会改变企业的治理结构，也不会减弱家族对企业的控制，从而降低了社会情感财富的损失。因此，笔者认为推行精益管理是解决家族企业困境的最优方案。然而，到目前为止，推行精益管理的解决方案并未得到家族企业足够的重视。这是因为家族式管理虽然低效，却是家族企业社会情感财富（SEW）所依附的重要载体（Berrone 等，2012），甚至可以说，家族企业管理的低效正是由于保护社会情感财富所导致的（Craig 和 Dibrell，2006）。同时，家族企业对社会情感财富的损失是厌恶的，而家族企业推行精益管理会不可避免地损害到家族企业的社会情感财富，这导致了家族企业对推行精益管理的担忧，不仅降低了企业的创新意愿，也影响到了推行精益管理的效果。由此来看，社会情感财富不仅决定了家族企业能否推行精益管理，还会影响到企业推行精益管理的方案与效果。

3. 社会情感财富对家族企业推进精益管理的影响

笔者在为一家家族企业提供精益管理咨询服务的过程中发现一个有趣的现象，即便家族长（企业董事长）和企业元老（总经理及绝大多数副总经理）都坚定地推行精益管理，但由于未获得全部家族成员的认同，导致该家族企业虽然在推行精益管理上体现出足够的热情却并未取得预期的创新绩效。从社会情感财富的视角来看，这是因为家族企业存在不同类型的社会情感财富（Vandekerkhof 等，2018），不同社会情感财富对家族企业行为的影响具有异质性（Cruz 等，2014），甚至是相互冲突的（Gomez - Mejia 等，2014）。简单来说，家族成员对社会情感财富的保护意愿存在差异（Miller 和 Le Breton - Miller，2014），因此每一个家族成员对待精益管理的态度也是不同的。这也是家族企业虽然推行精益管理，但是实施效果却天差地别，甚至部分企业会创新失败的根本原因。家族企业追求的社会情感财富不同，其推行精益管理的意愿与能力也是不同的。从与非家族利益相关者的角度看，社会情感财富可划分为约束型社会情感财富和延伸型社会情感财富两类（Miller 和 Le Breton-Miller, 2014）。而追求约束型社会情感财富的家族企业似乎不太愿意推行精益管理。因为精益管理在为家族企业带来新的管理模式的同时，也会迫使家族企业放弃旧有管理模式及其所附随的社会情感财富，笔者将这部分被抛弃的社会情感财富定义为家族企业推行精益管理的情感成本。情感成本的产生会导致部分家族成员对精益管理的排斥。而追求延伸型社会情感财富的家族企业为了确保企业能够实现可持续发展，是更愿意推行精益管理的。值得注意的是，社会情感财富是多维度的且难以量化的，而不同维度的社会情感财富对精益推进的影响机制不同，这加剧了家族企业推行精益管理的难度，因此在精益实践的过程中，精益实践者应当根据家族企业的现状，用一种较为谨慎的、缓慢的渐进式方式来指导精益管理的推进，以确保精益管理的顺利推行。

综上所述，对家族企业来说，推行精益管理不仅要追求“精益”（精益推进的效果，即实现精准化管理），也必须要考虑社会情感财富变化及其对精益推进的影响。换句话说，只有在追求精益的同时追求或保护好社会情感财富，即实现精益与社会情感财富的协同，才能打消家族企业的顾虑，使其坚定有效地推行精益管理。

思考 38　国有企业推行精益管理的要点

众所周知，在本次新冠疫情时期，国企和央企发挥了中流砥柱的作用。在未来，国企和央企的支柱地位依然不会被撼动。但是，国企被人们大量诟病的效率问题还是需要解决的。在不考虑混合所有制改革发挥作用的前提下，应用精益管理进行企业改造是唯一可行的办法。因此，未来精益管理的应用依然是国企和央企的核心工作。怎样才能有效地实现国企的精益管理推进呢？根据笔者以往在国企的咨询实践经验做了一些总结，以供大家参考。

1. 获取基层员工的认同，改变基层员工的认知非常关键

国有企业的员工具有很高的自由度和话语权，精益管理是否能够持续推进，取决于员工是否认同。因此，国有企业在应用精益管理时，获取员工支持依然是有效推进的关键。为了能让精益思想成为全体共识，企业必须找到员工的关切点并予以改善，如改变员工的工作环境、降低员工的工作负荷等，通过对关切领域的改善以获取员工的赞赏，形成与员工利益的契合。此外，在推进精益管理的过程中，要时刻通过咨询老师的率先垂范及正直诚信，让员工感受到精益的有效性和正能量，毕竟大多数员工是积极向上的。同时，要注意倾听员工的诉求，做好员工意见领袖的意识培训，在推行过程中要多进行沟通，以避免出现意外冲突，防止精益活动与群众行为的不相关甚至对立。我们要理解，国有企业员工的支持是精益实现落地的重要保证！

2. 获得上级单位的支持和认可，才能确保可持续性

无论精益活动是否由上级单位引入，都要经常性地向上级单位领导进行阶段汇报。让上级参与精益活动的目标制定、计划设计、执行过程以至阶段总结，这是获得支持和认同的重要手段。不要认为有好的成果输出，精益活动就是成功的。企业上下是一盘棋，精益如果不能成为战略中的重要项，其输出的成果是没有什么实质意义的。唯有让上级单位参与其中，身临其境地了解精益的路径和取得的成绩，才能唤起共识，促使上级单位在制定下级的战略部署时，将精益写入战略中。当精益成了战略的一部分，就会实现项目的长期持续！精益活动中，要重视上级单位提出的需求，哪怕不属于精益的范畴，也要尽可能去实现，因为这是情感联系的需要，纯粹按照预先计划或者合同约束来执行而不顾及整体效益的做法是完全行不通的。

3. 与党建工作结合，会事半功倍

新冠疫情防控期间，中国各级党组织恢复到战时状态，显示出了强大的战斗力。在国企中，党支部仍然是战斗堡垒，在发动员工方面，基层党组织有着得天独厚的优势，精益活动也是需要发动员工参与的，因此两者的结合

必将事半功倍。在党的领导下，推进精益往往会取得意想不到的效果，比如，党员可以成为精益的先锋和带头人，改善活动可以成为入党积极分子的工作汇报内容，思想汇报可以与精益思想结合，等等。许多企业推动精益以业务部门为主导，固然业务部门更了解实际情况，更有推进的动机，但是业务部门主导弊端也很明显，职能的局限导致推进偏重局部，缺乏全面性，重视解决实际问题，忽视从精神层面驱动员工持续参与。可见，国企中推动精益如果没有与党建结合，将是极大地浪费国企的政治优势。

4. 精益步调要与经营一致，时时与领导班子沟通

精益是对员工思维和企业文化的改造，应该在一开始就从整体进行着眼，循序渐进地实施，调动整体资源开展活动，而非在局部自娱自乐。如果不能与领导班子建立共识并形成进度上的协同，精益一定会成为局部改善的鸡肋，所以形成与领导班子畅通的沟通渠道是非常重要的，可以说，沟通的重要程度超过其他任何工作！沟通是积极合作的一种体现，通过沟通建立良好的情感关系，为以后工作的开展奠定基础。

5. 尊重历史，尊重企业习惯

国有企业通常历史悠久，历史问题遗留较多而且复杂，历史造成了内部许多独特思维或者行为习惯，这些往往与市场经济或者通常企业的做法和想法不一致，一定要深入调研，了解其背后的故事，往往这些根深蒂固的习惯或思维是企业在一定时期发生的重要事件的沉淀。在没有充分了解背景的情况下，精益推行者不能妄加否认，更不能采取行动造成矛盾。精益活动是一种人性化的活动，要尊重过去的历史，尊重历史所做的选择，尊重员工的思维习惯，尊重是认同，认同才能共情，共情才能沟通。当然，对于错误的思维或习惯要在理解的基础上逐步加以引导，要润物细无声。

6. 必须选择并培养骨干，让骨干先行形成示范

在国企推行精益的过程中，争取持反对和观望意见的群体非常重要，因此示范建设是必不可少的。示范的目的是统一思想，通过优秀的示范区域或

者案例，用事实说明精益的作用，消除反对的声音，把观望者变成同盟军。完成示范工作，需要优先找到合适的骨干成员，形成坚定支持精益活动的队伍，这需要企业推荐以及在推进过程中筛选。这些骨干成员了解企业的真实情况，了解攻克难关的关键点，一旦掌握了精益方法，就能形成强大战斗力，对完成示范建设事半功倍，因此选择并培养骨干是工作开展的重中之重。

7. 物质激励与精神激励要少吃多餐

精益工作推进中，将会产生许多成功示范区和成功案例，为了保持员工的积极性，确保后续改善持续进行，企业一定要公开表彰先进，这也是企业认可改善价值的一种体现。表彰要从物质和精神两个层面同时进行，两种激励都很重要，但由于国企分配机制的特殊性，我们要对物质激励格外谨慎！因为企业内部兼顾各方面的平衡，通常分配采取平均主义，长期平均化导致内部员工对于不平衡的分配分外敏感，一旦分配有纰漏，容易引起失衡和纷争，因此激励不适合幅度过大，采用小金额多频次的激励方式反而更为有效！

国有企业是国家的重要支柱，需要与时俱进，需要运用精益管理来增加活力、提升效率，从而实现温和变革。尽管国企精益推进较其他企业有更为复杂的一面，但也要识别其独特的优势，如政治体制优势、稳定的员工队伍等。我们在推行精益活动中要规避风险、利用优势，帮助企业顺利地落地精益！精益本应如此！

八、数智化篇

思考 39　精益与数字化的关系

企业的经营过程本质是将有限的资源充分利用形成最大的效益产出。资源投入是指企业所占用的人员、空间、时间、物资、设施等软硬件，效益产出既是指当前的企业收益，如净利润或者净现金流入，也包括未来能够持续盈利的能力。从这个角度讲，企业的经营是一个由输入转化为输出的数学问题，这个数学模型我们可以简单设定为 $Y=a(x_i-\Delta)+b$，其中 Y 代表企业当前以至未来的盈利能力，x_i 是企业所投入的资源要素，Δ 代表资源在投入过程中存在的浪费，a 代表对资源要素的转化效率，b 代表行业红利，以行业平均规模利润代替。从这个公式中，我们能看到，企业的效益主要受外部条件和内在能力的影响，外部条件是指企业所处的行业环境，如果是红海，行业红利 b 值就会很低，如果是蓝海，行业红利 b 值就会较高，无论如何，对于企业来说 b 值是无法改变的。企业能够掌控的是内在能力，依靠持续不断地减少损耗 Δ，实现资源的最大限度投入，通过管理效率 a 的持续提高实现对投入要素 $(x_i-\Delta)$ 的高效利用，最终实现较好的收益 Y。外部环境和内在能力的共同作用决定了企业收益。这就不难理解，有些企业管理能力较弱，对于要素的利用水平较低，但是因为企业所处行业是蓝海，行业红利较高，即有一个较高的 b，所以仍然能够获取较好的利润，自我感觉也会良好。事实上，相当多的企业在效率方面的管理存在严重不足，大都以人治为主，依赖于管理者的经验，由于经验积累具有容量有限的特征，且易受个人认知偏差影响，具有非常大的不确定性和不稳定性，这种情况下 a 值不可能很高，我们称之为“经验天花板”。

在经验主导下，企业对内部要素的认知是定性的，无法进行精细的定量管理，对于要素的特征、要素的协同、要素的控制能力很弱，只能是打到哪里算哪里。例如，我们跟企业管理者沟通，问整体工厂效率是多少？会有一半的企业管理者答不出来；再问设备综合效率是多少？在剩余的一半中会有一半答不上来；再问设备故障率和生产线人员负荷率多高？90%的管理者答不出来；再问短停和故障中最主要的三个问题分别占比是多少？95%的管理者回答不出来。通常，企业管理者们都会这样描述，“我们工厂整体效率挺高的，尤其是某某工厂管理得好，员工干活规矩，设备故障也少，个把月也就几次，影响不太大”。然后，现场调查数据发现，工厂整体效率为40%，管理最好的那个工厂也不过47%，设备综合效率为50%，故障率为10%，人员负荷率为40%，努力将上述指标提升一倍，如同再造一个工厂。不能运用数字对过程测量，就如同盲人走夜路，两眼一抹黑，全凭感觉。定性管理的企业往往问题解决手段单一，找不到改进的突破口，核心矛盾迟迟得不到解决，最后积重难返，陷入恶性循环中。避免这种情况，企业一定要进行一次数字化变革！

企业管理数字化变革要干什么？我们认为就是重塑企业大脑，构建精准高效的指挥系统。以往企业资源要素的调配是定性的、宏观的，带有很强的滞后性，往往需要多次迭代改进才能实现最优，而通过过程的数字化，借助附着于数字的信息，我们有能力进行实时测量和分析，通过数学模型运算找到关键问题和解决方法，从而进行实时调度，一步到位找到最优。精准高效的指挥系统是一种运营管控方式，针对不同行业及不同企业，其运营模式相异，应以精益思想为核心，通过数字化变革寻求，是典型的“马克思主义与中国的具体实践的结合”。当前许多企业不关注数字化，过度依赖于优秀企业管理经验的复制，殊不知“世界上没有两片相同的树叶”，复制别人的经验而获得自己的成功无异于刻舟求剑，概率几乎为零。从上述可知，企业的数字化变革包括了对过程与结果进行定量测量，找到最佳的过程纠偏方法，最后形成企业的最佳运营方式。具体如下图所示。

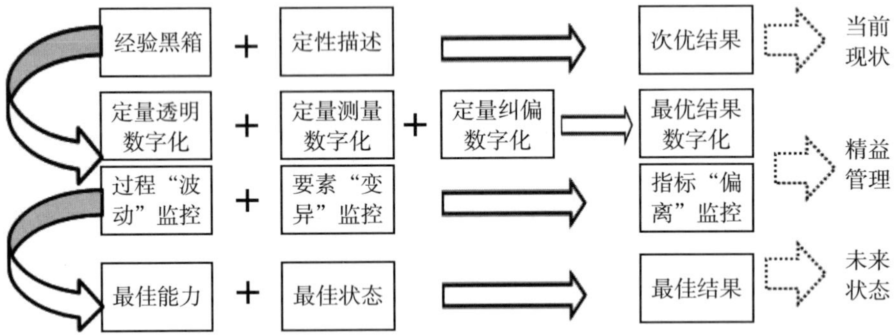

首先，要实现对动态过程的数据描述和过程要素的定量测量。运营过程连接着投入和产出，其最大特点是动态性。持续不断地循环利用各种过程要素来创造产品和服务，并最终实现客户需求的满足。在制造业中，运营过程就是指生产制造过程，过程要素包含人员、设备、厂房、物料、能源、方法、环境等。运营过程的效率至关重要，它不仅时时影响着产出水准，还影响着提供服务的成本，需要重点监控。运营过程效率依赖于过程要素的状态，从精益思想的角度看，要素状态可以分成多个等级，通常使用“要素活性”来代表，即要素的可利用状态。有的状态不易于使用，不易于转变为企业的价值，我们认定为活性低；有的状态易于使用，容易转化为企业的价值，我们认定为活性高。企业的精益管理过程就是通过现场管理提高生产要素的活性，进而实现运营过程的高效率。① 无论是动态过程还是过程要素，其状态都要进行时时监控，通过对过程和要素的定量测量，随时发现问题，不断优化调配，实现更好的效率产出。当前许多企业对于过程缺少数据识别，未能实现过程的测量监控，所以过程是一个黑箱，干好了不知道为何干得好，干糟了也不知道为何干得糟，因此很长时间内效率水平停滞不前。同时，企业也缺少对过程要素的定量评价，也就无法实施要素活性的提升工作，导致长期要素活性较低。举个例子，某些企业未能对操作员工的技能进行定量评价和实施激

① 牛占文，杨福东．精益管理的理论方法、体系及实践研究［M］．北京：科学出版社，2019.

励，因此员工和基层干部没有提升技能的动机，大家认为技能并不重要，只要能干出活来就行，于是企业发现大部分员工不能制造出品质优良的产品。可见，企业只有建立要素与过程、过程与结果的逻辑函数关系，才能实施精细化管理，建立数据的测量方法、测量频次、解读策略，有了测量就有了过程控制，有了数据就具备了优化的基础。要素活性如下图所示。

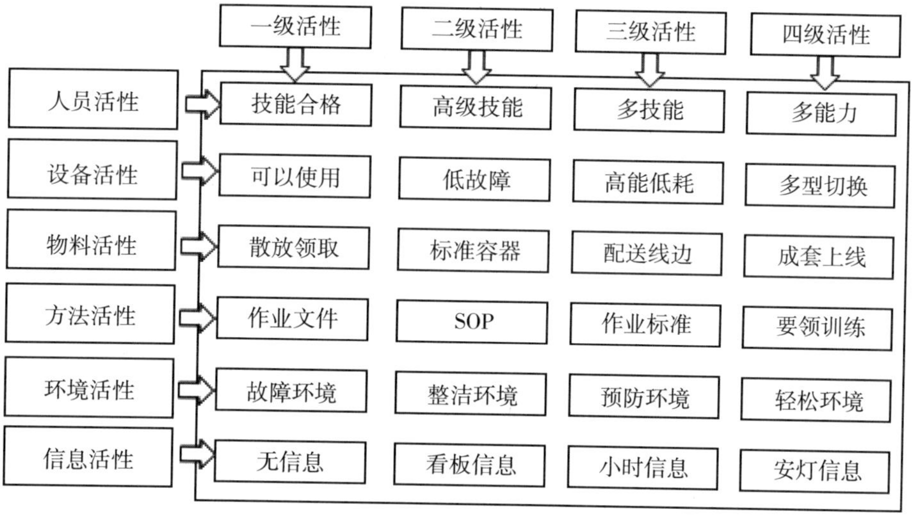

其次，要建立过程纠偏的方法。有了过程监控数据和要素定量评价，企业就能随时掌握过程的“波动”以及要素的“变异”问题。波动是指过程中出现的不正常的现象，这些现象会造成过程无法产出合格的产品或服务，出现了实际与预期的“偏离”，使我们希望的最佳结果泡汤。简言之，波动影响了过程产出。变异是指要素出现的微缺陷，这些带有微缺陷的要素给过程带来了波动的可能性，虽然变异可能不会造成波动，但是绝大部分的波动都是由变异带来的。变异、波动、偏离是要素、流程、结果出现的“异态”，它们客观存在于所有系统中，时时相伴。由于其具有不可消除性，我们要构建过程纠偏的方法，也就是异态的管控机制，一方面不断降低变异、波动、偏离的概率，另一方面尽量降低变异、波动、偏离带来的影响。在精益管理的实践过程中，有着成熟的异态管控原则，如第一时间反应、快速处理和回复、源头管控、根本治理等，具体如下图所示。但是结合不同企业的实际，会有很多不同的具体做法，需要结合实际形成属于企业的最优方法论。

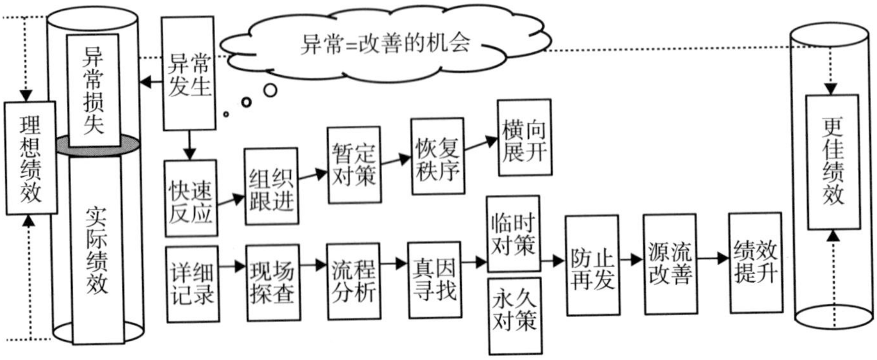

最后，结合上述工作，企业要找到适合自己的最佳运营方式。最佳运营方式主要是指企业利用各种资源的方法，将输入转化为输出，形成最终效益。一般来说，运营方式包括运营模式、运营过程、运营机制三个方面。以制造企业为例，运营模式代表生产方式的选择，或者采用拉动式生产，或者采用推动式生产，或者采用订单拉动生产，或者是订单拉动研发，或者是上述方式的综合，等等。运营过程代表生产过程管理，包括采取何种生产策略，是采用研发—外包生产—发货，还是采取研发—采购—制造—发货？在生产策略中采取何种制造流程，是采购—装配—发货，还是采用冲压—涂装—装配—包装—发货？在制造流程中采取何种加工方式，是采取完全人工作业，还是设备辅助半自动作业，抑或是完全智能化作业，等等。运营机制代表企业运营的后台管理机制，包括企业如何选人用人，如何激励奖罚，如何组织分工，也包括采取何种管理手段，如预防维护、改良维护、事后维护等，以及劳动力使用的政策，如采用正式员工还是劳务外包，计件工资还是计时工资等诸如此类。最佳运营方式往往无处参照，需要企业在精益实践的过程中主动探索研究，全方位逐步改进找到更适配的内部管控方法，这是企业进行数字化变革的主要目的。

综上所述，企业的数字化过程是从粗放式的过程与次优结果向精细化过程和最优结果的迈进。在迈进的过程中，要始终采取精益化活动，持续对业务流进行优化，防止出现数字化固化和放大浪费的现象。比如，检验工作是放在加工工序内还是成为单独工序，相当多的企业都会设立检验工序，只有精益企业才会将检验工作放在工序中甚至工序之前，两者在实施数字化时的差异不可同日而语。同时，经过精益方法的应用要逐渐提高要素活性，减少异常的发生。比如，多技能的培养提高了员工的活性，而当出现人员变化时，多技能人员的替岗降低了变化转化为异常的风险。精益活动是数字化的载体，通过过程、要素、结果的数字化度量，建立了清晰的管控手段与过程，过程与结果之间的关系，这才是数字化的意义所在。

思考 40　精益为基、数字驱动、智能引领

以互联网、云计算、大数据、物联网、人工智能为代表的数字技术近几年发展迅猛，人类的发展由原子加工过程转变成为信息加工处理过程。数字技术与传统产业深度融合释放出的巨大能量，成为引领经济发展的强劲动力，这不仅改变了人们的生活方式，也要求企业重新思考并创新原来的运作模式。从国际范围来看，制造业遵循着“劳动密集、设备密集、信息密集、知识密集”的轨迹，并正在经历着从信息集成走向知识集成新的发展阶段，对市场的响应时间将成为21世纪企业赢得竞争优势的最主要因素。而精益生产系统是传统制造业中最为先进的生产系统，精益企业整合了所有业务部门，如精益开发、精益生产、精益销售、精益服务、精益管理或精益领导，从整体上最大化价值创造企业效率和效益。

研究表明，精益生产和工厂数字化都有助于改善制造业的运营绩效，当它们一起使用时，具有的互补（或协同）效果大于它们各自的效果之和。因此，在精益管理的基础上，对传统制造系统进行数字化、网络化、智能化升级能够促使企业生产的灵活性和分散资源的协同，通过最低的资源投入获取最高的收益，让智能生产高效率、低成本地运行，在更广范围和更高程度上实现智能制造。智能制造不仅成为我国制造业创新发展的主要抓手、主攻方向以及战略制高点，更是得到了世界各国政府的广泛关注和普遍重视，如美

国“先进制造业国家战略”、法国“新工业法国计划”、德国“工业 4.0”、日本“社会 5.0”战略、韩国“制造业创新 3.0 计划”以及“中国制造 2025”等。这也揭示了精益管理与智能制造的关系，即“精益为基，数字驱动，智能引领”。

1. 精益为基

自 20 世纪 90 年代初以来，精益生产的方法和原理已成为创建高效流程的主要概念。由于其通过降低复杂性和专注于增值任务的高效性，精益概念对于制造业仍然是成功的。精益生产是以丰田汽车公司为代表的新型生产方式（Toyota Production System，TPS），通过消除企业内部的各种资源浪费，实现用“最少的资源投入”获取“最大的经济效益”，主要内容包括：准时化、自动化、标准作业、均衡化生产、流程化生产、现场改善和人才培育等。后来精益生产也扩展到其他分支，如管理、医疗、建筑和产品开发，其定义可分为两种：结果导向和过程导向。结果导向的定义描述了精益如何支持研发以提高产品的质量和功能，从而有助于市场的成功；过程导向的定义描述了精益对减少浪费和提高内部产品开发过程价值的影响。精益化管理，即精益管理是一种全新的企业管理、经营运作理念、方法、技术、工具等集成的科学体系。在这一体系中，以人的精益为本是企业文化的基石，价值流是管理关注的焦点，精益求精是管理追求的目标，杜绝消耗资源但不创造价值的活动，以实现企业价值的最大化为主旋律。

2. 数字驱动

随着信息技术在制造业领域应用的不断深入，制造系统的信息化已经从单位数字化制造发展到集成化、网络化制造，再发展到综合数字化、网络化、智能化制造。实践表明，精益是制造服务成功的基础，成熟的精益生产要素和精益生产系统是实施数字化工具的推动者。数字化是信息社会的技术基础，数字化已全面融入企业生产经营全过程，成为驱动中国传统制造业企业智能制造创新发展的重要力量。数字化技术具有描述精确、可编程、传递迅速、便于储存、转换和集成等特点，因此数字化技术为各个领域的科技进步和创新提供了崭新的工具。新一代 IT 技术的发展与全球性产能过剩的驱动，使得越来越多的企业将“数字”视为核心资产、新资源和新财富，建立一种数字化企业模式，能够以新的方式创造出利润，建立新的、强大的客户和员工价值理念。制造业企业数字化通过集成、深度融合新一代信息技术和先进制造技术来构建信息管理系统，贯穿于设计、生产、管理、服务等制造活动的各个环节。

3. 智能引领

随着制造业的智能化实践，形成了不同的技术范式，主要有精益生产、柔性制造、并行工程、敏捷制造、数字制造、计算机集成制造、网络制造、云制造等，物联网（IoT）、网络物理系统（CPS）、云计算、大数据分析（BDA）、信息和通信技术（ICT）是核心技术推动力，这些范式在引导制造业技术升级方面都发挥了积极作用。数字化制造技术是实现智能制造的必经之路，同时智能化是数字化制造技术的发展方向之一，即采用智能方法，实现智能设计、智能工艺、智能加工、智能装配、智能管理等，进一步提高产品设计制造管理全过程的效率和质量。

2010 年之前，“智能制造”（Intelligent Manufacturing，IM）是随着计算机集成制造系统的研究开始兴起，核心是借助智能制造系统实现制造过程的自测量、自适应、自诊断、自学习，达到制造柔性化、无人化，双 I（Integration & Intelligence）是其重要特征。2010 年之后，移动宽带、云计算技术、信息物理系统及大数据等新一代信息技术的出现，从根本上改变了制造模式发展格局和制造业信息化建设的路径，极大地扩展了智能制造的研究范畴，智能制造通过融合物联网、知识网和人际网，具备了“智慧”所定义的感知、判断和行动能力，在智能制造的基础上，继承、包容和发展了 SM（Smart Manufacturing）。

综上所述，精益化通过持续的优化和标准化，以更少的浪费实现连续的价值流；数字化实现数据资源的获取和积累；智能化实现了大数据的融合分析，辅助人类认知事物和解决问题，制造业企业精益化与数字化智能化结合形成“智能制造”。只有精益化没有数字化，则理论无法落地，只有数字化没有精益化，则徒劳无功，二者缺一不可。智能化背景下，精益化与数字化之间不存在任何的矛盾，二者之间的有机融合还能更有效地促进企业的发展。由此更进一步揭示了精益管理与智能制造的关系——“精益为基，数字驱动，智能引领”，即精益化是理论指导，数字化是实现手段，智能化是应用实践。

思考 41　智能制造过程中存在的七大浪费

2015 年 5 月，国务院正式印发《中国制造 2025》白皮书，从国家战略层面明确制造强国的实施路线，将智能制造作为主要抓手，推动制造企业转型升级。几年时间里，各行业都积极地围绕智能制造进行积极的尝试，先进的智能化工厂在全国各地纷纷涌现。智能化工厂是以自动化设备、智能化管理、先进的数据管理系统等为主要生产要素，辅助以少量工人的制造加工形态。智能化工厂不同于传统的制造工厂，自动化设备代替了人工，数据计算代替了管理。新的制造模式需要新的管理方法。传统制造模式下，人、机、料、法是主要的生产要素，由人驱动其他要素将产品予以实现，在追求要素利用率最大化的过程中，诞生了精益生产的管理哲学。在智能制造条件下，主要生产要素已经变化为流程、设备、数据、算法、决策等，由算法驱动其他要素实现产品的制造过程，具体如下图所示。

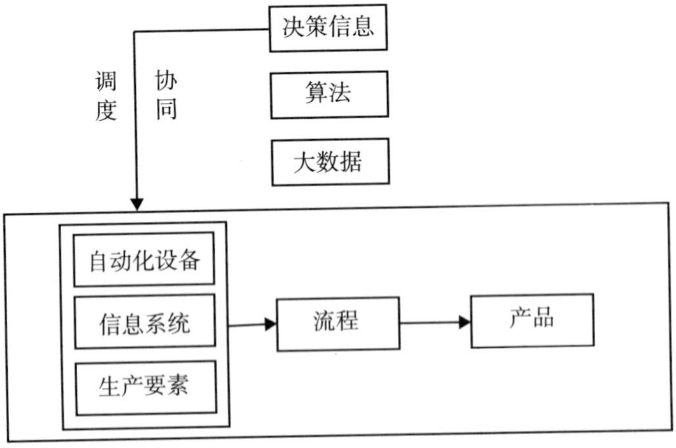

智能制造条件下，市场和客户需求并没有发生改变，竞争的核心也没有变化，依然是资源利用的效率问题，本质上与传统制造并没有根本上的区别，只是制造产品的手段发生了变化而已。因此，精益管理同样适用智能制造过程，要追求整体上的企业关键资源要素利用率最大化，实现最佳的竞争态势。但是，如何识别出要素所处状态或者如何定义并测量要素存在的浪费是我们当前面临的重大课题。

精益生产在面向传统制造过程时定义了七种浪费，分别为制造过多的浪费、搬运的浪费、库存的浪费、等待的浪费、过度加工的浪费、动作的浪费和不良的浪费，七种浪费的定义为传统制造企业进行改善指明了方向。而当前面向智能制造的浪费定义尚未形成，智能制造过程的改善活动缺少理论依据，急需从实践中予以总结和定义。近几年，众多企业开始在智能制造方面进行尝试，我们得以有机会对各种类型的智能工厂进行近距离观察，并总结出多种浪费现象。为了能让读者与精益生产的七大浪费进行联想对照，也定义为七种，说明如下：

① 库存的浪费：智能工厂由于建有自动立体仓库，因此忽视预测、计划的准确性和生产的准时性，造成原料、半成品、成品的大量库存，库存增加了额外的各项成本，导致现金流的浪费。

② 设备等待的浪费：智能设备具备连续满负荷生产加工的能力，但是常常由于订单不饱和造成设备闲置，或者由于工序间不平衡造成设备等待，不但固定成本升高，还会带来设备能耗方面的浪费。

③ 搬运的浪费：工厂布局的不合理导致工厂内搬运环节多、搬运路线长，尽管采用了自动搬运设备，但是自动搬运设备的折旧和维护都属于浪费。

④ 设备动作的浪费：智能设备本身动作轨迹、动作速度、动作并行、反应敏感度不足，导致动作时间较长，造成能耗较高的浪费。

⑤ 加工能力的浪费：设备精度较高、一致性较好，但用于完成低精度需求的作业；设备加工一致性不足，难以满足制造过程的需求，出现了能力的浪费。

⑥ 冗余的浪费：以高精度、高价值的自动化设备完成简单作业或低价值工作；高昂的自动化设备的闲置；自动化设备额外的多种功能无法利用；自

动化设备设计复杂，难以维护或维护费高昂。

⑦ 数据信息的浪费：信息和数据收集传递补偿，造成信息断流；数据采集后闲置，缺少利用；重复采集造成服务器超负荷运转；等等。

当前，中国的智能制造工厂还处于尝试阶段，各个企业在不断摸索中前行，由于智能工厂的生产成本居高不下、新产品柔性较低，导致其闲置率较高，因此需要借助精益管理持续优化。智能制造条件下的精益改善，“人”仍然是关键因素，通过“人”的能力提升消灭七种浪费，实现更科学合理的运营机制，更适配的改良流程，培养出更多的高技能工程师，真正实现智能制造为制造过程服务，在企业经营效益中落地，而非仅仅一道风景线。

思考 42　智能制造环境下的标准作业

1. 理念的初步认识

当前的制造环境越来越以设备为主导，在强调综合设备效率管理的同时，如何提升人力效率呢？有些企业家会本着智能设备完全取代人的方向来努力，但是我们要理性地看到一个现实，当下科技的进步还不能够完全依靠智能设备取代人的所有作业。那么标准作业这个并不陌生的理念就不能过早地抛弃，同时优秀的标准作业管理作为提升人力效率、降低人力成本仍然起着关键性作用。

首先来分享一下在未来智能制造的现场如何与标准作业相结合，在设备效率发挥到极致的同时，人力效率又如何通过管理发挥极致，即单人单小时（UPPH）产出最大化。

（1）“标准作业”概念的初步认识

我们都知道，丰田汽车对“标准作业”有着权威性的定义，其针对不同现场的表现形式分为 3 种类型。

类型 1：具备标准作业的 3 要素（生产节拍、作业顺序、标准手持），以人的动作为中心，可以进行重复操作并获得循环时间的作业类型。例如，机械加工、冲压线等手动作业（如下图所示）。

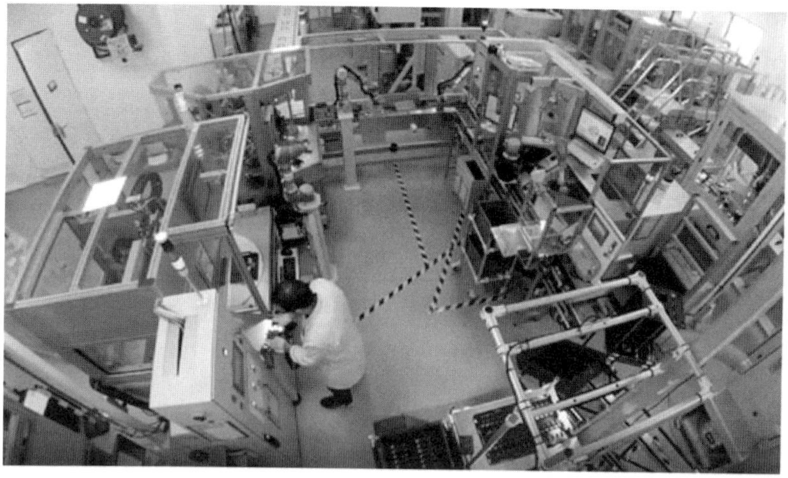

标准作业类型 1 的现场

类型 2：可以算出生产节拍，但是产品种类多，按不同种类作业存在微小的不同且不容易明确表示的作业类型。例如，总装、涂装、发动机装配等复杂技能的作业（如下图所示）。

标准作业类型 2 的现场

类型 3：生产线外的作业，算不出生产节拍，不是反复作业的工序。其目的是根据全厂的效率核算，将生产线外人员的作业“安东化”到每个人。例如，换线、品质检查、换型准备、物流搬运等（如下图所示）。

标准作业类型 3 的现场

特别注意，此处文章讨论的是“标准作业”而不是“作业标准”。“作业标准”是我们大多企业熟悉的“SOP”“指导书”“顺序书”等，虽然不同企业的叫法不同，但是作用是一致的，即：在作业标准中体现作业人员必须按照“环境”“安全”“工艺”等因素的要求执行。但是标准作业不论哪种类型，都是在保障客户交付和作业标准为前提以最少的人力（必要人工）来实现最大人效为管理目的。

介绍了初步的概念后，接下来我们将围绕信息化、智能化作为主要方向进行论述，因此本书主要分享标准作业类型 3 与智能制造的结合，其他类型不作为本书分享的重点。

（2）智能工厂下的标准作业类型 3

上文对标准作业类型 3 的定义为“生产线外人员的作业‘安东化’到每个人。例如，换线、品质检查、换型准备、物流搬运等”。

但是随着科技的进步，以自动化设备为主的现场无须作业人员实施类型 1 或类型 2 的标准作业，也就是说生产线内的人员也同样采取类型 3 的管理模式。以三星晶圆工厂的做法为例：每个作业人员实际只需要进行终端界面的操作，如线上发出指令叫料、线下执行 SPC 确认、异常呼叫处置短停、异常报修、记录异常损失等，现场的性质完全属于类型 3 的描述，对于管理者运用 TPM、OEE 等方法保障设备效率的同时，现场如何确定必要人力则是另一个重要的课题。在人力成本居高不下的今天，结合智能制造的大背景，标准作业类型 3 将会成为重要的管理手段长时间伴随企业。

虽然表面上看起来现场已经非常节省人力了，一人就可以操作一千余平方米的车间范围，但是当涉及异常处理、倒班吃饭休息等不确定的因素时，管理者又会无奈地按照需求上限的人力数量来规划配置。所以，需要注意以下两个方面的管理问题。

① 要记录日常员工的作业工步（手动部分）以及制定每个工步的标准工时。

② 要使用山积图负荷表的方法工具进行分析，如下图所示。

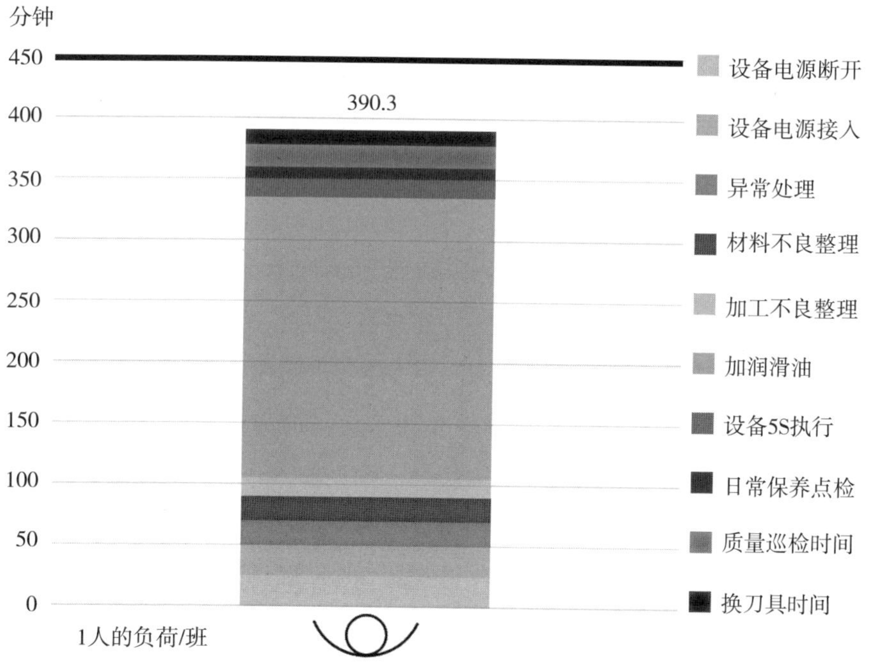

（3）基础性的理论方法

依据上述的山积图负荷表，我们先简单谈谈理论方法的形式，如下图所示。

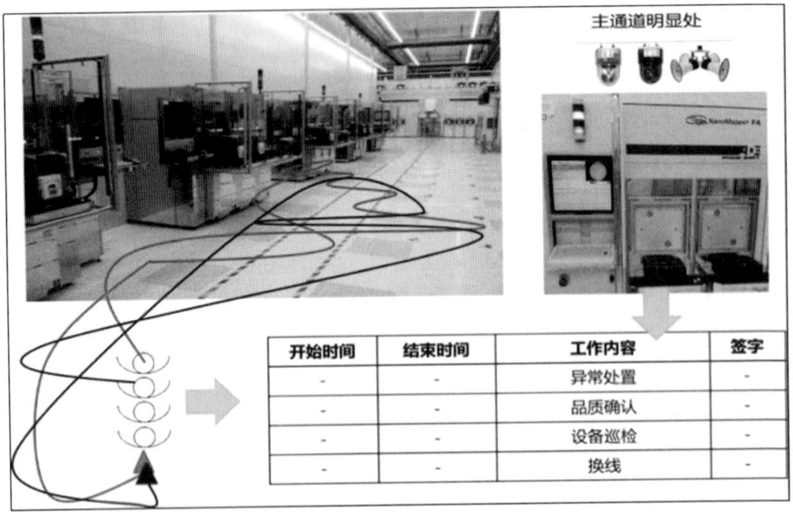

开始时间	结束时间	工作内容	签字
-	-	异常处置	-
-	-	品质确认	-
-	-	设备巡检	-
-	-	换线	-

管理细节：

① 每个员工需要记录自己操作设备的工作内容，无法计算节拍的情况下我们把任务分为两种：标准工步时间、异常处置时间。大家还记得“OEE”吗？笔者也是仅仅将烦琐的各种设备损失划分成“标准时间”和“异常时间”来管理。因此，即便员工超过了标准时间，山积图中的作业工步也要求按照标准时间测算，异常时间按照实际提报的时间测算。

② 每名员工集约在一起，按照顺序依次通过安东呼叫的方式进行操作（如上图所示）。人员就像“库存商品”一样先进先出，但每名员工必须是本区域的多能工。对于管理者而言当然希望人员呆滞越少越好，从而达到少人化的效果，如下图所示。

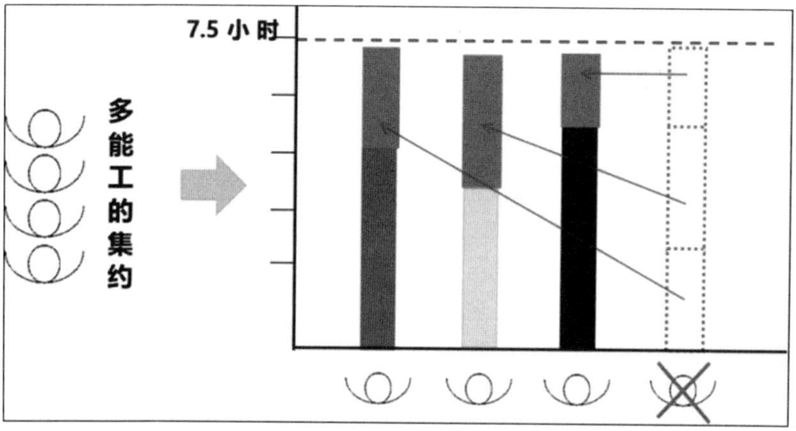

（4）标准作业推行中的难点

理论基础虽然有了，但是实际推行起来现场管理者并不能够通过纸版或电子版的记录表单等方式快速推行成功，存在以下几个问题：员工应集约在什么地方；需要几名员工管理多少面积；当工作范围较大时，员工的步行距离也会影响山积图中的作业要素；工作范围越大，需要培养多能工；等等。

再者，某些行业的设备尚且没有完全自动化，还是需要半自动的操作，现场操作人员仍然需要频繁的现场实施作业但又无法测算节拍。区域面积增大不仅增加了步行时间，安东呼叫的不完善也是阻碍，员工如何面对集群式布局的设备而能够第一时间响应操作需求呢？

很多企业领导发现信息化的构筑的必要性又再一次提上日程，设备厂家与信息化团队的数据采集、企业团队的精益需求等再次需要系统性的规划与结合，我们在标准作业这方面又回到精益与智能这个话题中。

2. 智能工厂规划中的角色

通过对上述内容的学习，我们初步认识了标准作业的概念，标准作业类型 3 会在今后的智能制造的发展中起到主要作用，困难点是信息化、智能化等。因此，实施商必须认识清楚这些理念才能有的放矢地规划。

一个完美的规划团队至少要包括：精益管理者、IT 信息化工程师和设备厂商工程师。企业将他们有效地协调在一起才能输出具有精益功能的智能现场。团队各自分工协同如下。

精益管理者：输出“标准作业”规划理念和需求，制定管理指标的计算方法和目的。

IT 信息化工程师：研发系统平台，按照精益需求获取数据并实施编程。

设备厂商工程师：提供数据采集点，增设相关硬件投入，与 IT 信息平台对接等。

下面就针对智能工厂建设、生产设备选型、工厂设备布局等来谈一谈“标准作业”的精益概念如何融入其中。

（1）梳理加工设备的工艺流程

我们要梳理的工艺不是现场工序流程，而是要梳理设备本身的加工路径，即：伴随程序上的每一步，甚至设备的每一个动作，如设备启动、抓取物料、确认尺寸、测量参数等。精益人员与设备厂家共同绘制一个“工艺流程图”，部分示例如下图所示。

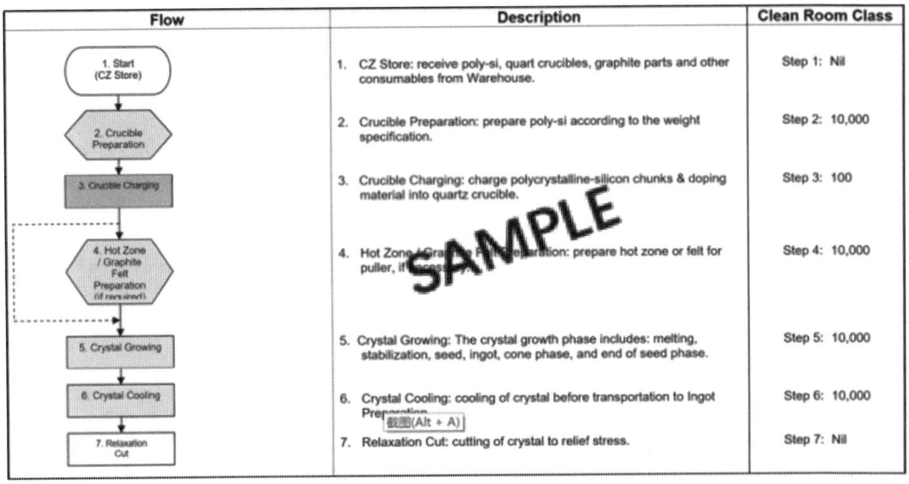

梳理设备工艺流程的目的在于识别出现状，即：哪些工步是设备自动步骤，哪些工步需要手动操作（半自动），哪些工步是作业部分（纯手动）。在梳理的过程中，异常处理的流程也要梳理出来。说到这也就明白了，其意图就是识别出哪些内容是属于“标准作业”类型 3 要管理的部分。但是，作为智能工厂的规划，我们不能第一时间“容忍”手动作业的存在，因此优先与设备厂家制订改造计划，将“手动”转变为“自动”加工，这是设备厂家团队加入整体规划的意义之一。

配合“安东”理念，我们通常要求报警灯：设备正常加工时为“绿灯”，自动或手动确认参数等工步时为“黄灯”，有异常发生或处理中时为“红灯”并伴随呼叫声音。这些都是需要设备厂商和精益管理团队本着上述原则梳理出设备现状及制定改善方向的。

（2）设备加工过程的数据采集及平台对接

为了能够实现全面自动化加工，设备厂商需提供全方位的工步数据信息采集装置，这时需要 IT 团队介入支持，通常采用 MES 系统平台作为标准与设备实时采集的数据进行对照，以此来执行上文提到的“标准时间”工步内容，如点检参数、品质参数、换线型号参数等的确认。这样能够尽可能将“手动操作”转化为设备自动判别，每一个信息数据采集都要与 MES 系统对接，将 MES 系统中的数据充当标准的参照，因为 MES 系统中的数据是按照实际生产要求录入的。这是 IT 团队加入整体规划的意义之一。

完成自动化改造之后，将由精益团队组织推动偏差分析改善，涉及程序响应时间、机械位置、机械路径等。我们发现往往不同的设备的相同工步的效率时间不一致，不同的时间段生产相同的产品的工步不一致。这就需要设备厂商与 IT 团队导出数据与管理者一起做改善决策分析，部分示例如下图所示。

自动化改造加工节拍耗时汇总

设备01	产品类型	上料	检测1	检测2	加工1	加工2	中转	检测3	加工3	加工4	加工5	加工6	清洗	加工后检测	下料
最小值	A	75		38	1142	840	114	214	254	308	862	548	0	0	62
最大值	A	89		48	1657	1577	146	[illegible]	500	336	1149	679	62	238	86
平均值	A	80		39	1411	1150	[illegible]	217	282	333	998	613			83
设备02	产品类型	上料	检测1	检测2	加工1	加工2	[illegible]	检测3	加工3	加工4	加工5	加工6	清洗	加工后检测	下料
最小值	A	75		38	1142	840	114	214	254	308	862	548	0	0	62
最大值	A	89		48	1657	1577	146	220	500	336	1149	679	62	238	86
平均值	A	80		39	1411	1150	136	217	282	333	998	613			83

SAMPLE

以上“数据和名称”为示例，不是真实数据。

（3）标准作业人员集约的方式

IT 团队通过局域网来实现终端“集屏”操作，即：实现作业人员在一台设备上尽可能多地操作临近设备，从而实现在一个“大房间”中减少步行距离。同理，如果企业具备条件可以要求设备厂商提供“手动操作”工步内容的信号发送装置，这样操作人员能够设立集中控制场地通过远程“集控”的方式操作。换言之，“集屏”对应半自动操作内容，“集控”对应手动作业内容，如下图所示。

最好采用人机交互远程监控的方式，因为设备可以在本地操作人员和远程监控系统的协同控制下工作，所以往往出现某些行业的某些操作需要本地操作人员与远程操作人员协同工作。当设备发生异常时，需要本地维修人员与远程操作人员协同维护，设备的状态信息可随时在远程监控端采集。

(4) 安东 (Andon) 机制的方式

前文已经提到，我们通常要求设备报警灯的显示方式为：设备正常加工时为“绿灯”，自动或手动确认参数等工步时为“黄灯”，有异常发生或处理中时为“红灯”并伴随呼叫声音。但是由于距离原因或者特殊行业的现场噪声，往往针对操作员的呼叫是一个难题。我们结合本书前文所讲：操作员工是集约在一起且逐个被派遣工步任务的，因此可以结合 MES 系统的权限管理在“集屏或集控”的集约地点进行逐个派遣任务到 PC 终端，同时可以在屏幕上伴随“目视化”效果进行提醒。如果没有集屏、集控条件，可以在本地为员工提供“手持终端”逐个任务派单，还可以伴随响铃呼叫或者振动，实现人力效率的最大化利用，如下图所示。

流程图　实时数据　报警提醒　消息通知

无论是 PC 端还是安卓端，都可以及时知悉“大房间”内的设备状态、需要执行的任务、需要处理的异常或报修任务，每个任务都显示了“开始、接单、结束”3 个时间点，以及排队停滞任务的清单内容。结合权限 ID 管理要注意：

① 依据不同岗位去识别派单，如维修任务、操作任务、物流任务等。

② 依据不同的“大房间现场区域”识别派单，如加工 1 区、2 区、3 区等。

③ 依据不同的操作多能工去识别派单，如现场操作、更换备件、工艺参数点检等。

（5）山积图负荷表自动呈现分析

采集工步实际数据在 MES 上进行“山积图负荷表”分析，同样结合本书前文所讲：设备损失划分成“标准时间”和“异常时间”来管理。再结合前文所述：“黄灯”任务为标准时间，需要高管制定标准时长后被 MES 系统自动列入计算；“红灯”任务为异常时间，依据实际时长手动录入 MES 系统。员工工作时间的标准设定，由高管制定后手动录入系统，必要人力的计算方法此处就不再重复了。信息化、智能化管理就应该像这样本着精益管理的原则去有效落地，如下图所示。

（6）AGV 的物流路线规划和数量计算

在编程算法领域 AGV 最优路径算法包括：Dijkstra 算法、Floyd 算法、A * 算法等。但是，本书不讨论编程，而是要强调运用以上合适的算法满足管理的需求，因为往往管理需求的不合理造成 AGV 规划数量的过剩、物流路线的混乱，即成本的浪费。笔者认为有如下几点基本的管理要点。

① AGV 的循环区域内，任意设备的上、下料的节点都有路径（轨道）相连，上、下物料的 AGV 和物流箱要实现通用（虽然一次投入成本大，但是后续的生产活动中能够持续节省能耗及 AGV 数量）。

② 单向物流环线，任意 2 个节点只有唯一路径，可以通过增加小环线降低个别物流距离（不要迷信 AGV 双向会车避让功能，因为其会影响 AGV 的物流速度）。

③ 半成品在制库存的节点与设备上料节点距离就近原则呼叫，“空车”与设备下料节点距离就近原则呼叫（结合第 1 点，保障每次物流循环高概率完成“取放”，降低“空车”搬运概率）。

④ 上、下料取放的机械动作要素时间递减改善，尽可能释放 AGV 物流能力。

⑤ 单台设备设计上、下料的位置、方向尽可能一样或接近（提高同时发生“取放”概率，降低 AGV 运行距离，如下图所示。

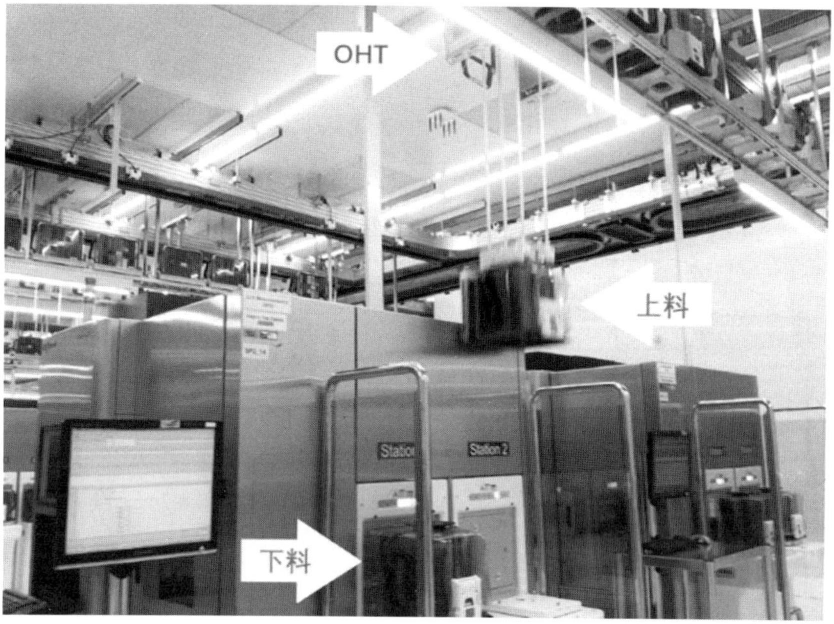

自动化物流工具：半导体晶圆行业的“OHT”

⑥ 上料位置附近要求设计“标准手持”位置（当 AGV 空闲且设备未加工完时，但 MES 已有叫料信号，可以最大化利用时间进行预先搬运待加工，如下图所示）。

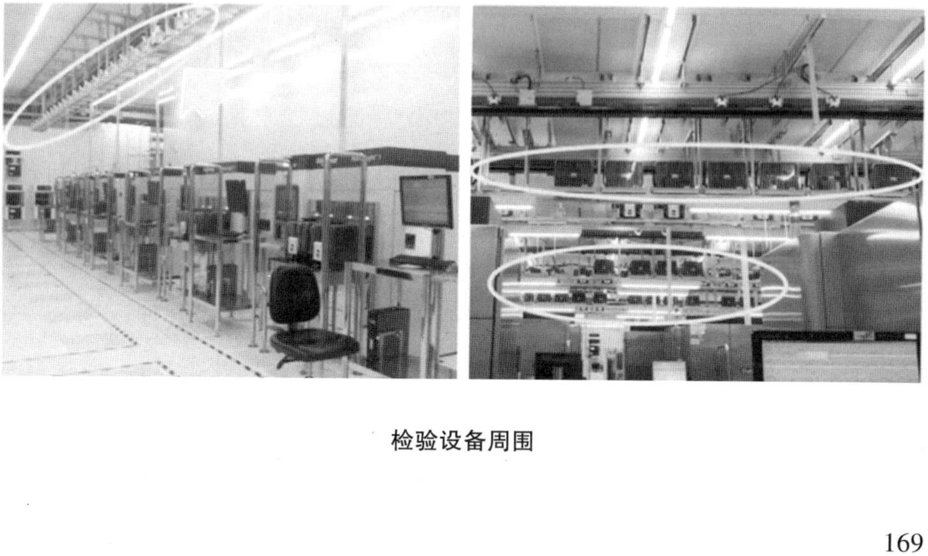

检验设备周围

⑦ AGV 实时数据采集原则符合“标准作业”类型 3 的山积图负荷表的需求，运用此精益工具实时分析 AGV 使用的必要数量（正如本书前文所讲，我们把 AGV 当作专属物流人员来测算必要人工，只是计算纯运行时间，如下图所示）。

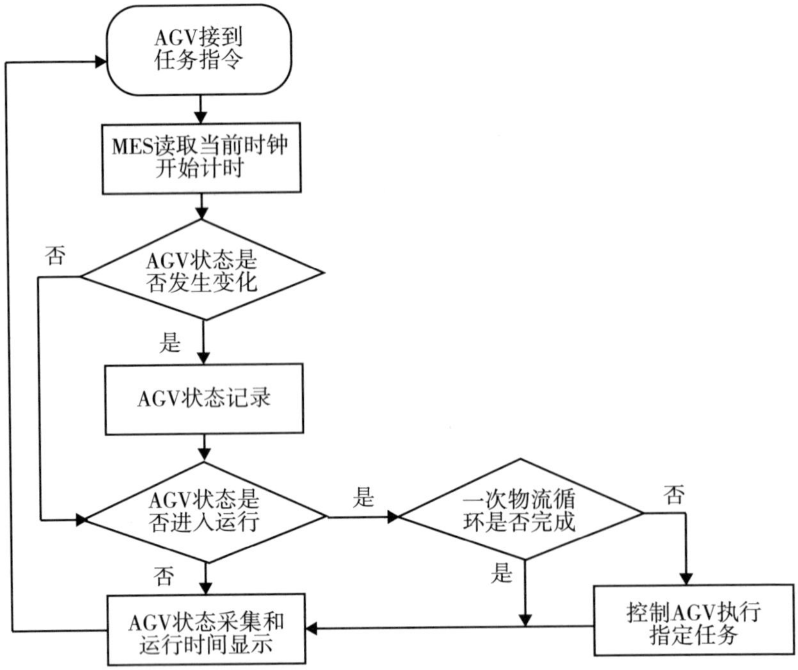

通过 MES 记录 AGV 的纯运行时间

本着这些管理要点，在设备逐步进驻工厂的过程中，通过逐步小批量自动化方式试产，就能够在量产前以最低成本实现智能制造的规划。那么我们想在未来越来越多的智能工厂中，标准作业所扮演的角色笔者已经描述得很清楚了。

最后总结几句，很多精益工具并不会被淘汰，只要我们合理运用，一定能发挥出意想不到的效果。笔者在以往的文章中反复强调此观点，“智能化确实是大趋势，其能否取代精益化理念这本来是个伪命题。”中国企业若想弯道超车，赶超外资企业，就必须实现具有精益化功能的智能工厂。

思考43 从“制造”到“智造”：精益数字化赋能制造业高质量发展

随着德国“工业4.0”、美国“工业互联网”以及“中国制造2025”等制造业转型升级战略的不断升温，全球制造业逐渐走向数字化、互联化、智能化的发展道路，智能制造成为传统制造型企业转型升级的必然趋势。同时，得益于大数据、云计算、人工智能等新一代数字技术的广泛应用，传统制造型企业转型升级的基础日益夯实，智能制造势在必行。大量实践表明，传统制造型企业实现智能制造的关键在于“精益为基，数字驱动，智能引领”，在此种现实需要的推动下精益数字化应运而生。精益数字化是运用数字化工具将精益管理的思想、方法、流程、机制系统地融入企业生产管理过程以打造可视化、可量化、透明化工厂的持续性改善手段。传统制造型企业通过推行精益数字化可大幅提高生产运营和管理水平，进一步提高生产效率和综合竞争力，从而达到提升行业整体竞争力的目的，为进一步参与全球经营打下坚实的基础。

无“工”不强，无“农”不稳，无“商”不富。在工、农、商三个产业中，工业是真正具有强大造血功能的产业，而传统制造业是我国工业经济的主体，其健康发展对经济的持续繁荣和社会稳定有着非同寻常的意义。然而，我国传统制造业虽有“世界工厂”的美称，但“大而不强”，仍处于“微笑曲线”的底端，且凭借低成本要素建立起来的竞争优势逐渐丧失，以印度、柬埔寨为首的东南亚、南亚国家以更为低廉的劳动力成本抢占了我国制造业原本就比较微薄的利润（国内中低端传统制造型企业的利润率普遍只有2%～3%）。贸易摩擦也使我国传统制造型企业竞争优势有所下降，国内要素成本不断上涨，传统制造型企业的比较优势、后发优势也在逐步递减。此外，2019年新冠疫情暴发后，一些转型起步较早的传统制造型企业受到的冲击相对较小，在一定程度上还实现了逆势增长，但也有不少企业对于疫情带来的外部环境变化尤为敏感，面临较大的生存压力。无论是内因还是外因，都是在倒逼传统制造型企业向智能制造快速迈进。精益数字化正是传统制造型企业突破生产管理瓶颈、迈向智能制造的关键手段。

1. 精益数字化是汇聚传统制造型企业转型升级动力的重要法宝

精益数字化的推行主体是企业员工，如何激发全体员工共同为企业转型努力是传统制造型企业转型升级中需要解决的首要问题。精益数字化强调全员参与，注重多能工的培养，通过对员工定期开展精益理念和数字操作技术的双重培训可提升员工的整体素质和能力。此外，精益数字化是一个持续性的改善活动，可在企业营造一种“持续改善”的精益文化，引导和鼓励员工树立“降低成本、精益求精、优而更优”的精益工作理念。随着精益数字化的推行，精益文化和精益工作理念逐步扎根于员工的日常工作中，能够充分发挥员工的积极性、创造性和能动性，使员工积极主动为企业生产经营的改善献计献策，真正成为“零浪费”生产、“零缺陷”管理的主力军，无疑会给企业注入转型动力，最终推动企业的转型升级进程。

2. 精益数字化是提升传统制造型企业转型升级能力的重要法宝

企业的转型升级能力是决定其可持续性发展的核心，只有具备足够的转型能力才可为后续的持续稳定发展带来保障。精益数字化强调全面改善，着力于通过一线员工、基层管理者、中层管理者、高层管理者对生产现场、作业、流程、战略机制进行高效循环改善，即遵循“自上而下与自下而上”的改善原则，进而实现全方位、全流程、全体系的改善。持续循环的改善活动不仅可以促使管理工作规范化、高效化，提升管理活动的效率，强化应对终端用户需求的灵活性和动态性，还可以降低企业的运营成本，最终大大提高企业的经济效益。同时，精益数字化在分析机器设备数据、经营管理数据和企业外部数据的基础上可抽象出一套防错的、规范的、精准的、动态的精益制造执行管控模型，进而实现车间作业计划编制、生产调度、生产过程跟踪监控、质量问题追溯、资源利用情况分析、管理决策、运维服务等主要环节的高效管理，提高计划的可执行性、数据采集的及时性、生产准备的可靠性、调度的灵活性以及决策的可靠性，全面的改善活动可不断提升传统制造型企业的转型升级能力。

3. 精益数字化是助推传统制造型企业转型升级成功的重要法宝

企业转型成功的标志是形成了一种新的商业模式和制造模式，在新的市场上占据了重要的地位。精益数字化充分发挥了精益化与数字化的优势，一方面，借助数字化技术大幅度地提高了精益化工作推进的效率，让精益管理这种软性工作的技术性和工具性成分不断增大；另一方面，精益化的原理原则和逻辑思维也记忆到了数字化系统中，为企业规范高效管理奠定了坚实的基础。此外，精益数字化的推行以精益管理思想和理念的导入为开端，能够初步实现企业管理理念、管理文化的转型；在推行过程中，通过数字化看板、数字化“5S”、精准拉动式生产、标准化作业等工具与方法可对生产管理过程中的非增值环节进行去除；为了使精益数字化改善效果不断显现，并将其改善效果固化下来，在员工改善行动层面会逐步建立与优化激励机制、绩效考核体系来调动员工改善积极性，在企业顶层规划层面也会相应制定适合企业的改善方案并优化部分管理制度来引导精益数字化实践。通过这一系列的精益数字化改善活动，传统制造型企业能够形成新型且稳定的商业模式和制造模式，在此基础上可最有效地利用资源、最大限度地消除浪费，优化生产运行、持续提质增效，打造差异化、不对称的竞争优势，为企业在新的市场上占据重要地位带来可能，最终促使企业成功转型升级。

综上所述，精益数字化可促使传统制造型企业的转型升级。精益数字化通过高素质员工队伍的打造和精益文化的导入可为企业不断注入转型升级动力；通过全员参与、全面改善可不断提升企业的转型升级能力；通过充分发挥精益化与数字化的优势，借助二者的合力可推动企业转型升级成功。因此，精益数字化是赋能传统制造型企业转型升级的重要法宝。

思考44　产权异质下传统制造型企业应如何推行精益数字化

精益数字化是运用数字化工具将精益管理的思想、方法、流程、机制更好地融入企业生产管理过程，以打造可视化、可量化、透明化工厂的持续性改善手段，其中，精益是理论指导，数字化是实现手段。与传统精益管理模式相比，精益数字化可通过对员工队伍、物资流、同步作业、柔性生产等方面的改善来实现控制成本、提升效率、固化精益改善等目标，从而为制造型企业带来明显的效益增益。精益数字化强调全员参与、全面改善，由一线员工、基层管理者、中层管理者、高层管理者为主要推动者，分别针对现场、作业、流程、战略机制进行持续改善，即由点及线再及面和体的精益数字化推行体系。

“点、线、面、体”四个阶段由于各阶段所针对或作用要素的不同决定了各阶段目标的差异化。

（1）点阶段。精益数字化推行过程中为进行生产现场管理，要求必须用科学的管理制度、标准和方法对生产现场各生产要素进行合理有效的计划、组织、协调、控制和检测，使其处于良好的结合状态，在常规管理的基础上进一步把管理工作做精、做细，落实好生产现场的专业化、标准化、数据化和信息化，最终实现生产现场管理精益化。

（2）线阶段。精益数字化要求缩短作业转换时间，快速高效应对生产现状、订单动态，实现生产作业的灵活化、敏捷化管理。

（3）面阶段。精益数字化在该阶段要求打通企业内部的数据价值链并有效利用企业外部的数字化资源，实现流程整体优化与持续改进，确保系统间的数据交互、系统与流程间相互匹配，实现跨业务数据的整合，构建合理的系统构架确保全流程一体化。

（4）体阶段。精益数字化要求企业主体拥有成熟的精益文化和精益运营思维、制度体系，同时孕育更加连续的人才培养模式，如建立精益人才体系，连续不断地实现员工与企业的增值，进而实现战略层面的动态化自我管理。

中国情境下的企业按产权性质可分为国有企业和非国有企业，非国有企业以民营企业为代表，且在国内资本市场上存在着大量的国有企业和民营企业，在传统制造业转型升级过程中国有企业和民营企业并重。企业产权性质异质意味着其内部机制、资源要素组合与配置、资源禀赋、外部支持等都不同，这些均会对企业精益数字化推行产生直接影响。国有企业能否成功转型升级不仅关系到中国经济转型升级，而且对2025年能否成功跨入制造业强国之列也具有非常重要的现实意义，但国有企业拥有更多资源优势和政府政策支持的同时也面临着组织结构固化、员工积极性低、供应链变动联动性强等困境。而民营企业大都面临着转型困境，尤其是中小型民营企业面临着“不想转”“不敢转”“不会转”“不能转”的“四不”困境。

同时，大多数企业未能明确精益数字化“点、线、面、体”推行体系中各阶段推行方式的差异性，盲目推进各阶段的精益改善工作，导致企业整体的精益数字化推行局面呈现混乱状态，人、机、料等企业现有资源不能得到很好的配置，进而极大地影响精益数字化的推行步调及质量。事实上，由于精益数字化推行“点、线、面、体”四个阶段所作用的主体和客体存在差异，进而各阶段推行精益数字化的影响因素也不同，全力把控各阶段的所有要素使其维持最优状态耗时耗力且未必适合企业，并且企业面临的内外部环境不同，要素的运用逻辑也会不同，不同的要素组合会产生不同的精益数字化效果，结合企业拥有的资源情况和组织环境选择正确的要素组合方式是顺利推行精益数字化的关键。

因此，对于国有和民营性质的传统制造型企业，在匹配自身资源的前提下，“点、线、面、体”阶段分别如何以最适合的方式推行各阶段的精益数字化？这必然是当前企业得以顺利推行精益数字化急需攻克的难题。

1. “点”阶段产权异质的传统制造型企业应如何推行精益数字化

“点”阶段主要着眼于生产现场的持续改善，一线员工作为“点”阶段改善的主要内部推动者，其主要职责是充分掌握数字化设备及系统的操控与运作方式，借此跟踪现场、岗位上静态物品的陈列数量、位置、状态等。

"点"阶段的改善既是精益改善的起点，也是精益改善的结果。

对于国有企业而言，若企业所在地出台了一些扶持企业智能转型的政策，或在推行精益数字化过程中得到了政府的资源补贴，那么企业要想顺利推行精益数字化，首先，要保证员工积极参与现场改善。生产现场是一个企业从事产品的生产制造或提供生产服务的场所，聚集了各类原料资源和大量的生产信息，在持续的生产过程中也萌芽、产生了种种问题。员工是生产现场的紧密接触者，必然能在第一时间发现现场改善中的细小问题，也能结合自身的工作经验提出创造性改善建议，能直接推动生产现场的精细化管理。因此，企业除了要对员工的个人素质、团体意识、专业技术能力等方面提出更高的要求外，还需关注员工是否能积极参与到现场改善中，员工的积极性对改善的推动是否有力和有效，员工对于生产现场的精细化管理的顺利开展发挥着极其关键的作用。其次，要保证现场物品安装、布局、巡检、维护可视化。大多数企业在物品的定置管理中，员工往往无法养成良好习惯，无法长期坚持标准化归置，而且物品摆放与工位布局也存在缺陷，比如，生产流程与工位布局之间存在严重的不合理，缺少科学规范的生产区域设计。这些漏洞和误区会致使企业的生产效率无法提高、产品质量低劣、成本难以下降。因而，对现场物品的安装、布局、巡检以及维护进行一体化的管理也成为精益数字化成功推行的重中之重。

若企业没有得到政府的一些政策或资源扶持，企业就需要同时保证数字信息系统全方位覆盖、现场物理实体与数字虚体双向动态交互以及员工参与现场改善的高度积极性。首先，数字信息系统全方位覆盖方面。没有政府扶持的情况下，企业在设备及系统的购置方面可能存在一定资金压力，但设备及系统的全方位覆盖不可忽视，反而需要成为企业重点弥补的模块。精益数字化的推行需要借助数字化设备与系统在企业内部更好地植入精益理念，数字化设备与系统被视为一种工具，工具存在缺失必然是不可行的。其次，现场物理实体与数字虚体双向动态交互方面。现场物理实体与数字虚体双向动态交互实质上是指"数字孪生"，数字化转型强调"数字孪生"，精益数字化的推行需要借助"数字孪生"技术更好地实现可视化与标准化管理。数字纽带可无缝加速企业数据、信息、知识系统中的数据、信息和知识之间的可控制相互作用，保证改善现场能在正确的时间将正确的信息传递到正确的地方、正确的人员手中，这将为生产现场的改善提供极大的便捷。最后，员工参与现场改善的积极性方面。同样，一线员工是生产现场改善的主要推动者，设备与技术配备到位的情况下，员工也能充分运用设备与技术带来的优势积极参与到现场改善中，必然会形成合力。此外，国有企业由于组织机构、激励机制的固化，员工的改善积极性成为精益数字化推行必须化解的瓶颈。

对于民营企业而言，若没有得到政府的相关扶持，则需要同时关注数字信息系统全方位覆盖、现场物理实体与数字虚体双向动态交互以及安装、布局、巡检、维护可视化三方面。同国有企业一样，要保证数字信息系统的全方位覆盖，为后续相关环节的监管与控制提供条件。同时，要确保物理实体与数字虚体双向动态交互的基础上使得现场物品的安装、布局、巡检、维护透明化，促成一目了然的管理、一眼即知的管理、看得见的管理状态。若得到了政府的相关扶持，则需要重点关注现场物理实体与数字虚体双向动态交互和员工的改善积极性。企业在得到了政府的相关扶持之后，资源获取壁垒在一定程度上会被打破，此时企业在人、机、物等资源的配备上相对轻松，在资源配备齐全的基础上，有必要保证物理实体与数字虚体的双向互动。此外，专家在一线，高手在民间，员工是最知道企业成本浪费在哪里的，一旦员工破了“意愿”的“坚冰”，他们自然会全身心地去学习和运用精益的工具与方法，则质量、效率、交期、成本便会得到突破性改善，因而精益数字化的推行必能取得事半功倍的效果。

2. “线”阶段产权异质的传统制造型企业应如何推行精益数字化

“线”阶段的改善重点是对生产车间作业的操作方法进行标准化管理，在现场标准化实施的基础上，对作业系统进行调查分析，将现行作业方法的每一个操作程序和动作进行分解，依据科学技术、规章制度与实践经验，对作业过程进行优化，逐步达到安全、准确、高效、省力的作业效果，实现各项作业的管理优化。企业内部的推动者主要是基层管理者，包括骨干员工、班组长和车间主任等。

对于国有企业而言，若企业得到了政府的相关支持，则需要关注两方面：

人、机、物交互式无缝连接，集成库存、生产、订单数据。第一方面，人、机、物交互式无缝连接。人、机、物交互的本质是共在的，人把自己的优点和机器的长处结合在一起，对物进行合理调配，形成了一个交互的、实质性的结合系统。在该结合系统的支撑下，自动化系统逐渐转换为自主化的新式系统，操作人员可以根据外部环境的变化动态设定自己的目标，通过外部传感器信息或更新的输入数据及时地适应相应的环境条件，进而合理化物资储量、在制量。第二方面，集成库存、生产、订单数据。大多数企业内部数据孤岛现象严重，且数据碎片化，无法统一融合赋能，这对精益数字化的推行会造成极大的阻碍。利用数字平台对库存、生产、订单数据进行统一精细化管理，如数据汇聚、统一标准与口径等，形成数据资产，进而为业务提供高效的数据服务。同时，需要将实时数据及时反馈到前端业务，赋能业务部门人员进行数据分析和数据应用，连接数据前台和后台，实现相关数据的复用，最终提高作业运作效率。

若企业没有得到政府的相关支持，则需要关注以下三个方面：全员参与自动化生产，集成库存、生产、订单数据，生产参数实时优化。第一方面，全员参与自动化生产。改善成果=正确思想×改善方法×改善行动，正确的改善行动是取得丰硕改善成果的重要一环。精益生产、精益管理的持续改善扎根于“全员参与”，但这并不是说要先有全员参与才能把持续改善做起来，也并不能把改善活动不能有效持续开展起来的原因归结于没有全员参与。全员参与不是前提，而是结果，是精益改善的结果。改善不管大小都有创新性，都是创造性地改变产品和工具之间、人和设备之间、方法和方法之间、人和人之间、设备和设备之间等的关联方式，这也就意味着做改善常常要冲破原来的职责、权限、岗位的范畴。但是，在企业组织中的个体人员不好冲破、不好“出圈儿”。因此，为了让全员都能够参与进来，首当其冲的是改善人员组织方式，为全员参与改善奠定客观基础。第二方面，集成库存、生产、订单数据。同样，企业需要提供多种类型的数据源集成方式，实现多源异构数据的集成与整合，对库存、生产、订单数据进行集成、转换、清洗、整合，从源头把控数据质量，方能更好地满足作业系统的数据需求。第三方面，生产参数实时优化。当前，顾客对产品功能、性能和质量的需求越来越高的同时，对产品研制和生产周期要求越来越短，且对产品价格要求越来越低，这就对企业的生产工艺提出了更高的要求，生产参数的实时优化可以大大提高生产的准确性，避免系统性或非系统性误差。

对于民营企业而言，若企业得到了政府的相关支持，则需要关注三个方面：全员参与自动化生产、生产参数实时优化、柔性并行工程。值得注意的是，民营企业需要格外注重柔性并行工程的设计，制造行业因其生产的产品批量不同，大致可以分为小批量高度客户定制化产品、中批量模块化产品和大批量平台化产品。多品种小批量产品，因生命周期短、更新迭代频繁、品种间切换过程复杂，而对生产制造企业的生产管理提出了更高的要求。那究竟如何在多品种小批量的产品行业推进精益生产呢？快速换型和均衡计划是在多品种小批量行业推进精益生产的主要解决方案。对于没有得到直接或间接政府扶持的民营企业来说，“线”阶段精益数字化的推行同国有企业一样，同样需要关注于全员参与自动化生产，集成库存、生产、订单数据，生产参数实时优化三方面。

3. “面”阶段产权异质的传统制造型企业应如何推行精益数字化

“面”阶段的改善重点是各项流程的优化，通过搭建标准化的流程体系、组织实施目标管理、建立课题管理机制、推动课题实施、储备后备人员等方式实现组织流程的持续优化。企业内部的主要推动者为中层管理人员。

对于国有企业而言，若企业得到了政府的相关支持，且不能保证流程数据的持续更新、维护、再利用时，企业要想顺利推行精益数字化就需要建立标准化的数字化流程体系，并对流程进行全流程追溯管理。第一，标准化的数字化流程体系方面。从精益生产的角度来看，不产生附加价值的一切流程、环节都是浪费，必须对数字化流程实行标准化管理，建立标准化体系，实现流程、标准、制度的匹配，借此辅助流程的改进。第二，全流程追溯管理方面。为保证流程标准化落到实处，就需要对全流程进行监控、追溯管理，包括原材料追溯、生产过程追溯、产品售后追溯，责任到人，严格把控各个环节的管理质量，尤其是在流程制造领域，建立流程追溯管理体系已成为企业赖以生存的重要手段之一。以原材料追溯为例，从原料源头抓起，对生产过程的配料、复核、投料、打包、成品发运等关键工序加以控制，防止人为因素的发生，确保产品质量的可靠性，由过去产后检测，改变为产前、产中控制和产后溯源，保证产品全程优质、安全、高效生产。若企业没有得到政府的相关外部支持，则需要关注三个方面：流程数据的持续更新、维护与再利用，规范科学的流程指导，供应链的全面协同。在规范科学的流程指导方面，企业内部各项流程一般比较混乱，价值也未能界定清楚，而流程管理的秘诀就是规范化，企业需要组建专业的管理团队或借助外部人员的力量对流程做出科学规范的指导，对流程进行优化或重组，减少可有可无的环节，消除没有价值的流程活动，向流程要效益，让企业的所有流程都指向价值增值领域，指向企业价值增值的目标。在供应链的全面协同方面，节点企业一旦加入某条供应链，它就成为这个供应链中的重要一环，它的行为会影响到整条供应链和其他的节点企业，供应链上的上下游合作企业形成优势互补、资源共享、风险共担的共同体，供应链的协同能够增强合作伙伴之间信息系统的兼容性，因而供应链的协同会给企业流程的改善带来极大的增效。

对于民营企业而言，若得到了政府的相关政策或资源支持，企业需要保证流程数据的持续更新、维护、再利用，同时要保证与合作企业的供应链协同。若企业没有得到政府的相关政策或资源支持，同国有企业一样，也需要保证流程数据的持续更新、维护与再利用，规范科学的流程指导，供应链的全面协同。

4. “体”阶段产权异质的传统制造型企业应如何推行精益数字化

“体”阶段主要围绕制度标准化进行，制度标准化的实施是保证现场标准化、作业标准化、流程标准化的前提，也是推动企业管理创新的源泉。企业内部的推动者主要是高层管理者以及帮助高层管理者履行职责的办公室或者推进部门，主要关注管理体制、机制问题，将其形成标准，保证管理循环不断提升，形成“体”阶段的改善。

对于国有企业而言，若企业得到了政府的相关转型支持，则需要关注：精益改善文化是否导入并落地了？是否配备了专业的内外部咨询管理团队？是否对人力资源进行了动态且科学的配置？首先，精益改善文化方面。企业推行精益数字化时往往依靠精益咨询人员借助精益工具对各个环节进行改进，也取得了一定的成果，但是随着时间的推移，推进工作越来越困难，改善成果也很难保持，究其原因就是改善没有上升到文化层面，没有形成精益改善文化。然而，精益数字化的推行遵循信念到行为、到产物的逻辑主线，而精益推行者的信念来源于精益改善文化，精益改善文化是推行者进行改善活动的思想引领，通过对工作中好的做法、成功经验进行系统的总结和提炼，从而形成特有的文化内核，以指导实践、实现工作高效有序运转，是开展精益活动的重要一环，因此有必要在企业内导入并落地精益改善文化。企业可以采用活性化（精益愿景、精益口号、LOGO等）、静态化（精益宣传栏、海报、手册及报刊等）、趣味化（精益专题晚会、精益比赛活动、精益纪念活动等）与常态化（定期会议、改善报告会、定期员工激励活动等）的方式倡导宣传精益改善文化。其次，内外部专业咨询管理团队方面。于项目而言，无论是思想还是行动，企业盲目照搬式的推行，效果往往是有限的，专业咨询团队“问题—办法”式的定点改善才是精益数字化成功推行的关键。除聘请外部精益咨询团队外，企业内部还需要组建精益改善小组，与外部咨询团队形成合力，方能最大化改善成效。最后，动态科学的人力配置方面。对于国有企业而言，人员结构表现为部分岗位人员老化，出现断层，而行进的年轻员工没有经历大量的基础性改善工作，工作经验严重不足，难以应对工作中的负责问题，使得“人岗匹配”受到极大的限制。企业应该根据岗位特点及人员素质评价进行“双向选择”，并实行动态调整，为管理人员构建一个动态的岗位层次升降平台，对岗位实施动态化管理。若企业没有得到政府的相关转型支持，此时企业除需关注于精益改善文化与内外部专业咨询管理团队外，还需要对员工进行复合定向培训。很多企业内部培训体系更新时效缓慢，内容是精益基本理念、推行课题，不具备业务技能提升方面的内容，长此以往，并不能充分发挥员工的劳动力，也不能提高员工的劳动效率。提升员工劳动效率的关键在于对员工开展复合定向培训，一个员工可以轻松承担几台设备的实际操作，使生产流水线的员工能够掌握相近的其他操作技能，在岗位、操作间来回切换，丰田一人多岗循环作业就是很好的借鉴，坚实员工技能必然会助力于精益数字化的推行。

对于民营企业而言，若企业得到了政府的相关转型支持，则需要关注于三方面：精益改善文化、内外部专业咨询管理团队、动态科学的人力配置。若企业没有得到政府的相关转型支持，除需要关注于精益改善文化、内外部专业咨询管理团队、动态科学的人力配置三方面外，还需要构建科学的智能制造持续改进机制。持续改进机制是精益数字化顺利推行的关键因子，建立持续改进机制时需要紧紧围绕三个基本要素：要控制过程而不是结果、对员工进行改进授权、教导员工改进过程的方法。

总而言之，精益数字化是从思想到行动、从生产现场到组织战略的系统性变革，全方位的变革内容决定了一体化的改善体系，由点及体、由体及点，环环相扣系统解决问题，多层布控保证改善效果与质量。每一个阶段背后的改善逻辑、运营原则、资源调配方式均不一样，企业唯有根据自身情况匹配各阶段最恰当的精益推行方式，方能最大化精益数字化推行效益。

思考 45　绝不能放弃的 OEE（综合设备效率）管理

1. 理念的初步认识

随着中国制造企业在全球中的地位日益凸显，自动化、信息化、智能化的大趋势使得制造现场越来越推崇设备取代人力的生产模式。科技的进步带来生产力的提升，同时也带来了制造管理越来越多的方法论。人们期待着智能化能够改变所有复杂的管理负担，用设备减轻了针对人的效率管理，而设备的效率又占用了大量管理者的精力。这是中国企业面临的难点。

似乎科技的进步不能弥补管理的落后，人们想到 OEE（综合设备效率）这个并不新鲜的理念又被越来越多的企业重提。从初步培训、试点导入，再到展开管理，最终导出的结果总是问题重重。指标或不真实，或没有改善的着眼点，企业各个职级任务不明，更无从针对绩效进行考核，最终变成了一堆数据被企业放弃。

笔者接触 OEE 已十余年，最早在三星半导体工厂接触学习，之后作为咨询顾问在众多行业推行，想在这里和大家分享个人针对 OEE 的领悟。

（1）OEE 的定位

很多管理高层依据字面意思——设备效率，而决定由设备部门主抓管理。其实，既然为“综合效率”，因此不仅管理“故障”问题，生产过程中的“质量”问题、“作业”问题、“组织”问题，如交接、换线、休息等，都属于 OEE 的管理范畴。因此，OEE 的定位应该为各部门之上的高层管理者。

（2）OEE 的关注重点

很多企业管理层或咨询顾问很纠结 OEE 的计算方法，这个不算陌生的理念似乎也使得人人都有自己的计算理解，往往在企业中争论不休至最后不了了之。笔者认为 OEE 的核心不在于结果，更不在于计算偏差的几个百分点，核心在于依据不同设备类型而进行指标分解的过程，其目的是将各个部门的职责划分清楚，以此达到部门互相监督、互相刺激工作主观能动性的作用。

下面先分享我们的计算方法，例子如下：

例：某设备 1 天工作 8 小时，班前停机 20 分钟，故障停机 20 分钟，更换产品型号 40 分钟。加工周期 0.5 分钟/件，一天共加工 400 件，有 8 件废品。

时间稼动率＝（8×60−20−20−40）/（8×60）≈83.33%

① 性能稼动率（时间比）＝0.5×400/（8×60−20−20−40）＝50%

② 性能稼动率（产量比）＝400/［（8×60−20−20−40）/0.5］＝50%

③ 性能稼动率（节拍比）＝0.5/［（8×60−20−20−40）/400］＝50%

短停时间（性能损失）＝（8×60−20−20−40）−0.5×400＝200 分钟

故障率＝20/（0.5×400+20）≈9.09%

良品率＝（400−8）/400＝98%

OEE ＝时间稼动率×性能稼动率×良品率

＝83.33%×50%×98%

≈40.83%

以上是我们计算 OEE 的方法，对于很多老资格的管理者来说都很复杂。

我们只想说应关注的重点在哪？是结果 40.83%吗？当然不是！高层领导更想知道造成低效率的原因是什么？应如何改善！损失的效率是哪个部门的

责任，甚至我们要考核谁，等等！如果只是要结果，我们可以这样简化计算，如下：（400−8）/（8×60/0.5）≈40.83%，实际生产的良品数除以理论产能数就是结果，同意吗？关键点在于我们上述的观点："分解"。

（3）OEE 的改善着眼点

我们巧妙地将 OEE 分解出"性能稼动率"这个小指标 0.5×400/（8×60−20−20−40）= 50%，从结果很容易看出人员操作效率很低或者可以认为异常记录不全，因为实际的产量一定的话，基础记录时间少会导致分母变大，"性能稼动率"指标变低。因此我们说，通过这个小指标能够看出班组记录是否准确以及一线员工是否消极怠工或瞒报异常的行为！因为所有的效率损失的时间依据员工提报的记录算入分母中，损失的时间如果记录完整"性能稼动率"应该是 100%。

如果员工积极记录，设备的"时间稼动率"就会变低，异常暴露的精益思想就会发挥作用，那么通过分解指标而得到改善的方向，这才是企业高层想看到的。

（4）OEE 与精益思想的关系

早在 2008 年金融危机之时，产能过剩这样的概念就成为热议，一些代表性的行业陷入困境。国家的战略支持起到了扩大市场的作用，但是 2020 年的这场全球疫情，才让更多的企业家认识到，自身的修炼才是不可中止的发展战略！

我们谈谈作为某个行业中的一家企业为何要挖潜自己的设备能力，用更少的设备生产出更多的良品，以实现满足客户订单的目的。精益生产的理念告诉我们不要过剩生产，但是设备的异常、换线，生产组织上的断料、班组交接等造成的时间损失，使得企业不得不增加越来越多的设备数量以满足订单。当订单受经济市场或疫情灾难等影响变少后，企业面对庞大的固定资产及相应的能耗，不得不采取继续生产以保持财务报表上看起来单位成品成本低，即保证毛利。

讲到这，很多精益的朋友应该明白结果是什么，即大量的库存使得资金流动出现了问题。很多企业高层总有这样一个错误的认识，即不能让设备存在稼动的浪费。但是从 OEE 指标我们很容易看出，稼动的浪费其实是长期没有深挖设备的能力，10 台设备从生产 100 个产品变成能够生产出 120 个产品并不是效率提升，改善成 8 台设备生产出 100 个产品才是真正的效率提升，即生产性的提升。所以，单台设备 OEE 理论上 79%～83%为正常区间，超过 90%为产能过度，低于 79%为产能过剩，低于 75%为严重产能过剩！“过度”意味着零部件超负荷运转的设备需要保养，否则设备的维护成本会升高。“过剩”意味着长此以往会变成笔者上述的观点，即在毛利与资金占用的矛盾中持续恶性循环，这是违背精益生产理念的。综上所述，OEE 管理与精益生产息息相关。

OEE 我们先分享到这，接下来针对 OEE 的分解指标进行详细描述，以及笔者作为咨询顾问在项目中遇到的诸多细节问题，最后谈谈 OEE 与信息化、智能化的结合。

2. 推行中的管理细节

通过上述学习使大家初步认识了 OEE，但是复杂的数据中如何能够看出现场的问题呢？笔者说过 OEE 的关键点在于分解，而分解的方式要依据管理的目的去推行。“分解”顾名思义就是要求各个部门分担责任，通过分解后的小指标量化出部门的考核结果。

（1）异常管理的分解

再次以前文的计算方法为例：

例：某设备 1 天工作 8 小时，班前停机 20 分钟，故障停机 20 分钟，更换产品型号 40 分钟。加工周期 0.5 分钟/件，一天共加工 400 件，有 8 件废品。

时间稼动率 =（8×60−20−20−40）/（8×60）≈83.33%

分解出的时间稼动率应该按照不同部门的职责继续分解，比如：①故障率 = 20/（0.5×400+20）≈9.09%。

这个时候，很多管理者有不同意见。有的人简单地认为故障率应该计算为：②20/（8×60）≈4.17%，或者③20/（8×60−20−20−40）= 5%，甚至有人提出④分母应该是设备开机到生产结束的记录时间。大多数管理者认为③或④是正确的结果，但是员工会绝对真实地记录异常时间吗？另外，短停的时间很可能员工是不会记录的，那么第①种巧妙地将短停时间排除，因为

"短停时间"作为TPM自主保全的内容与设备部门无关。也就是说，非故障的停机不应该影响设备部门指标的高低。

同理：如果记录为IT系统故障、生产断料异常、能源部门故障等各个部门所分担的异常率的计算方式是一致的。不同的行业、不同的设备形式、不同的工艺要求存在较大的区别，但是原则只有一个，那就是按照部门职责分解就不会错，因为分解指标的目的就是为了追诉部门职责，做到准确考核的结果。

（2）标准时间的管理

"标准时间"这个概念是指，如换线、班组交接、休息、设备保养等，意味着是可以在工艺、质量、设备等要求下所允许的停机时间，并且具备标准工时的要求。很多企业有这样的疑问，在时间稼动率里是按照标准时间长短减去，还是按照实际的记录时间减去。笔者认为答案是前者。比如，换型的管理，快速换型在制造现场非常受重视，但是不要盲目地改善，应该先确定现状的标准时间是多少，将班组层面超过标准时间的部分作为异常时间处理，也就是说在公式中，不论实际记录多长时间，只是按照标准时间减去。

没有生产计划的这段时间怎么处理呢？应该作为标准时间管理，但是要区分对待。时间稼动率其中一个要在分母减去无计划的停机时间，另一个不要减去来进行对照的分析。也就是说两种不同的时间稼动率导致计算出两个OEE结果，前者用来分析生产效率的损失，后者用来评估整体设备的产能有无过剩。回顾本书前文所讲，即过剩设备产能是不符合精益思想的。

（3）性能稼动率的作用

细心的朋友已经发现了，本章案例中"时间稼动率"的分子与"性能稼动率"的分母是一样的。如果上述标准时间因为异常而超时，而超出的异常没有被记录或者部分其他异常被员工掩盖，那么"性能稼动率"就会变小。此外，我们虽然通过这个小指标监控了员工记录异常，但是如果员工过于懈怠，设备遇到任何小故障、小短停员工都不去处理吗？短停的处理及界定也是让企业管理者头痛的，因此我们将设备基准内的调试定义为短停，也就是说按照设备异常的类型划分为故障（设备部负责）和短停（生产部负责），而不是按照时间长短区分的，如压力调试、温度调试、工艺参数修正、程序重启等。所以，性能稼动率是用来考评一线员工针对设备的记录完整度，以及短停处理的能力高低的指标。短停的处理能力属于自主保全管理范畴，将不同类型的短停处理能力纳入自主保全能力识别图中，设备部门帮助生产部门识别短停的类型，再列出短停处理培训计划并执行。

不同的班组，不同的设备都可以在一起评比性能稼动率的高低，以体现员工的操作积极性。理论上，最高不超过100%，如果超过了100%说明以下几点没有管理好。

① 设备节拍没有测算准确，代入公式的设备节拍比实际设备节拍慢。

② 一线员工填写记录不真实，异常时间记录过多，超过了实际异常时间。

③ 设备节拍没有设定权限，一线员工遇到异常后自行调快了设备节拍。

④ 当不同产品的加工节拍不同时，没有按照加权平均科学地计算设备的节拍。

针对第4点，我们举个计算的例子，如下：假设有3种型号产品A、B、C，设备节拍分别为：0.5分钟/个、0.3分钟/个、0.7分钟/个，当班的产量分别为200个、60个、140个，共400个。所以，平均后的设备节拍为：$(0.5\times200+0.3\times60+0.7\times140)/400=0.54$分钟/个，此结果为计入当班“性能稼动率”公式中的节拍。

这样通过一线员工的“性能稼动率”的小指标来监控异常记录的真实性，越是记录异常、越是小短停处理得快，越是说明员工操作能力水平高，越是获得高指标成果。我们理论规定性能稼动率95%以上为合格，综上所述用来提升员工的操作积极性。

（4）良品率的机制管控

良品率的计算大多一致，最重要的是管理机制。可以在企业中制定适合自己的标准，例如，单班连续出现同样的不良属性多少个，累计出现同样的不良属性多少个必须叫停前工序设备；追诉后设备原因造成的相关停机时间计入故障率；生产员工误操作原因则计入性能稼动率中。当然，在三星晶圆半导体工厂运用SPC的过程控制为原则进行追诉设备异常，将来有机会和大家分享，本书暂不展开讨论。

（5）OEE与TPM的关系

综上所述，我们分享了分解指标时应注意的细节。说到TPM（全员生产效率管理）广大精益的朋友并不陌生，但是大家往往误解 TPM 就是提升设备维护能力。其实，在笔者看来要想提升设备的维护能力，需要专业的人员进行设备原理、维修等培训，与 TPM 没有直接关系。TPM 的魅力在于利用上述机制，发动全体部门的主观能动性，达到综合效率提升的目的，因此全员的意思是指工厂中全体部门。

我们都知道 TPM 有八大支柱，即个别改善、自主保全、专业保全、品质保全、初期管理、培训教育、事务改善、环境健康安全。不同的企业这八个支柱代表着不同的部门职能，也意味着承接不同的分解指标，承接进一步下沉的任务。OEE 的分解理念将方针管理和 TPM 中基层的活动有机地结合在一起。这些年在很多行业中非常流行推行 WCM（世界级制造）这样的理念，其实在笔者看来就是将此理念进一步提升为一个体系的方法论，再进一步结合信息化、智能化系统将管理方法论落地实施。将精益的管理原则融入软件系统中以实现管理效率的提升，以及人才育成周期的缩短。企业团队能够快速通过操作系统来实施精益生产，因为系统具备了精益管理的功能。

下面我们重点分享如何通过 OEE 让方针管理和 TPM 有机地结合，如何建立管理落地的机制，以及按此机制如何建立信息化构筑的解决方案。

3. 与方针管理的结合

本章第二节详细阐述了 OEE 分解的计算细节及管理意义，下面我们来聊聊这样的分解和企业的方针管理有什么关系。我们应该先看看 TPM 八大支柱所对应的职能，如下图所示。

（1）TPM 八大支柱的职能

生产部门负责实施自主保全，设备部门负责实施专业保全，工艺部门或改善推进部门负责实施个别改善，开发部门或设备技术改造部门负责实施初期管理，质量部门负责实施品质保全，间接部门如物流或信息部门负责实施事务改善，人资部门负责实施培训教育，安全部门或安环部门负责实施环境健康安全。

以上仅供参考，没有确定的标准，不同企业按照自身实际情况进行部门职能划分。

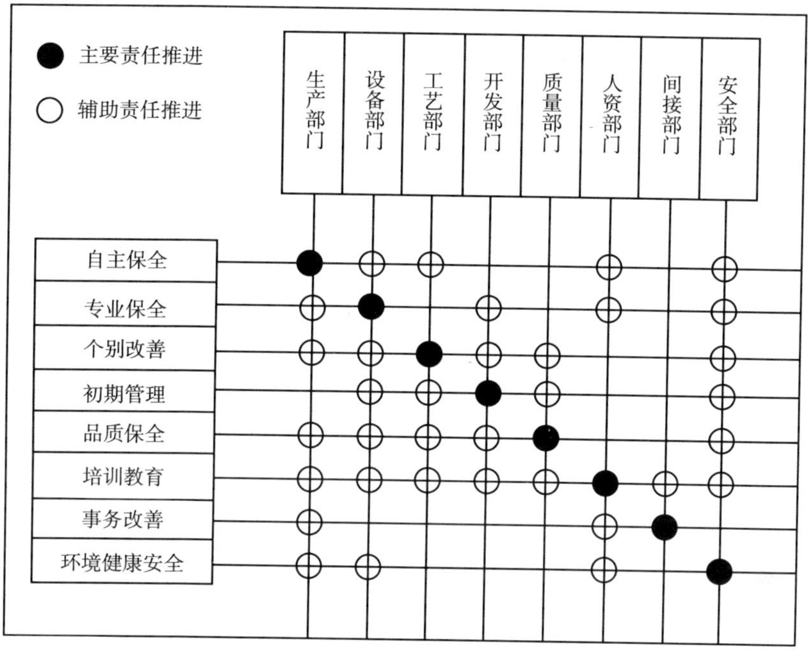

我们列举一些部门方针的指标，结合八大支柱的职能来举例说明，如下表所示。

TPM 支柱	重点任务	部门指标
自主保全	自主点检的执行 设备暂停的快速处理 相关标准时间的检减	**性能稼动率__%** 自主保全的工时降低__分 改善提案__件/月
专业保全	专业保养的执行 自主保全的支持培训 维修标准化、快速化	**设备故障率__%** 专业保养的工时降低__分 维修、保养费用降低__元
个别改善	设备工艺异常的改善 瓶颈故障问题的改善 瓶颈安全、质量问题等的改善 降低瓶颈标准时间的损失	**工艺异常率__%** **时间稼动率__%（参考）** 降低的成本__元/单位产品 降低能耗__元/单位产品

续表

TPM 支柱	重点任务	部门指标
初期管理	设备缺陷的改善 新工艺的制定及标准 MP 信息的反馈及验收 故障率等效率指标的验收	新设备交付周期__日以内 **设备故障率__%** **产品良品率__%** **工艺异常率__%** 改造投入降低__元/单位
品质保全	产品质量与设备条件保障 产品质量的问题追诉 检验设备的稳定评估	**单机良品率__%** 直通率__% 原料损耗或产出率__%（个别行业）
培训教育	自主保全培训教育 自主短停处理培训教育 保养任务转移培训教育	培养保养技能__人/年 设备人员优化工时__分/月 自主保全人员覆盖率__%
事务改善	上下工序、耗材配送的特流效率改善 信息流的快速化 备件、耗材领用流程的优化 办公事务、工单任务等效率优化	**生产配料异常率__%** 耗材成本降低__元/单位产品
环境健康安全	KYT 安全活动改善 防火、防毒等灾难逃生演练 能源、动力等设施的点检	安全改善提案__件/月 演练活动__班次/年 **能源设施异常率__%**

以上不难看出，黑体字标出的指标与 OEE 效率息息相关，也是直接验证各个支柱效率任务的结果。

(2) 方针管理的目标展开

首先，我们先简单介绍方针管理的概念。方针代表的是一个企业未来的规划方向，在激烈的市场竞争环境中，作为企业高层需要梳理清楚一个大轮廓，从而为未来 3~5 年定调，并且为此方向进行明确的策略展开。

当然方针策略展开中的方法有很多，如 SWOT 分析、战略地图、平衡计分卡等，但是最终导出的目的是一致的，即营业额、利润率、市场占有率、成本降低等财务收益目标。

那么回到本篇文章的主题 OEE 能够为一般企业的方针目标带来什么？几乎所有企业为了实现上述财务目标都要实现客户交付率 100%，因此进一步导出效率指标 OEE。OEE 的指标能够帮助企业高层做出判断，依据方针确定是否需要添加设备，是否需要挖潜现有设备产能，是否进一步降低设备维护成本，等等。

好了！那么我们继续展开思路，假设策略确定继续挖潜设备能力（本章有介绍合理的 OEE 区间），即 OEE 进一步提升，那么我们就要分解 OEE 去实现分解出的子目标的逐一达成。

我们继续举例来尝试分解 OEE 吧！记住要依据不同部门的职能职责来分解，如下表所示。

<table>
<tr><td rowspan="6">OEE
80%</td><td rowspan="2">时间稼动率</td><td>异常时间</td><td>设备故障率：1.5%
能源设施异常率：1%
IT 系统故障率：0.5%
断料异常率：1%
工艺异常率：2%</td></tr>
<tr><td>标准时间</td><td>换型、换线
PM（预防保全）
工艺停机等</td></tr>
<tr><td colspan="3">性能稼动率：95%</td></tr>
<tr><td rowspan="3">良品率</td><td colspan="2">不良品率：1.5%</td></tr>
<tr><td colspan="2">抽样报废率：0.5%</td></tr>
<tr><td colspan="2">调机报废率：1%</td></tr>
</table>

上表仅供参考，不同企业按照自身实际设备工艺和部门进行划分或调整。

这样就不难看出，要想实现方针展开的效率目标，这样分解后各个部门的工作也就聚焦很多了。但是，各个子目标如何设置呢？即：我们要设置管理红线在什么水平。

红线的设置依据 OEE 方针的目标分解而来，你要在一年内使得 OEE 达到什么水平，那么各个部门就要将红线恰如其分地设置在相应的水平上。有了红线你就可以触发管理机制了，这也就是发挥出 TPM 相互监控、相互合作的全员管理的机制。

我们继续举例说明红线管理原则：

例如，上表设备故障率的红线为 1.5%，在日常管理中，每天或每班监控是否超过红线水平。如果超过，那么将当班超过红线的设备或生产线作为异常管理的重点，比如，将此设备所有超过 10 分钟故障停机作为当班应当完结的异常分析，要求当班设备班长出具报告并提交。这也是笔者曾在三星晶圆工厂中所经历的管理方法。

再如，性能稼动率某班组未达到 95%，这时我们可以触发异常分析管理，当班生产班长要出具异常报告，说明操作人员出现了什么问题和事后跟踪相关技能再培训等。

由此，我们可以看出红线本着分解后的部门指标而确定，分解后的部门指标由 OEE 导出，OEE 由企业方针导出。做到逐级拆解、逐级管理、落实部门，而 OEE 承接着效率管理的指标分解任务尤为重要。

（3）瓶颈问题的课题改善

很多精益的同人们似乎都听过这样的说法，如 TPM 结合 6Sigma 的推行，还有 TPM 和 TQM 的结合与区别，等等。看起来很高深莫测的感觉，其实关键在于不同企业或行业出身的人都有不一样的体系理解。我们先做一些概念的梳理吧，很多不同的理念本质是相同的，没有必要咬文嚼字。

我们都知道 QC 思维中的 PDCA 的理念，戴明环的思想被丰田发挥到了极致，成了聚焦落地的成功代表。但是，丰田作为汽车行业的领军企业被其他行业学习后，自 20 世纪 80 年代由摩托罗拉提出的 6Sigma 理念在 QC 的基础上进一步变通活用至半导体行业，因此在这个行业中，三星半导体在一边学习丰田生产方式，而又更多地采用 6Sigma 中 DMAIC 的理念（DMAIC 最核心的还是与品质五大工具的结合上，在三星晶圆半导体工厂中 SPC 的运用最能体现这一理念，考虑本章主题先不做展开）。当然越来越多的企业都在变通活用管理，不断提出自己的管理体系，因此在这里并没有对与错，只有怎样更适合自己的企业或行业。

那么回归主题，我们可以利用 PDCA 的理念解决瓶颈问题，但是关键在于如何导出聚焦问题。依据我们上述部门指标列出 TOP3 类型问题，相信有点基础的同人们已经明白我们的意思了。按照“持续改善”的思路，各个部门每个季度汇总 TOP3 问题来进行课题改善，在 TPM 支柱中这也叫“个别改善”，即将每个 TOP 聚焦问题进行要因分析及实施对策，由各个部门成立团队来攻关解决。

这样一来，本着 OEE 分解下来的各部门指标，就都能在日常管理和课题管理相结合的情况下，达成这一年企业效率方面的目标了。OEE 与方针管理也是密不可分的。

（4）OEE 与 MES（制造执行系统）

研究精益的朋友们可能看完我们前面分享的内容后，会觉得一个从零做起到完成上述全部管理体系有太长的路径需要走。即便一些成熟的外资企业就真能全部做到吗？的确很难，总是不能做到完美无缺，但是目标是明确的。尤其我们中国民营企业起步较晚，更要励志做到最好。同时，随着科技的进步，上述的所有内容，我们也是可以采用信息化技术来实现的。通过信息化构筑，可以实现提升管理效率，降低管理负担，缩短人才育成周期。这也就要求需要一个好的信息化系统，如 MES，一定要满足上述所有的精益管理要素功能，将其精益功能融入系统，才能实现 MES 中“执行系统”的意义。带有强制执行的色彩，这才是优秀的 MES。

后面我们就来分享一些针对 OEE、效率、设备管理等的信息化构筑内容，研讨一些运用 MES 来实现前文提及的所有管理内容作为需求的 MES 解决方案。

4. 设备效率管理的信息化、智能化构筑

通过前面文章的分享，我们详细阐述了 OEE 给一家企业所带来的管理作用。本部分文章我们来聊聊同样非常盛行的话题，即信息化、智能化的构筑及与 OEE 如何走到一起，或者说科技的进步与传统的效率管理如何走到一起。

（1）企业的需求分析

我们先来讨论一下企业针对信息化、智能化的需求。一个比较成熟的行业，随着科技进步需要在现场管理上更加现代化以提升管理的效率。随着新

冠疫情的影响以及人工成本逐年升高，很多企业家都想降低管理的负担，期望运用现代科技实现管理直接落地。

很多企业都花大量的精力寻找管理咨询机构来实现精益管理的目标，但是这个变革过程过于漫长。中国市场的变化很快，往往 3~5 年的管理变革规划也不能准确应对中国企业未来 3~5 年的需求，这时企业高层更期望运用科技手段缩短管理变革的时间、缩短人才育成的周期。

针对精益管理的大趋势，企业家的迫切期望与实施精益管理的落地存在“当下”与“未来”的矛盾。一方面企业希望一步到位实现精益变革，同时希望 IT 系统与精益管理融合，依托 IT 系统要求的操作就能够实现精益生产方式，因此这也给信息化、智能化实施商提供了施展的空间。

（2）实施商的市场现状

在市场上针对制造业的各个系统模块的需求，有些是很相通的，如财务模块、采购模块、销售模块、售后服务模块等，但有些必须满足精益要求的模式，如计划排程、物料仓储、设备效率等。

一些优秀的平台，如 SAP、Oracle、SIEMENS 等品牌知名度很高，但是优秀的 IT 技术是不能解决客户企业管理问题的，而相关实施商只能实现“标准功能”，不能为企业定制功能，即不能实现精益功能。因为不能够指望 IT 实施顾问精通各行各业的管理方法，市场也极度缺乏综合人才，即一个精通精益管理又具备信息化项目经验的项目经理。再加之客户企业急迫的进度要求，通过非管理出身的 IT 人员简短的调研访谈、宏观的需求确认、基本功能的设计、压力下的短周期交付，最终形成了我们所见到的一幕幕不落地的信息化系统案例。

我们往往会发现，优秀的系统平台较为成功的案例大多在外资企业，我们能够看出决定信息化甚至智能化优与劣的是精益管理水平的高低，并不是系统平台品牌的知名度。换言之，实施商与企业的深度“需求确认”极为重要，一个具备精益管理要素的解决方案和仅仅是基础功能需求的方案当然结果不同。

有一个很有意思的现状，一个不合格的信息化解决方案你会发现在讲解时更像是一场系统产品的功能介绍，根本没有对应客户实际管理需求。

（3）设备效率模块的 MES 解决方案

MES（制造执行系统）是一套面向制造企业车间执行层的生产信息化管理系统。MES 可以为企业提供包括制造数据管理、计划排程管理、库存管理、质量管理、人力资源管理、设备管理、工具工装管理、生产过程控制、数据集成分析等管理模块。

对于一个企业管理者而言，我们从字面定义上看也不难理解。那么我们围绕本章的主题一起来探讨 MES 针对设备管理要实现哪些精益功能呢？当然，OEE 作为精益设备管理的核心指标如何融入 MES 平台呢？即企业高管如何提出更准确的需求来通过 MES 直接立竿见影，让自己的管理层实现设备效率的精益管理。

下面笔者列举一些精益管理必要且常用的需求，如下表所示。

需求项目	MES 功能要点	需实现的精益管理	系统功能的输出
KPI	指标自动生成	1. OEE 报表及部门分解（按照前期文章的计算要求） 2. 单位产品能耗成本 3. 单位产品维护设备成本	KPI 报表输出界面
点检、保养管理	点检：手持终端执行，结果上传 保养：周期录入，到期预警 综合：过期未执行，设备强制停止生产	1. 上级针对点检结果即时可查 2. spec 自动分析点检结果（结合过程控制的管理图） 3. 手动录入周期，预警生产部门形成事前计划准备	1. 点检、保养的预警呼叫 2. 终端执行并采集数据自动录入 3. 自动生成折线圈分析（过程控制管理图）
维修管理	实时状况监控设备完好异常依据时间长度分级	1. 保障上级实时知悉现场设备状态 2. 依据时间长短，如>30 分钟信息传递至车间领导，>60 分钟信息传递至经理级，>120 分钟传至厂长级等 3. 自动呼叫，生成维修工单等	1. 电脑终端、手机终端都能监控状态 2. 停机的不同级别时间，可以自动发送邮件、短信或微信

续表

需求项目	MES 功能要点	需实现的精益管理	系统功能的输出
异常记录	不同责任部门的划分 异常和标准停机触发	1. 安东机制，员工时间点触发及责任部门人员解除（与权限管理结合） 2. 定义不同的异常停机、标准停机种类 3. 手动制定红线，触碰红线预警“分析报告”提交情况	1. 现场员工可以选择不同停机类型 2. 显示是否已提交分析报告，上级是否已审核通过，按照不同异常时间级别确定不同级别的管理者提交 3. 自动导出异常记录报表
快速换线（依据实际可选）	Recipe 配方管理	1. 工艺、设备、产品等参数集成，做到员工一触即发换型 2. 自动识别产品 ID，自动触发对应的“Recipe”	“Recipe”下拉清单，员工可选择并操作
权限管理	相关员工的 ID 权限	1. 多能工的培养规范，保障质量 2. 自动监控员工的岗位认证测验时间，及事前预告信息 3. 安全认证的员工操作监控	1. 测验结果是否通过，管理者可上传 2. 非权限、非通过测验的员工不能登录工牌 ID
新设备/备件管理	信息传递系统功能	提报部门—研发—工艺—设备—采购—招标—工艺调试—设备部，信息要透明进度（以上为举例，结合企业自身流程）	系统中能够查阅每一步的审批部门、负责人、停止原因、处理结果等信息
个别改善分析	导出各个瓶颈问题的 TOP3~5 项目内容： 1. 月度、季度、半年度、年度等 2. 单台设备和整体设备工序等	1. 保障柏拉图现状分析 2. 保障相关领导筛选不同维度的瓶颈柏拉图，如故障、不良、短停等	显示和筛选不同维度柏拉图报表

续表

需求项目	MES 功能要点	需实现的精益管理	系统功能的输出
系统统筹	与能源系统集成	1. 与能源管理统筹，单位产量的能耗管控指标 2. 水电气分解指标管控	1. 建立体系台账，包括采购信息、验货、资产价值、厂家信息、折旧计算等 2. 报表与 KPI 功能结合
不良、异常等偏差分析追溯	与相关设备参数的大数据关联	1. “偏差”现象与工艺管理参数大数据筛选 2. 结合回归分析，QC 离散图，DOE 设计管理方法 3. 帮助管理者做出工艺判断	1. 管理者可以筛选偏差现象所对应的过程要素，如日期、操作人员、设备参数、产品参数、辅料参数等 2. 过程数据采集能力的实现（自动采集与手动录入结合）
检验设备稳定管理	与 QMS 集成	1. 提升 MSA 管理效率 2. 提升检验准确度和设备稳定性	1. 生成管理 2. 自动预警 3. 标准样强执行预警

以上是结合本书文章所列举的精益需求内容，还有很多精益要素先不逐一列举了。

我们简短地解释几点上述功能，如何与管理串联起来。

① OEE 及分解的计算细节必须与 MES 开发顾问、实施顾问达成一致。将传统 Excel 报表数据导入 MES（示例 1），同时为分解的各个部门子指标建立红线机制（示例 2）。

② 当触及红线时，管理者要依据异常时间不同级别的异常报告监督当班提交。例如：>30 分钟班长提交、>60 分钟倒班主管提交、>120 分钟经理级提交等。起到由下至上的异常暴露，并且导出异常分析的预防对策。若未提交会在 MES 系统里始终显现。

③ 预防对策分为两种：一种反推自主点检标准，另一种反推专业保养标准。追诉和审视相关部门人员的执行和标准的更新或添加，最后更新手动录入 MES 系统。

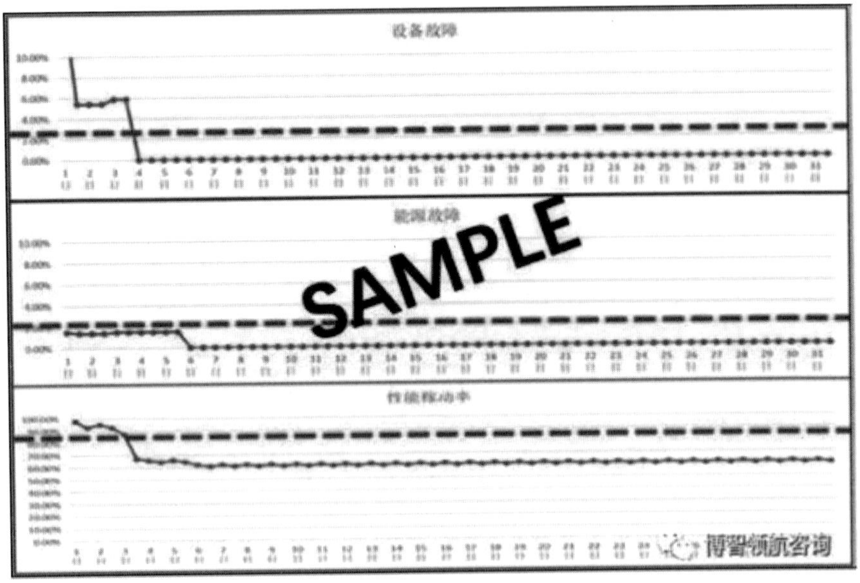

示例 1

日期					1 日		2 日	
	整月合计		A 班	B 班	A 白	B 夜	A 白	B 夜
设备故障率（%）	0. 80		1. 00	0. 60	15. 79	5. 41	5. 41	5. 41
能源供应故障率（%）	0. 25		0. 25	0. 25	1. 54	1. 41	1. 41	1. 41
IT 系统故障率（%）	0. 30		0. 00	0. 00	0. 30	0. 27	0. 27	0. 27
来料质量停机率（%）	0. 50		0. 00	0. 00	0. 07	0. 06	0. 06	0. 06
断料停机率（%）	0. 50		0. 00	0. 00	0. 33	0. 46	0. 30	0. 46
时间稼动率（%）	71. 97	71. 16	71. 11	72. 82	52. 74	60. 81	59. 19	60. 81
性能稼动率（%）	62. 74		63. 54	61. 95	97. 86	92. 79	95. 31	92. 79
良品率（%）	99. 73		99. 65	99. 81	97. 00	98. 17	97. 25	96. 33
OEE（%）	45. 03	44. 52	45. 03	45. 03	50. 06	55. 38	54. 87	54. 35

示例 2

④ 我们运用 OEE 分解促使操作员工在系统中积极地记录异常，那么不同异常的触发我们要制定相应的处置原则（示例 3），最终自动输出异常记录报表（示例 4）。

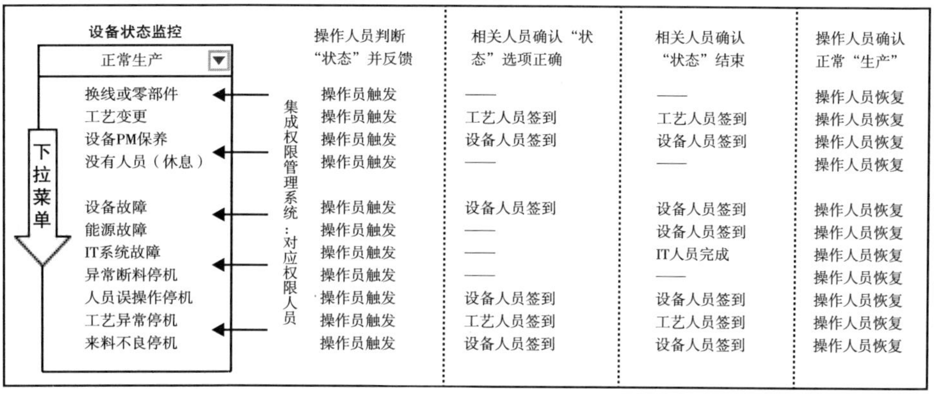

示例 3

注：以上基于安东理念作为参考，要依据不同企业实际情况定制设计。

设备状态监控记录

日期	设备名称	作业员反馈时间点	处置时间点	完毕时间点	正常生产时间点	停机时间（分）	设备状态（类别）监控	文字记录（comment）	操作员ID	其他相关对应人员ID
2014/8/30	1#	7:30	7:35	7:45	7:45	15	工艺变更	导向杆做好润滑		--
2014/8/31	2#	8:30	--	--	8:45	15	设备PM保养	调试程序		--
2014/9/1	3#	6:18	6:21	6:42	6:45	27	工艺变更	更换接头		--
2014/9/1	1#	--	8:45	9:00	--	--	设备PM保养	--		--
2014/9/1	2#	--	9:30	9:40	--	--	工艺变更	--		--
2014/9/2	3#		10:10	10:20	--	--	能源故障	--		--
2014/9/2	1#	14:03	14:05	14:15	14:16	13	IT系统故障	更换接头		--
2014/9/2	2#	--	10:10	10:25	--	--	异常断料停机	--		--
2014/9/3	3#	--	10:00	10:10	--	--	人员误操作停机	--		--
2014/9/3	1#	12:07	12:09	12:14	12:15	8	工艺异常停机	[illegible]		--
2014/9/3	2#	--	18:05	18:15	--	--	能源故障	--		--

博智领航咨询

示例 4

注：自动生成的异常记录，格式仅供参考。

有些企业管理者会问，现在的技术能够自动采集停机时间，不需要人员手动录入。笔者认为不能完全指望自动功能，因为同样的异常不一定是同样的原因造成的，以目前的技术不能自动识别，即不能识别到底应该算作哪个部门的责任。因此，管理机制才能解决这个问题。例如，三星晶圆半导体工厂以在管理机制下的人工录入 MES 的数据为准，自动采集的数据作为对照参考。

⑤ 配方（Recipe）快速换型的理念因行业而定，不是所有的行业设备都能够实现。接下来，介绍一些三星晶圆半导体工厂的做法，我们可以了解一下快速换型的重要性。在晶圆半导体的化学抛光工序中，不同客户不同品质级别的产品所对应的压力、化学药水、酸碱浓度、温度、抛光时间等都是不

一样的加工要求。那么，将某客户的工艺要求集成为一个“Recipe”实现程序“一调即用”，甚至结合产品的“条码管理”自动识别是哪个客户的产品从而自动快速切换工艺条件。程序系统开发得当的话，SMED、混合式生产的理念也就水到渠成了。

⑥ MES 系统需要设置人员权限，依据不同职级的人员被允许实施的操作功能范围不同。本书提及的异常触发后的解除权限就属于此范畴，但是我们还可以利用此功能与精益管理中要求的多能工培养、员工定期认证上岗等班组岗位技能管理相结合。例如，某一工序岗位要求操作工每年必须考试测验，以保障其作业标准、质量、安全、效率等。此功能能够提醒管理者及时安排操作工的测验认证，防止因疏忽遗漏导致的作业标准降低。

⑦ 最后，我们要探讨一个深层次问题，即信息化延伸至智能化提升方向。我们先了解一下“个别改善”这个管理内容，包括本书已经分享的月度、季度、年度等瓶颈 TOP3~5 问题进行“持续改善思路”的方法，通过团队成立课题来推行解决。

但是，工艺技术的个别改善问题如何解决呢？或者我们说当传统“问题解决法”不起作用，找不到真实原因，不知道应该如何解决。随着科技的进步，我们利用信息化全方位数据采集技术将问题现象与制造路径或过程一起筛选分析并做出决策，如下表所示。

需 MES 实现的工艺信息采集	技术要求	MES 功能输出
· 基本数据的即时监控 例如：日期、班组、型号、厂家等 · 设备传动控制数据采集 例如：压力、温度等 · 质量参数数据采集 例如：强度、尺寸等 · 能源能耗、环境信息记录 例如：湿度、气温、气压等	· 数据库 · 边缘计算 · 边缘存储 · 网络平台 · 系统平台 · 大数据分析 · 协议破解、介入控制等	① 自动可列出每个工艺信息的数据分布情况 ② 自动筛选出问题所关联最多的工艺信息 ③ 结合精益工具：QC 管理图、离散图、DOE 设计等

示例 5

示例 5 用来帮助管理者做出决策，找出异常、不良等最大关联性的过程工艺问题。

（4）精益化与智能化的关系

我们先回归主题，暂停以上解决方案的讨论。当然还会有很多细节需要我们深挖，但是分享至此我们更想和大家聊聊精益化与智能化的关系。究竟两者是互补还是取而代之，智能化是更进步的思想还是说本身与精益化就是两种平行概念。

其实，在本章的第 1 节、第 2 节已经间接地回答了这个问题。智能化确实是大趋势，能否取代精益化理念这本来是个伪命题。因为一个失败的智能化工厂的原因就是因为没有精益元素，一个智能化工厂的成功绝对不能缺少精益理念的融入，融入之后完全由智能系统取而代之，从而做到降低为实现精益化的管理负担，快速育成的人员被系统强制执行精益。尤其是 MES 最能体现出强执行的作用。

笔者认为在这个过程中，中国企业想弯道超车理论上是可行的，但是需要将国外企业走过的成功路径快速转化成经验，实现具有精益化功能的智能工厂。作为咨询顾问，我们也想说同时能为客户提供“精益咨询”和“智能规划”的综合实力也是我们这个咨询行业未来必备的能力。

九、未来演化篇

思考 46　精益管理与企业管理创新

当前，严峻的市场环境不断加剧企业间的竞争，也给企业生存与发展带来了新挑战！如何应对经济社会竞争环境的变化已经成为企业必须关注和解决的问题之一。人们普遍认为，创新是企业在持续动态环境中生存与发展的有力武器。企业要在激烈的竞争中占据有利地位，必须进行不断创新，《中国制造 2025》也将“创新驱动”列为五大方针之首，八大战略中也有两项是关于创新的。众所周知，“创新”一词最早是由奥地利经济学家熊彼特提出，经过上百年的发展，其内涵逐步丰富和完善，其中 20 世纪 70—80 年代形成的“双核心理论”最为经典，该理论指出技术和管理是企业创新的两大核心。那么，技术创新和管理创新到底谁更重要呢？研究表明，管理创新更重要！

企业创新是一项系统工程，企业不仅要进行技术创新，更要不断推进管理创新。以制造业为例，制造业企业作为国家的工业化和现代化的发动机，是技术最为复杂、应用先进技术最多的产品生产部门，因而也是国家科技支持的重点，发达国家 70% 以上的科研经费用于制造技术的开发研究。由此可见，技术创新在制造业企业中的重要性，由于技术创新能够显而易见地在产品中体现出来，使得企业中的管理者过度重视技术创新，而忽视了管理创新，导致许多企业在发展中期遇到了瓶颈。国外管理创新理论的代表人 Ray Stata

分析了20世纪70—80年代美国企业（特别是制造业）衰落的原因，得出的结论是：造成当时许多美国企业衰落的根本原因是管理创新问题，而非技术创新问题。笔者曾经以通用设备制造行业数据为样本，定量地测算过处于成长期和成熟期的企业，得出的结论是：管理创新对效益的贡献度约为80.05%，技术创新对效益的贡献度约为19.95%，但管理创新和技术创新缺一不可。

企业如何实现管理创新呢？

管理创新的方式很多，但源于精益生产的精益管理对企业管理创新有着巨大的驱动作用，是企业管理创新的发动机。精益管理是在精益生产30多年研究和实践的基础上不断上升到企业经营和战略管理层面，成为指导企业经营管理的理念、思想及管理模式。近年来，随着丰田生产方式（TPS）的逐渐完善以及在全世界传播示范，精益管理向世界展示了科学性和先进性，也凸显了对企业管理创新的促进作用。这些效果激发了中国企业管理者学习精益管理的热情，开始将精益管理的思想与方法导入企业，探寻适合中国企业的发展路径，如一汽轿车、中集集团和潍柴动力经过精益管理实践形成了自己的管理创新模式，包括红旗生产方式（HPS）、中集ONE模式、潍柴WOS等，这些模式已经成为企业高速发展的内在驱动力。

上述成果表明精益管理是企业管理创新的动力之源，是发动机，具体表现在：在竞争日益激烈的市场环境中，企业的质量、效率和成本成为其参与竞争的最大资本，也是企业提升管理创新能力的基础，而精益管理正是支持企业管理目标实现的重要手段，是现代工业工程发展的最高表现形式，对提升企业管理创新有着重要的作用。

1. 精益管理能够促进企业管理创新基础的改善与快速积累

精益管理通过对企业现场作业的规范和提升，最大限度发挥员工的智慧和能力，塑造全员参与的文化，实现企业追求卓越的管理目标，也为企业管理创新提供了基本前提。通过实施精益管理的各项活动，能够使企业全体员工意识到精益管理的重要性，并以主人公的心态投入到具体工作中，不断发现问题、解决问题。最后，使“精益管理”固化为企业的一种管理创新理念和文化，持续不断地推进企业管理创新。管理创新是一个循序渐进的过程，需要不断积累！积累程度越高的企业，其管理创新的基础越好，管理创新的能力就越强，企业竞争力也就越高。综观发达国家的制造业企业发展历程，可以发现精益管理是实现企业管理创新基础积累的重要手段，在管理创新积累的过程中发挥着不可替代的作用。虽然制造业属于高技术性产业，但是如果没有精益管理的支持及管理创新，只一味地追求技术创新，根据“木桶理论”，企业很难充分发挥技术领先优势，很难使企业形成高水平的生产力和竞争力。正是由于这个原因，国外几乎所有的大企业都引入了精益管理，许多国内优秀企业也开始引入精益管理并尝试落地，这是对精益管理在企业管理创新方面最大的肯定。

2. 精益管理能够促进企业管理创新能力的提升

精益管理不只是一种工作方法，更是一种管理思想体系，对提升企业管理创新能力具有重要作用。

第一，精益管理要求企业在生产现场、人员组织、系统结构、运行方式等方面进行不断规范、改善和提升。这种规范、改善和提升使整个企业得到系统的优化，在优化过程中所采用的精益工具和方法实际上就是企业管理方法的创新；制定的作业标准、形成的制度体系实际就是企业管理制度的创新；优化后的人员组织实际就是企业管理组织的创新；所采用的“拉动式生产方式”在减少库存的基础上，着眼于市场，根据顾客的需求来制订生产计划，从而更好地为顾客服务，实现了市场的创新；所形成的新的商业模式实际就是商业模式的创新；经过长期的实践所固化下的“精益求精、以人为本”等精益生产和精益文化理念，实际就是企业管理理念和管理文化的创新。

第二，管理学中有句名言“你想推动什么，就要考核什么”。精益管理也不例外，其有效实施也需要一个有效的考核体系，精益管理要求绩效考核指标必须直接或间接承接企业整体目标与愿景。绩效考核应该更加注重对于团队的考核而非仅仅着眼于个人，对精益管理实施情况的考核与创新绩效管理的目标相一致，实际也属于创新绩效考核的范畴。

精益生产跨越到精益管理，体现了中国企业更全面地学习先进管理经验的诉求。精益管理本质是一种全员有序创新的管理思想，其以客户导向、产品导向、问题导向的思维引导企业全体员工关注价值创新，进而提升适应市场的柔性，增加企业的生命力。中国企业不应将精益管理当作解决问题的方法论，更应视为创新经营的哲学，应长期坚持精益思想的修炼，持续提升企业的创新能力。

思考 47　乘“双碳”之风，创“四流四态”

2020 年，中国基于推动实现可持续发展的内在要求和构建人类命运共同体的责任担当，宣布了碳达峰、碳中和目标愿景。国家明确要求，要把碳达峰、碳中和纳入生态文明建设整体布局。我国制造型企业的发展资源、环境和成本面临持续加大的压力，从辩证的角度来看，碳达峰、碳中和虽会对制造型企业造成短期冲击，但无疑也是一场重新洗牌的机会，超低排放、环保生产的制造型企业将具有更大的发展空间，技术落后、产能落后的制造型企业将被市场淘汰。而精益管理作为制造型企业生产改善的关键手段，核心内容之一就在于使用准时制、看板以及柔性生产方式等手段，通过标准化的管理来消除生产过程中存在的一切浪费，其目标是低成本、零浪费、快响应、高质量，与“双碳”的核心宗旨相通，可助推制造型企业节能降耗工作的开展。因此，乘“双碳”之风，制造型企业应持续推进生产运营过程中的精益管理，着力于绿色发展增长点，以最高效的方式为国家落实“双碳”目标任务贡献力量。

众所周知，“精益”不是制造系统的目标，“价值”才是制造系统的目标，对生产运营全过程进行价值流分析是实现价值增值的主要方式，而价值流分析的重点集中于生产运营的各项“流”中。对于制造型企业而言，“流”一般包括四个重要方面：物与信息流、时间人员流、资金流、能源流，“四流”互为依存、密不可分、相互作用。其中，物与信息流是提高时间人员流和资金流整合效率的保障，时间人员流是物与信息流和资金流要素整合的支撑，资金流是降低物与信息流、时间人员流和能源流整合成本的资本基础，能源流是物与信息流、时间人员流、资金流整合的催化剂、转化器。“四流”具体说明如下：

第一，物与信息流。物流即物料流，是指原材料、外构件、半成品、零件、组件、部件，从加工、检验、装配、试验、存储、运输直到产品出厂的全过程。物料流的管理涉及材料和制成品的运输与存储，从来料到成品发出，描述物的流动过程，并记录短存周期，物料在转化成制成品的每一个步骤中都能获得价值。伴随着物料的流动会产生大量信息流，信息流是指采用各种方式来实现信息交流，从面对面的直接交谈到采用各种现代化的传递媒介，包括信息的收集、传递、处理、储存、检索、分析等渠道和过程。

第二，时间人员流。精益管理活动中的时间分为过程时间、交付周期时间和增值时间，拉动式、准时化生产方式使得员工高效工作，进而削减了生产过程中员工不必要的等待、加工、搬运、检查、运输时间，实现了在恰当的时间使恰当数量的物料进入恰当的地方，生产出恰当质量产品的无浪费式生产模式。

第三，资金流。资金流指在采购与销售中随着商品实物及其所有权的转移而发生的资金往来流程，包括支付、结账、结算活动。资金流掌握着企业运转的核心命脉，资金无法回转、资金占用、资金冗余等都属于资金浪费，精益管理以顾客为中心的拉式生产、均衡化生产以及单件流动等方式均可有效消除资金浪费问题。

第四，能源流。在整个物流过程中始终伴随着能源的消耗，会形成一条能源链条，能源流是伴随生产过程所有能源的投入、产出和循环活动的能源流动。精益管理可明显改善企业能源的流动，比如，通过数字孪生、人工智能、3D打印、预测性维护等新技术，实现智能研发、智能生产、智能管理、智能服务等，减少试制次数、降低废品率、减少能耗与物资浪费等，实现低碳、绿色、人与环境友好的研发、生产与服务。

精益管理推行过程中不仅侧重于“四流”的改善，也重点关注企业的技能状态、设备状态、工艺状态与环境状态，即“四态”。以“四流”的价值增值对接“四态”的质量提升，形成改善合力，最大化企业效益。“四态”的说明具体如下：

第一，技能状态。精益管理坚持以人为本，把员工看成比机器设备更重要的制造资源，员工技能高低关系着生产效率与质量，对于任何操作岗位，员工上岗前都要经过严格且规范的岗前培训。此后，员工与机械设备得到有机配合，员工的体力、智力、心理能力得到平衡发展，显现劳动技能与潜在劳动技能达到最佳状态。

第二，设备状态。工欲善其事，必先利其器，设备是制造业的武器，只有武器锋利了，设备信赖度高了，才能保障各种复杂生产形式的需求。设备管理包括选择、应用、维保与统筹，精益管理要求设备定期点检、缺陷自主改善、目视化管理均可提高设备的管理水平和综合管理效率，使得设备运行维持最优状态。

第三，工艺状态。工艺改进的主要任务是对已有生产工艺技术和流程进行技术改进和流程完善，促进现有生产力水平和生产效率的提高。在生产组织过程中，不断强化精益生产组织管理，对应开展现场检测、信息反馈、数据统计，然后对工艺、规划、流程进行验证、反馈和完善，形成管理闭环。不仅极大程度减少了工艺事故发生频率，而且增强了岗位操作人员的“规则”意识，使标准化作业成为岗位操作习惯，确保了工艺运行质量高效、稳定。

第四，环境状态。按照精益管理项目总体目标和要求，不断提升自身环境与员工素养，建立5S管理常态化机制，降本增效，改善工作环境，全面检查和整改生产现场。此外，为响应“双碳”战略，将绿色计划根植于设计、制造、包装、运输、使用到报废处理的整个产品生命周期中势在必行，争取做到对环境的影响（副作用）最小，达成最有效的资源利用、最低限度的生产废弃物以及最少污染排放物，形成一个综合考虑环境影响和资源效率的绿色制造模式。

“四流”是从价值角度运用价值流分析工具消除业务流程中的非增值环节，规范和优化业务流程，从而创造出尽可能多的价值。“四态”是从技术角度推动各业务流程相关联的物理设备、工艺、技能以及化学物质减排等的改善执行效率与质量，尽可能达到尽善尽美的状态。“四流”与“四态”虽作用于不同的改善客体，但改善目标一致，均是为了最小化成本、最大化收益，“四流”与“四态”是可以相互融合的改善体系。

以某钢铁企业为例，该企业导入了精益管理理念，重新梳理了钢铁生产运作体系的全流程，围绕全流程进行了“四流四态”改善活动。一方面，对原辅料成本、人工成本、能源成本、财务成本等进行精准识别、测量、改进，充分利用采集的各项数据明确所有浪费源，依次形成流程写实、价值流描述、价值流目标制定、价值流改善的一系列改善活动，以实现物与信息流、时间人员流、能源流、资金流“四流”合一。另一方面，对环保成本、安全成本、设备成本、储运成本、质量成本等进行实时测量、控制、纠偏，建立了一套操作性、指导性较强的生产管理运行标准，细化运行管理指标并深入推进生产管理制度落地，在此基础上对成本中心划分、成本内容定义、成本数据核算、成本对标改善活动依次实施标准化管理，以有效优化“四态”。具体描述如下图所示。凭借“四流四态”的双向循环优化，钢铁流通的生产及交易成本明显降低，生产运作的效率与效益预期大幅度提高。

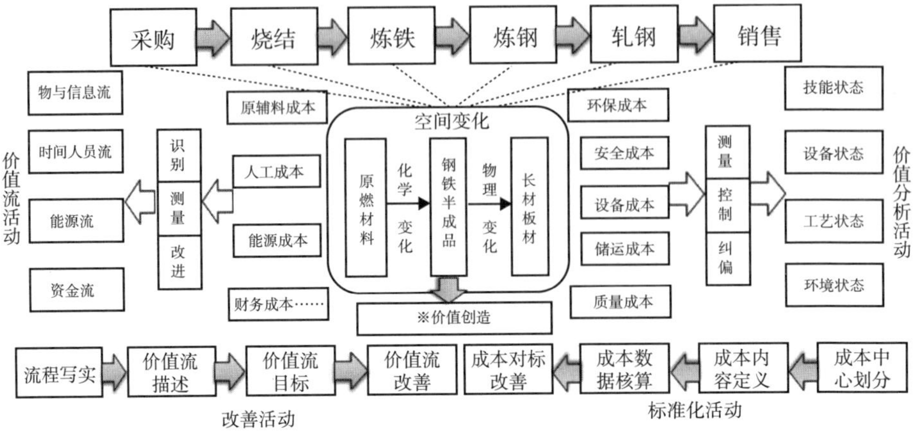

“四流四态”融合是精益管理工作的新导向，此融合体系以环形改善思维代替单向线形改善思维，可以有效降低能源强度与碳排放强度，助推“双碳”工作全面落实。对制造型企业而言，“四流四态”融合体系无疑是一条新赛道，企业应把握换道超车的机会，以新型体系提升价值创造能力、拓宽价值创造空间，驶入价值创造的高速路。

思考 48 疫情启示：企业长期生存策略分析

博智领航专注于精益生产、精益管理以及智能制造、信息化系统的体系建设，致力于为中国制造业提供世界级水平精益管理咨询服务，为企业量身定制精益系统，助力中国制造业打造核心竞争力。20 余年里，为数十家知名企业提供精益服务，推动了精益管理理论的发展。

2020 年，注定是不平凡的一年，从澳大利亚大火到美国流感再到非洲蝗灾，灾难触目惊心，但是最让我们感同身受并永存记忆的还是新冠疫情。本次新冠疫情感染人数之多、辐射地域之广、隔离时间之长、对于社会意识改变之大、经济发展影响之惨烈，前所未有，超乎想象。黑天鹅在你想不到的时间飞起了！面对疫情，整个中国社会按下暂停键，除民生必需的行业，全部物流中断、生产停止、人员隔离、办事单位停止营业。遗憾的是，世界并没有真的暂停，尤其是制造企业无法进入暂停模式，各项固定成本还在发生、客户订单还在催促、市场竞争还在发生不可预知的变化，停产等待就意味着不断消耗已有积累的现金，到手的机会不断失去，损失与日俱增。

当灾难来临的时候，那些发自本能的自救行为大多效果有限，甚至为时已晚，只能承受或好或坏的结果（如本次疫情给线上服务、卫生事业带来了历史性机会），灾难就是对企业体质的一次考验！一场场灾难就是一次次筛选，筛选留下更强壮的人、更强壮的企业，不留情面地淘汰掉劣质的生命和企业。百年企业之所以伟大，就在于它们具备强大的生命力和稳健的经营体制，能够度过一次又一次的国家战争、社会动荡、经济危机、瘟疫疾病等灾难事件而屹立不倒。企业本质上是由多方个体通过不同分工和合作给社会创造价值的一种组织，创造价值过程形成组织收益，通过对收益部分进行合理的分配，形成持续循环。企业收益不仅仅是利润也包括信任。优秀的企业会想尽办法创造最大利润和最大信任，确保企业时时刻刻保有足够现金储备或者信任储备，随时准备应对突发危机，一旦危机来临，企业会使用财富储蓄继续维持运行，同时使用信用储蓄让相关方能够主动合作保持发展，而非被动断臂求生。

面向未来，我们思考一下，企业如何才能屡次度过灾难而历经百年不倒?

1. 企业文化及机制建设方面

企业在发展过程中，总会遇到各种或大或小的危机，有些企业面对困难更加团结，有些企业在困难面前人心涣散，这是不同的企业文化造成的。许多企业忽视文化建设，把员工与企业的关系简单化为契约关系，面临危机时缺少凝聚力，需要我们反思!

疫情启示1：树立长期经营艰苦奋斗的观念很重要。企业一把手要建立长期经营的思维，要更关注长期利益，信念坚定，时刻保持危机感和紧迫感，并传染给下属，让公司始终保持艰苦奋斗作风，培养各级干部坚韧不拔的精神，培养员工积极正向的思考习惯。这样的队伍意识统一、步调一致，能够陪伴企业经历低谷；反之，则在危机来临时，队伍作鸟兽散。山东某千亿级企业20余年来一直高速增长，即便在2003年SARS疫情和2008年金融危机期间，企业仍然高速增长，我们在多年为企业服务过程中发现，该企业在董事长的领导下，一直保持着积极努力、奋斗务实的作风，本次疫情来临，企业仍然想尽办法在大年初三复工，几万人的企业行动一致，没有一个病例发生。

疫情启示2：内部信任非常重要。有些企业把内部信任等同于员工忠诚，其实不够准确，内部信任是劳资双方良性的相互作用的结果，企业通过真诚地善待员工，比如，提供良好的工作环境和成长的机会，提供较好的福利和参与管理过程的机会等，来获取员工信任，员工通过企业内表现来获取企业的信任，双方要通过不断筛选、调整来实现信任增强。说实在的，信任不一定建立在工资高和待遇好的基础上，但是企业必须明白，通过员工创造的财富的分配对建立信任非常重要。藏富于企业与藏富于员工同等重要，员工忠诚于企业的前提是企业能够提供员工体面的生活。信任是最珍贵的资产，它是超越钱的凝聚力！一家北方的食品企业，推行诚信和关爱文化，在2008年的三鹿奶粉事件中企业受到牵连，市场遭到重创，效益大幅下滑，但是员工不离不弃，甚至将自己的钱放到公司，帮助公司渡过难关，直到五年之后公司重新崛起，这就是内部信任的力量！

疫情启示3：企业建立变革的习惯非常重要。历史证明，堡垒从来不是从外部攻破的，当外部危机来临时，往往加剧内部矛盾的激化，从而内部溃败。如果对企业管理仔细观察，我们会发现多数企业内部制度、流程存在较多不合理，不合理造成了内部抱怨，滋生了潜在失败风险，一旦市场环境变得恶劣，内部失误及外部危险进行叠加就会造成企业陷入困境。比如，一些民营企业在市场低迷、现金流紧张的时候，发现由于管理不善，许多应收账款其实都是呆坏账，许多成品库存都是过去积累的呆滞品，这些资产都无法变现，造成企业现金流断裂。变革是企业实现某一方面匹配当前状态合理化的一个举措，变革能够解决内部矛盾，发现内部短板，提前解决并消化问题，防止问题放大，解决冲突，提升内部的凝聚力，提高机体的抵抗力。危机来临之前为了应对要进行变革，危机来临之后，应对危机更要顺势变革。需要注意的是，企业一次变革只能解决某一方面的合理化，如果全方位合理化要进行多次变革，而随着时间的推移，外部环境发生了变化，已经变革的领域可能要进行二次、三次变革，可见变革是一种例行工作，企业应建立触发变革信号的规则。

2. 企业经营规则方面

从经营的角度来看，经历危机需要企业做好资金的储备，而储备资金来自高于行业水平的利润率，更高的利润率来自低于行业水平的成本，更低的成本需要更多的改进。同时，应对危机所需的信任，除了企业员工与企业的相互信任，还包括供应链上企业间的相互信任，以及企业经营中各个合作方的互相信任，信任来自相互尊重、互相理解和互相支持。企业经营上，不断积累现金储备和信任储备，不为短期利益所动，不仅收获了自己企业的健康体质，更是促进了一个健康供应链的形成。

疫情启示4：持续通过最大化消灭浪费来获取最大化利润。利润来自价格减去成本，价格是市场决定的，加工成本是企业决定的，因此利润的大小企业能够施加控制。每个行业中都有企业获取高利润，有些企业在盈亏点挣扎，只有获取了高利润，才能让股东满意、让员工满意，才能对企业持续投资，才能维持好上下游的合作关系，最重要的是为企业储蓄现金流。而这些都是低利润的企业无法企及的。获取超过行业平均的更高利润就要比同行更加激进地降低成本，需要注意的是，疫情过后，国家可能会控制工业产品的价格，而人工成本、物流成本、原料成本几乎可以确定会上涨，这种情况之下，成本管控更显急迫。某知名网红教授对疫情下企业经营的评述，她也提到面对不确定性的未来企业必须“挑战极限式”地降低成本，降低成本怎么做呢？我们觉得有三点：第一，对成本进行清晰测算。不但要在公司层面上核算成本，还要以车间为单位进行成本监控。建议采取丰田公司的基于动因的成本核算方法（ABC成本法），并且按照最理想生产状况计算出最理想的成本，即标准成本，再与实际成本进行对照，找到差距和不足，并进行改进。第二，要发动全员进行改进。我们企业常常关注员工双手是否在劳动，却不关注员工是否在做有效的工作，也不关注员工是否还有更好的工作想法，造成了员工付出很多体力和精力却没有创造应有的价值，这就是低效率的体现。企业应该积极发动全体员工，落实成本责任，动员全体员工动脑筋想办法，利用全体智慧，在不增加任何投资的情况下，提升产品质量效率，实现成本降低的目的。第三，建立成本改善的激励机制。企业中成本改善没能成为员工的日常活动的原因很多，最重要的就是激励机制不到位。有些管理者身居高位，不尊重员工改善的成果，认为员工改善为公司节省的一两百元不值得自己亲自表扬，于是象征性地在发放工资时奖励点钱，员工看到自己的成果不被重视自然失去了再次改善的动机，更有甚者，由于成本改善无法从财务报表上识别，高层管理者质疑改善的有效性，对奖励的必要性产生了犹豫。企业负责人如果不能深入到成本细节中，不能认知改善对成本的影响，不能洞察激发员工改善热情的要点，企业就难以建立好的激励机制，缺少了驱动力，企业也就无法进入全员自主改善的良性循环。

疫情启示5：追求正向现金流，实现最高现金储备。企业采取适当负债经营的策略，对于快速扩张抢占市场是有帮助的，但是对于经营过程来说，如果不能实现正向现金流，或者现金流整体流动不畅，对于企业生存是存在危险的。一旦产品市场或者金融市场出现黑天鹅事件，就会造成现金流中断，企业将面临极大经营风险。因此，企业尽量不过度投资，不贷款经营，不形成大规模库存，在确保合理的前提下，适度延长应付账款账期，适度缩短应收账款账期，关注呆坏账、呆滞库存，要采用预算管理的方式，量入为出，保证资金安全。同时，追求短的交付周期，让现金投入能够快速转化为资金收入，实现正向的快速流动。流动资金有多种形式，最可靠、最灵活的就是现金，我们不清楚疫情的周期，也许 3 个月、6 个月甚至 1 年，我们也不清楚下一次灾难是什么，会让企业停产多少时间，无论如何，企业若想生存下去，就必须依靠积蓄的现金度过危机。因此，无论储备多少都不多，参考丰田汽车的做法，它储备了 2 万亿日元的现金，据说足够其全球员工发工资 50~70 年。

疫情启示 6：要保持轻资产思维，要保持少人化思维。疫情中，重资产的企业由于停工面临更大的压力，因为折旧、租金、维护费用摆在那里，不开工也要支付，企业负责人为此寝食难安；雇用员工较多的企业则更加困难，不但面临停产期支付基本工资的压力，而且要承担复产后人员聚集发生疫情的风险，多一个人多一分风险，疫情持续时间越长压力越大！由此可见，轻资产和少人化的企业才是最安全的！许多企业就是投资密集型或劳动密集型的，这种情况下，企业管理者应借助管理创新或技术创新手段尽可能向上述目标靠拢，其中管理创新手段包括租用设备、职能外包、劳务外包、设备提效、多能工等；技术创新手段包括智能制造、信息化技术、低成本自动化、自研设备等，综合运用这些手段就能帮助企业减轻负担！而疫情过后，各个行业市场都会发生变化，一些工业产品的市场可能会持续萎缩，这种情况下，没有核心技术竞争力，仅仅靠规模扩张占领市场的企业就比较危险了，规模优势全部变成了企业沉重的负担，折旧、水电、工资、期间费用等都将会成为压断企业脊背的最后一根稻草！企业长期持续经营的一个要点就是真正重要的生存要素是产品和制造能力，绝非规模！

疫情启示 7：寸土必争，快速交付。回望 2020 年，疫情、经济下行压力、国际贸易摩擦等负面因素产生了叠加，整个市场都不乐观，许多企业在年后的内部会议中都提出“市场订单要寸土必争”，这是企业在不确定环境下求得生存的唯一选择，是在有限的市场容量中获取理想份额的唯一途径。而疫情过后，许多订单都会非常急迫，交付周期将会是获取订单的重要条件，市场要求我们企业快速开发、快速制造、快速交付！企业就要对交付周期进行大幅改进，要通过对供应链的合作模式和动态调货方式的改变（包括库存的设定）缩短采购反应周期，要通过识别研发价值流和过程周期改善缩短研发设计周期，要通过描绘制造价值流过程和推进制造流程改进，缩短制造和交付周期。总之，企业要像一个有机体一样迅速行动、通力合作，打造出持续缩短交付周期的核心能力。

疫情启示 8：建立多方合作的伙伴关系。疫情会改变国人的价值观，在 5G 与远程办公加持下，自由职业者会逐步增多，制造业将进一步人员稀缺。这时，企业不应再把员工当作雇员，而是把员工当作合作伙伴，要通过环境、福利、人际关系等方面优化让员工满意，从而留住人，同时要给每名员工规划职业发展蓝图，提供训练的机会，提升能力和职业素养，走向更高的岗位，通过内部培养选拔的干部更加忠诚，这些人是企业的重要资产。疫情过后，原料供应与物流也将成为瓶颈，抢原料、抢物流现象将会时有发生，并衍生出更多其他问题，而那些已经与供应商和物流商建立紧密合作关系的企业将会占据较大优势。伙伴式关系要求生产信息共享、产品开发同步、结算方式统一，双方互相信任、互相支持，面对问题协同解决，并且能够共同发展，合作伙伴关系的建立是制造业发展的必然趋势，也会支持企业渡过一个又一个难关。2019 年汽车市场下滑严重，但是日系车因其优越性能和品质而供不应求，日系车的长期成功离不开主机厂与配套厂之间的协作，这种伙伴式关系值得我们学习。

疫情启示 9：柔性经营，跟随市场变化，提高生存能力。疫情防控期间，众多企业在被动地等待复工，眼睁睁地看着疫情影响下产品市场发生的变化，许多订单被取消，一时不知所措。有些企业利用疫情调整策略，迅速转型，如五菱汽车、中石化、富士康等开始转型生产口罩，既能自用，保证开工，又能服务社会，获得美誉；而星巴克、西贝餐饮等线下品牌迅速转型开展线上配送，甚至开始提供盒饭业务，这些都是企业柔性的一种表现。企业一旦发现外部环境变化，就会迅速调整经营方向，快速进行业务转型，百年企业大都如此。这里面有两种能力，一种是改变方向的决策能力，要求企业负责人对市场敏感，不故步自封，领先一步改变，接受新挑战；另一种是企业的强大执行能力，企业转型的难度很大，进入新领域要迎接很多挑战，需要整个集体共同行动，犹如一支庞大的军队在齐步走中，听到一声指令，立即全体转身，这种同步性需要强大的执行力保证，也需要平时所做的训练和积累，这是企业生命力的体现。疫情之后，企业要思考自己是否具备柔性经营能力，危机来临是否具有 B 计划，从而能够迅速产出新的业务、产品，进入到新的蓝海领域中。

企业长期生存是一种智慧，在经历灾难后知后觉进行结晶，疫情是场灾难，也是一个难得的反思机会，我们要在痛苦中汲取经验，举一反三，淬炼经营思想，重塑企业价值观，让未来变得更美好！

后　记

随着国内各行各业竞争加剧，越来越多的中国制造型企业开始导入精益管理。不同的企业由于策划或文化不同，导致实施精益管理的历程各异，有些企业的精益转型很顺畅，有些则很曲折。过程中大家会碰到各种各样的问题，究其本质，是因为企业对于精益管理变革的理解偏差所致。

本书的作者们长期奋战于精益管理实践领域，面对过形形色色的企业问题，经历过繁复艰难的解决历程，也掌握了一些精益推行的诀窍，形成了宝贵的个人经验，这些独到的认知往往是咨询行业的不传之秘，成了一种“潜知识”。

从2019年开始，我们开始着手系统整理精益管理咨询实践的感悟与经验，并不断在博智领航公众号中连载，将这些潜知识变成社会公共资源，给大家共同分享！有些文章来自对多家企业的深度观察，将共同的问题进行了提炼，形成了自己的观点，这些带有批判性质的文章不是对某个企业的揭露或批评，而是对众多带有此类问题或带有此类倾向的企业的善意提醒；有些文章来源于一些社会的热点问题，在当时形成了较多的话题讨论，我们以此问题为切入，详细阐述我们的精益观点，表达我们对于企业、行业以至社会的美好期盼。总之，这些文章来自实际问题或现实热点，传递了我们的一颗赤诚之心——让世界变得更美好！

随着文章越写越多，我们的公众号逐渐获得了关注，甚至一些读者会时不时当面给予我们肯定和支持，所以我们也萌生了一个想法，就是将连载文章汇编成一本书，将实践经验进行系统的整理，更好地提供给大家作为借鉴和参考。

在经历了3年的积累之后，在齐二石教授的关心下，经过几易其稿，本书最终得以汇集成册。

精益管理的实施是个系统工程，我们虽然从多维度进行探讨，但是仍然觉得管窥蠡测，不足以揭示其冰山一角，谨以此书来抛砖引玉，引起大家共同探索实践之路的热情。

感谢指导、引领、帮助和支持我们成长的良师益友们。

感谢引领我们深入到文化层面理解精益，站在历史的角度观察精益的齐二石教授。

感谢在我们精益管理研究和实践过程中，无时无刻给予我们支持、指导和激励的企业界朋友们。

感谢博智领航集团的各位伙伴，我们共同经历精益管理实践的每个日日夜夜，共同踏过艰难险阻，共同品尝成功的喜悦。

最后要感谢本书的共著者杨福东博士、荆树伟教授、梁仲鑫老师，我们的写作都是在工作之余的夜深人静之时，牺牲了自己的休息时间，勤勤恳恳地整理自己的见解，是满天繁星见证本书的付梓历程。

谨以此书献给在精益之路上苦苦探索的人们！

2022年12月于天津